普京传

王国章◎著

台海出版社

图书在版编目（CIP）数据

普京传 / 王国章著 . —北京：台海出版社，2016.10
（2024.7重印）

ISBN 978-7-5168-1191-7

Ⅰ.①普… Ⅱ.①王… Ⅲ.①普京 (Putin,Vladimir 1952–) —
传记 Ⅳ.① K835.127=6

中国版本图书馆 CIP 数据核字（2016）第 237049 号

普京传

著　　者: 王国章	
责任编辑: 王　萍	
装帧设计: Amber Design 琥珀视觉	版式设计: 文　艺
责任校对: 王瑶璇	责任印制: 蔡　旭

出版发行: 台海出版社

地　址: 北京市东城区景山东街 20 号　　邮政编码: 100009

电　话: 010-64041652（发行,邮购）

传　真: 010-84045799（总编室）

网　址: www.taimeng.org.cn/thcbs/default.htrn

E-mail: thcbs@126.com

经　销: 全国各地新华书店

印　刷: 三河市兴达印务有限公司

本书如有破损、缺页、装订错误,请与本社联系调换

开　本: 710 mm×1000 mm　　　　1/16

字　数: 236 千字　　　　印　张: 15.5

版　次: 2017 年 1 月第 1 版　　印　次: 2024 年 7 月第 5 次印刷

书　号: ISBN 978-7-5168-1191-7

定　价: 39.80 元

前　言
PREFACE

普京是一个"草根"，尽管他出身平凡，却阅历不凡。他经常活动于民间，体察社会百态，在俄罗斯人民的眼中，他是一位接地气的"平民总统"。

普京是一个奇迹，是一个属于俄罗斯民族的传奇。从政治影响力来看，他已经超越了世界上任何一位大国的领导人，当然，也包括美国总统奥巴马。

普京是一个谜，他的克格勃经历让他充满了神秘色彩，没有人知道他经受过怎样的克格勃历练。

普京是一位硬汉，他用他的豪情征服了一个时代；他曾孤身深入敌境，探查敌情，又安然归来。

普京是一位爱国者，他用自己的满腔热情，为振兴整个俄罗斯民族而奋斗不息。他用一生的执着捍卫着俄罗斯的大国尊严。

整整一个时代，俄罗斯的一切都烙印上了普京的标记！这个时代，普京让俄罗斯人民中了"毒"。一种难以言喻的"普京情结"时刻牵动着俄罗斯人民的心。或许，在俄罗斯的历史中，普京并不是最受民众崇拜的人，可他成了大多数俄罗斯人的"依赖"。这种对政府元首的依赖，来自于极深的民族情结。尽管俄罗斯当下已经不是君主专制时代了，但俄罗斯人依然崇拜彼得大帝等让俄罗斯屹立于世界之巅的政治独裁者。如此来看，致力于让俄罗斯重新站立在世界之巅的普京受到俄罗斯人的崇拜也就可以理解了。

当年，普京在危难之际出任总统，面临着即将崩溃的俄罗斯，普京不仅没有表现出任何气馁，还充满自信地说道："给我 20 年，还你一个强大的俄罗斯！"起初的八年总统生涯，普京让俄罗斯的经济重新步入正轨，其政治和军事力量也逐步得以增强，他带领俄罗斯人民创造出了一个又一个奇迹，让整个俄罗斯民族找回了大国的自信。

普京既是一个具备超强手腕的政治强人，也是一个具备侠骨柔情的俄罗斯硬汉。他可以用德语与人正常交流，并会不时地冒出一段德语笑话段子；他喜爱运动，尤其钟情于柔道和摔跤，他在大学期间，曾赢得过列宁格勒市柔道冠军的殊荣。克格勃的经历使他身怀多项绝技，驾驶战机、驾驶各种车辆、使用各种现代化电子设备、跳伞等等，所有的一切，让他披上了一层电影"007"式的传奇色彩。

普京的个人生活丰富多彩，并且敢爱敢恨。他有过青涩的初恋，也做过妙龄少女的蓝颜知己，并始终与对方保持着友谊关系，不越雷池半步。他与夫人柳德米拉的浪漫爱情故事一点也不老套，并且充满了甜蜜和幸福。他成家后，虽然过得清贫，但幸福的家庭生活让大多数人羡慕不已。现在，虽然普京夫妇的婚姻已经走到了尽头，可他们之间依然有着超乎寻常的感情，并得到了世人的理解和同情。

当普京处于事业的巅峰时期时，他没有得意忘形，依然坚持初心不改，积极地为俄罗斯人民谋福利，尽自己最大的努力让俄罗斯综合国力进一步提升和增强。他严惩腐败，整顿"朝纲"，让俄罗斯的政治舞台逐渐变得一片清明。他用自己的一切力量捍卫着俄罗斯的民主与法治，他在国际舞台上纵横捭阖，尽显磅礴大气。在政治上呈现出的个人魅力，让他在俄罗斯人民心目中的地位一升再升，他的一举一动深受世人瞩目。

他的再次当选，让他的执政时间变得更长，而他要利用这次的总统任期，完成当初自己许下的誓言，让俄罗斯重新走向世界的巅峰，还俄罗斯人民一个强大的俄罗斯。

目 录
CONTENTS

Chapter 6 **烫手的山芋：
内忧外患的俄罗斯联邦**

Chapter 7 **铁血新总统：
给叛乱势力带来噩梦**

Chapter 11 "梅普"组合：
轮流做元首的双人舞

Chapter 12 大帝的回归：
再造一个奇迹般的俄罗斯

Chapter 13 强者真本色：
铁骨豪情最有魅力

Chapter 1
少年的觉悟:

做个打不垮的铁人

　　普京在少年时期经常打架，甚至还总结出了自己的打架心得。他认为，他应该随时做好准备，一旦遇到任何不公平的事情，就要立即予以还击。在他看来，对于任何攻击或侮辱，只能用不计代价的攻击来洗刷。

　　普京还悟出一个道理：如果你想成为最后的胜利者，那么在任何打斗中，你都必须不计一切代价地坚持到底。但他又信奉"人不犯我，我不犯人"的行事准则。

　　在普京眼里，如果想要获得胜利，就要先成为强者，成为打不垮的铁人。他总结出来的这些打架经验，无不表现出一个男子汉应有的勇敢和果决。

　　在成长过程中，普京一直坚持着这种行事准则，这也使他在后来，为俄罗斯人民，甚至是全世界的人展示出一个"硬汉"的总统形象。

1. 大杂院的幸福生活

1952 年 10 月 7 日，在列宁格勒巴斯科夫胡同的一个大杂院里传出了一阵清脆的啼哭声。41 岁的玛利亚·伊万诺娃老来得子，生下了一名男婴——瓦洛佳，全家人都为这个小生命的到来而兴奋不已。不久，瓦洛佳有了自己正式的名字：弗拉基米尔·弗拉基米罗维奇·普京。当时没有人会知道，就是在这个极为平常的大杂院里，将成长起来一个国家未来的总统。

在这个嘈杂的大杂院里，普京开始了自己幸福的童年生活。

普京和家人们住在大院的一幢五层楼里，这所房子是父亲所在的工厂分配的。房子里的设备极为简陋，没有热水和洗澡间，厨房的面积很狭小，而且是几家共用的。在普京的记忆里，楼梯的铁栏杆总是锈迹斑斑的，稍不小心就会弄脏衣服。最令人胆寒的是，楼道里经常会有老鼠出没，稍不留神就有可能与这些素不相识的"家伙"走个碰头，在很多人眼里，那实在是令人讨厌的事情。

可这些事情在普京和同伴们的眼里却是乐趣无穷的，他和同伴们经常在楼道里与老鼠展开惊心动魄的"人鼠大战"，他们人手一个大木棍，只要看到老鼠出现，管叫它有去无回。有一次，爱冒险的普京尝试了一下"单打独斗"的乐趣。

这天，普京自己一个人出现在了楼道里，苦苦地等候着"敌人"的出现。不一会儿工夫，一只大老鼠就出现在了楼道里。勇敢的普京抄起棍子就朝那只老鼠走去，直到把它逼到了墙角。这时，那只老鼠气急败坏，一下子转过身来，直向着普京扑来。年幼的普京怎见过如此阵势，扔下棍子就跑。可是，这只老鼠依然是穷追不舍，越过一个又一个台阶，直到把普京追到自己家的那个楼层。还好普京非常快速地推开了自家的房门，这样才把这只"凶狠"的老鼠挡在了门外。

在上小学之前，普京的活动范围只限于自家的院子之内。就这样妈妈还是会不放心，经常从家里的窗户探出身子，问道："瓦洛佳，你是在院子里吗？"只有听到普京的回应，妈妈才会安心地做其他的事情。父母把普京看管得很严，没有特殊情况，绝对不会让他走出这个大杂院。

可是，外面的世界对普京的诱惑简直太大了，所以，普京经常自作主张，偷偷地溜出大院，到外面的世界看一看风景。

五六岁时，普京偷偷地来到了大杂院附近的一条街道上，恰好这一天是"五一"节，街上人山人海，热闹非凡。普京就在沸腾的人流里窜来窜去，傻傻地看着那些欢天喜地的人们。可就在这时，普京的内心突然产生了一丝恐惧，于是，年幼的他匆忙地跑回家中，在屋里躲了好长时间。谁也不清楚普京因何恐惧，他也不敢同妈妈讲起这些。在此之后的好长一段时间，普京都不敢一个人出门。

再稍大一点的时候，普京又增加了几分胆量。一年冬天，天气十分寒冷，他背着爸爸、妈妈，同几个年岁相当的小伙伴，乘坐着电气火车来到郊外。可到了郊外之后，他和伙伴们没走一会儿就迷路了。天寒地冻，冷风呼啸，幸好其中的一个伙伴带着火柴，于是他们点起了篝火。饥饿与寒冷让他们十分渴望回到温暖的家，万幸的是最后他们总算找到了回家的路。

回到家时，已经是大半夜了。普京只能向爸爸和妈妈交代了实情，过于担心的爸爸第一次动手打了他。可是，被抽了几皮带的普京没怎么感觉到疼，因为他还沉浸在出游的兴奋中。

2.家庭，普京的温暖港湾

普京是幸运的，因为他在一个温馨的家庭中长大，不仅有疼爱他的爸爸妈妈，还有爷爷奶奶。

普京的爷爷是一名出色的厨师。因为他厨艺高超，在第二次世界大战结束后，被秘密邀请到莫斯科郊区的哥尔克镇工作，为当时的领导人列宁一家做厨师。列宁去世后，他又被安排在斯大林别墅，在那里一直做到退休。退休后，应邀去了莫斯科市一家休养院，继续厨师工作。由于他厨艺精湛，为人正直，非常受休养院里领导的信任和器重。普京的爷爷是一个倔强的老头，也是一个喜欢读书的老人，他平生的两大嗜好就是钓鱼和读书。他和普京的奶奶共生育了六个孩子，虽然家庭中人口众多，但家里人总是能和睦相处，从没拌过嘴。爷爷在疗养院工作时，普京曾多次到那里小住，与爷爷奶奶度过了许多美好而难忘的幸福时光。

普京的父亲是个严肃派，不苟言笑，但心地善良、正直，而且很有智慧和远见。在普京的成长过程中，父亲总是告诫他要积极向上，凭自身的力量去争取更多的发展机遇，这使得普京从小就养成了坚韧进取的个性。父亲以男性的角度去关爱儿子，让小小年纪的普京学会了以男人的视觉去看待世界。普京的同学维克托·鲍里先科曾说，普京从小就是一个少言寡语的人，但他性格坚毅，能在瞬间决定自己的意志，这点和他的父亲极其相似。

而母亲对于普京的呵护，则是另一种方式。普京原来有两个哥哥，不幸的是都过早地夭折了，直到母亲 41 岁时，才生下普京。他是家中的"独苗"，母亲自然视其为唯一，对他百般呵护、宠爱。而且普京的母亲原本就是一位心地善良，性情温和的人。普京曾说："这辈子除了我，母亲没有其他任何要求。每一件琐碎的小事都时刻体现着她对我的这种疼爱。"

不得不说，普京生长在这样的家庭是一种幸运，而这样的家庭氛围，对其日后身心的健康成长起到了很好的促进作用。也正是在这样的家庭环境影响下，普京成长为一个善良沉稳、严肃专注、内敛守规矩的人。

当然，这个家庭很平凡，除了塑造了普京的性格之外，没有在财富和权势上带给普京任何的帮助。当时这个平凡普通的家庭，甚至可以用清苦度日来形容。年幼时的普京一直没有一件像样的衣服，直到有一年，他参加了科米自治共和国的一个建筑队的义务劳动，工作结束后，才买了一件新大衣。当然，那样的生活不只有普京一家，那是那个时代整个苏联普通人的生活写照。

对于当时的苏联来说，普通百姓大都过着比较清苦的日子，每家的生活条件都差不多。那时候的列宁格勒，家家户户住的都是公房，每个家庭的收入也相差无几。

普京的父母都是工人，母亲甚至还做过杂工。早年间，普京的父亲参加过卫国战争，并在一次战斗中受伤，造成一条腿终身残疾。战后，他被分配到列宁格勒车辆制造厂，先后担任过工长和车间的团支部书记。母亲由于文化程度不高，曾做过扫大街的清洁工，也在夜间为一家面包房做过接货员，后来在一个实验室里洗过试管，还做过商店的门卫……这些工作所带来的收入都是十分微薄的。可是他们给予普京的，是物质条件所无法比拟的更为重要的东西。

事实就是这样，对于普京来说，家庭给了他很多。或许孩提时代的普京并不会认识到这一点，他在父母的心目中有着怎样的分量，他们是如何珍视他。

说他幸运，还因为那时苏联的男性特别喜欢酗酒，因为这样造成了很多家庭的分裂，对于这一点，普京并不陌生，因为他从小就亲眼目睹了很多家庭悲剧。而他则一直生活在一个良好的家庭环境下，尽管日子过得清苦，但父母总是将最好的给予他。他是小伙伴中生活得最幸福的一个孩子。良好的家庭环境，也为他日后成为独一无二的国家元首奠定了扎实的基础。

3. 不安分的学生

普京从小就个性鲜明。8 岁时，母亲将他送入学校，他开始了学生生涯。在学校里，他成了"孩子王"，但他并不乐于对其他孩子发号施令，而更喜欢

独来独往，充当执法者的角色。

刚进入学校时的普京，并不是一个喜欢学习的孩子，他认为读书并不是成功的唯一途径，他更喜欢自己"小混混"的模样，而这很快得到了小伙伴们的认可。普京不喜欢被约束，对于学校的一些规章制度，他总能想办法将其巧妙"挪开"。他的不安分，常常会招来老师的干预，他也会偶尔进行反抗。

与其他"小混混"不同，普京长得弱小，年纪也小，但他很勇敢，不对任何人示弱。他的一位儿时伙伴回忆说，如果谁惹到了普京，他会立即冲上去，对那个人又抓又咬，并扯对方的头发……总之，他会采用各种方式去还击，决不允许他人欺辱自己。但有一次，他吃了亏。

对这件事，普京曾回忆说，自己第一次挨人揍，心里很憋屈。他说，当时打他的那个人看上去就像是一个"瘦猴"，但他年龄比普京大，力气也很大，所以普京没能打过他。这次事件给普京上了很重要的一课，对此，他还总结了几点教训：

第一，自己不对。他说，当时那个孩子只对他说了句什么，可他却很粗鲁地给顶了回去。事实上，自己是不对的，不该欺负他人。所以，才会得到那样的惩罚。

第二点，假如当时自己面对的是一个身材魁梧的大个子，可能就不会那样肆无忌惮、粗鲁地去对待他。因为看对方长得瘦骨伶仃，才敢对他撒野。所以吃了苦头之后，才明白自己不该那样做，对谁都应该尊重。这是一次很好的教训。

第三点，普京认为，不管在什么情况下，不管自己是否正确，如果进行还击的话，就都是强者。可是当时对方根本没有给普京还击的机会。

第四点，要随时做好准备，一旦被他人欺负，立刻就应当进行还击，一定要迅速还击。只有放手一搏，才有机会赢得胜利，就当那是背水一战。关于自己，普京还说，他的教育大部分都是在街头完成的。也许，正是这样的成长历程，让普京在日后展示出了一个"硬汉"总统的形象。

普京年少时的好勇斗狠，激怒过体育老师很多次，而且他与物理老师的关系也很紧张。曾经有一次，因为忘了穿校服，他被物理老师赶出了教室。因为打架，他的父亲还被老师叫到学校。那时，他的确很调皮，也很不安分，但他并不是喜欢打架斗殴的人，只是不喜欢被欺负。

由于他比较调皮，所以一些老师在他的评语中常常会写道："上课时大声说话"、"乱扔黑板擦"、"课间休息时爬遍所有的楼梯"等等。因为淘气，上课不认真听讲，所以他那时的学习成绩并不突出，各科的分数都不高。只有历史和体育的成绩是优等。

普京在小学低年级时就很喜欢体育课。他儿时的伙伴维亚切斯拉夫·雅科夫列夫说："瓦洛佳，体育运动就是他的一切，一放学他就急着赶往训练场。训练完后就回家，他不和谁深交，而且他也没时间交朋友。"普京曾经练过拳击，后来因为一次鼻子被打坏，就放弃了拳击练习。因为个子矮小，他不能进入篮球队，甚至也没有机会练习足球，但他并没有因为自己长得矮小而自卑过。后来，为了保护自己免受别人的欺负，他决定学习柔道，并由此体会到了独特的乐趣。

一次，九年级的普京，与一个十年级的同学大战了一场。当时，那个高年级学生无故踢了普京一脚，踢完后还坚决不道歉，这一下子惹怒了普京，于是二人马上打了起来。经过一顿拳打脚踢后，对方败下阵来。但没想到放学后，那位同学带着十年级的全体男生，在马路上截住了普京。普京很快将其中一位最厉害的同学制伏在地，然后潇洒地离开。这一战让普京"名声大噪"，学校里再也没人敢在普京面前"一展身手"了。

从普京及其朋友的回忆中可以看出，少年时的普京虽然"不安分"，但很少主动惹是生非。不过一旦与人交手，他绝不含糊，而且，少年时期的经历也让普京总结出了打架的哲学。不仅如此，普京的"顽劣"经历，也让人们感受到了他与众不同的鲜明个性。

4.《盾与剑》和少年的间谍梦

对普京的调皮，老师们似乎都已习惯了，一般情况下对他也不加理会，而普京就这样浑浑噩噩地到了五年级。

这时，真正让普京改变的老师出现了。她就是该校的德语老师——维拉·德米特里耶夫娜·古列维奇。在普京升入小学五年级时，这位老师成了他的班主任，一直到八年级，小学毕业。

对于普京的顽劣，维拉老师早就有所耳闻。在经过细心的了解之后，她发现，普京之所以会经常打架，很大程度上是受到街头"野孩子"的影响，而学校也有一定的责任，当时很多老师都认定："普京已经没救了！"

可是，维拉老师却认为："瓦洛佳很有实力，他聪明，富有冲劲，特别是记忆力很好，这个孩子将来一定会有作为。"为此，她决定对普京严加管束。首先她到普京家去做家访，并且告诉他母亲，不要再让他与大杂院的坏孩子们搅在一起。她还与普京的母亲约定好，要对他"双管齐下"。

维拉老师的这一招果然灵验，到了六年级的第一个学期，普京的成绩就出现了明显好转，尤其是德语成绩，在班里可以说名列前茅。自此，普京开始"脱胎换骨"了，并一跃成为了学校成绩拔尖、懂得礼貌的好学生。在六年级的第二学期，他还光荣地加入了少先队。

课余时间，普京总喜欢读一些杂志，特别是《盾与剑》杂志，他尤其喜欢。普京对杂志里面所描写的"克格勃"有着浓厚的兴趣。通过杂志，普京了解到，在第二次世界大战中，克格勃总能准确地截取到敌军的情报，从而使苏军赢得一次又一次的胜利。普京想到："在小的时候，父亲就经常教育我，争取做一个对国家和人民有用的人。老师也经常在课堂上教育我们，要好好珍惜学习机会，将来报效伟大的祖国。而我，应该通过怎样的行动来报效我的祖国呢？不如去做一名间谍，用我的英勇无畏换取祖国人民的幸福，这样的人生不就很有意义吗？"

一次，老师在黑板上写下了一个作文题目——《我的梦想》。其他同学们纷纷写出了自己的梦想：有想当科学家的，有想成为工程师的，也有人想成为工人或者是作家。可普京的脑海里却有着与他人不一样的梦想。

于是，普京在作文本上这样写道："我的理想是成为一名间谍，尽管全世界的人民对这个名词没有任何的好感，但是从国家和人民的利益出发，我觉得间谍所做的贡献是十分巨大的。"在这篇作文里，普京列举了很多著名间谍的英雄事迹，并且正面论述了美苏两国在冷战过程中间谍所起到的关键作用。当老师读到普京的这篇作文时，简直是又惊又喜，连声夸奖他："年纪不大，志气非凡。"老师们简直是不敢相信，这个平时看起来内向、孤独、不安分的小孩子，竟然有这样的胆识和雄心壮志，实在是难得啊！从此，老师和同学们对普京又有了一个新的认识。

5. 倾尽一切，为梦想奋斗

早在普京上小学时，他的家人就曾明确表示过，要他日后一定要考上一所好的大学。也许因为时间尚早，这件事被放置在一边了，当然，更没有具体商量过普京到底要报考哪所大学，或者是学习哪门专业。

其实，每个人的心中都有一个大学梦。虽然，普京的父母并不清楚自己的儿子要上哪所大学，但是有一点在他们的心目中是没有悬念的，那就是自己的儿子必须要接受国家的高等教育。

到了十年级中期，普京和父母商量考大学的相关事宜，父母听到这个消息，心中自然是赞同的，没有任何的疑问。也是从这个时候起，父母对普京的学习抓得越来越紧了。

普京从 10 岁开始接触柔道，他的教练一直是拉赫林，从没有换过。在和教练一起学习柔道的几年间，普京的功夫提升很快，其能力甚至可以和国家队的专业运动员相媲美。他的教练更曾预言过，普京绝对有机会成为柔道的世界

级冠军。可这位教练听说普京要考大学之后，十分难以接受，难得在他的学生里面能有这样一个柔道天才。

后来，教练又建议普京去考大专，因为他可以帮普京找到关系。确切地说就是托关系让普京到列宁格勒金属工厂附属高等技术学校去。因为，当时的普京正在这所厂子的体育俱乐部里练习柔道，以他的成绩，转入到这家大学是完全不用考虑的，并且还能直接免除服兵役的规定。

为此，拉赫林又找到了普京的父母，并当面说明了自己的想法。拉赫林认为，此时的普京有两条路可以选择，一是成为专业的柔道运动员，为国家的体育事业做出贡献；二是被保送到高等技术学校去，而且根本不用考试。对于普京的父母而言，这两个选择都是不错的，放弃其中任何一个机会都等于在做傻事。而考取大学本科实在是一种冒险的行为，万一出现闪失，普京就得立刻参军入伍。

听拉赫林教练这么一说，普京的父亲就有点动心了，原来一心想要儿子考取大学的想法也出现了动摇。于是，他找到普京，开始做他的工作，要他认真听取拉赫林的意见，毕竟教练有着丰富的人生经验。

这样一来，普京就陷入了"两头夹击"的境地，在训练场上，拉赫林教练苦口婆心；回到家里，父母又是谆谆教诲。说来说去，无非是让普京彻底放弃报考大学的念头。

但是，最后普京依然坚持自己的想法："我就是要考大学，我自己定好的事情，任何人都别想更改！"

"如果考不上，你就得做好当兵上战场的准备。"众人异口同声地说道。

"当兵上战场又有什么呢！"普京坚定地回答，"当兵就当兵。"

对普京来说，如果真的考学失败，被迫服兵役的话，就要接受自己的梦想被推迟实现的这样一个现实。但普京认为，虽然耽搁几年不是什么好事，但从原则上来讲，影响似乎并没有那么大。

在这关键时刻，普京需要更多的勇气，在这人生中的重要关头，他要做出一个决定。要么现在所有的事情都靠自己决定，从而走向人生的另一个新阶段；要么听从父母以及教练的意见，任他们摆布，心甘情愿地放弃全部计划。

可以说，人生的一个转折点就这样出现在了普京的面前。

后来，普京还是说服了自己以及家人和教练，并以优异的成绩考入了列宁格勒大学的法律系。他的计划也在逐步实现着，他的人生即将跨入一个具有非凡意义的新阶段。

6. 孤寂的大学生活

1970 年，普京 18 岁，在列宁格勒大学法律系开始了大学生活。

国立列宁格勒大学坐落在涅瓦河北岸瓦西里耶夫斯基岛的第二条街道，全称是列宁格勒日丹诺夫大学（现在的圣彼得堡大学）。列宁格勒大学始建于1724 年，与冬宫遥相呼应，是俄罗斯最早成立的大学之一，与国立莫斯科大学共同被称为"民族的财富"。列宁格勒大学建校 200 多年来，为俄罗斯培养出了成千上万的优秀人才，其中 7 人获得过诺贝尔奖，政府中很多的高级官员都是从这所大学毕业的。其中，最优秀的三位毕业生就是俄国资产阶级临时政府总理克伦斯基、无产阶级革命导师列宁，还有普京。

然而，普京在大学时期表现得并不是很活跃，除了一些体育运动之外，其他的共青团活动一律都不参加，因此大多数同学对他的印象并不很深。在 20世纪 70 年代的苏联，大学生们的生活是十分丰富多彩的，每到夜幕降临时，各种形式的文艺表演会竞相展开，可是普京却很少凑热闹。他大多时候都是在图书馆里，每当同学们看到他认真读书的样子时，都不忍心过去打扰。

普京在列宁格勒大学整整苦读了 5 年，根据当时苏联高等院校的教育要求，普京顺利地完成了所有的学业。他的专业课程主要包括：马克思主义法学原理、列宁法律思想、苏维埃法律、法律史、国际公法、国际私法、经济法、民法、刑法等。此外，普京还选修了其他的专业课程，如外语、政治学等。普京在大学接受的教育完全是苏联模式的，与西方的法律教育专业完全是两个概念。普京在这期间的成绩一直十分优秀，很多科目的成绩都是 5 分，用他自己

的话来形容，就是"我习惯用 5 分来说话"。

普京参加的体育运动当然是柔道了。进入大学时，他已经练了 8 年的柔道，并且已经成为柔道黑带选手，两年后成为柔道大师。在那个时候，想要在柔道上晋升一个级别是很困难的事，除了参加正式的比赛项目之外，没有任何的捷径可言。

据普京的教练拉赫林回忆：普京在赛场上很少输过，也正是在学生时代锻造出的这种永不服输的品质，为他今后的生活打下了坚实的基础。时至今日，普京对当年的比赛还记忆犹新，那次的对手是世界柔道冠军沃洛迪亚·卡列宁，当时比赛的任务是争夺列宁格勒市的冠军。比赛刚一开始，普京就把卡列宁从背上直接摔下，不仅没费吹灰之力，而且动作堪称优美。比赛到这个时候原本就应该结束，但是卡列宁是世界级的冠军，不能败在普京的手下，裁判又要两人继续比拼下去。普京的个子很小，一轮轮的比赛自然消耗不起，直到他大声喊痛，裁判才宣布停止。很明了，普京输掉了比赛，但他并没有气馁，仍对自己在赛场上的出色表现感到满意。

普京在大学的生活可以用"离群索居"来形容，他的知心朋友并没有几个。但他也不是那种拒人于千里之外的独行者。相反，他和别人很谈得来，人缘一直不错。

普京在大学三年级的时候，很意外地收到了一件礼物。有一次，食堂给了普京母亲一张彩票，说是找给她抵零钱用的，结果却幸运中了一辆小轿车。当时，普京家里的生活十分清苦，如果把这辆小轿车卖掉的话，可以换来 3500 卢布贴补家用。可是，普京的父母并没有那样做，而是把这辆轿车作为礼物送给了普京。于是，他就拥有了一辆每个人都分外眼红的"宝马良驹"。

这辆轿车一下子成了普京出入校园的代步工具，同学们也跟着普京沾了光，只要他们有用车的需要，普京都会大方地答应他们。在那个年代，一个学生能够拥有一辆汽车，是很拉风的一件事。有时，柔道训练完毕之后，普京还会十分客气地把拉赫林教练送回家，每当这个时候，教练都会感到很荣幸。

7. 普京与索布恰克

对于普京而言，在列宁格勒大学法律专业里所学的知识，只不过是他实现最终目标的一种途径罢了，而在日常的学习过程中，是很需要一些人进行指引的，从而帮助自己树立正确的人生观和价值观。普京就遇到了对其整个生命产生重要影响的人——阿纳托利·索布恰克教授。在普京的眼里，索布恰克是他一生的恩师。

索布恰克，1937年出生于西伯利亚赤塔市，距离中国的满洲里只有200多公里的路程。索布恰克的出身和普京很相似，都是成长在工人的家庭里。索布恰克的爸爸是一名火车司机，家庭条件也不是十分宽裕，索布恰克完全是通过自身的努力，才考上列宁格勒大学法律系的。

大学毕业之后，索布恰克被分配到尤里·安德罗波夫和米哈伊尔·戈尔巴乔夫的故乡——斯塔夫罗波尔边疆区去工作。当索布恰克被分配到这里时，戈尔巴乔夫正担任这里的共青团书记。索布恰克在工作之后，并没有放弃继续深造的机会，而是在工作之余，利用函授的形式，出色地完成了列宁格勒大学法律系硕士研究生的学业。此后，他回到了列宁格勒大学任教，主讲经济学的知识。

普京是在大学三年级时认识索布恰克教授的，而他的毕业论文《论国际法中的最惠国原则》，正是在索布恰克教授的指导下完成的，获得了"优"的成绩。

普京所写的毕业论文，是很有研究背景的。当时，美苏两个国家相互争霸的局面得到了稍微的缓和，在经济领域和科学技术方面的合作也在逐渐展开。这时，年轻的普京在这些经贸往来中，捕捉到了经济生活中很多关键的问题。可见，普京不只是对政治感兴趣，对于一些经济问题也是很在行的。

不过，在这个过程中，普京和索布恰克并没有结下很深厚的友谊，只不过相互之间有着某些方面的好感罢了。这种论断可以从索布恰克对普京的评价中看出来。索布恰克说过："当时，普京在我的眼中只不过是一个极为普通的学生，和平常人没有什么两样。他在同学中的表现并不引人注意，更不愿意出风

头。但是，普京的成绩是非常突出的，他经常在众人面前表现出一种坚持不懈的性格。"

人的一生，想要有所成就必须靠自己的奋斗才能得到，在这个过程中，同样也要得到贵人的提携和机遇的降临。普京与索布恰克的这段交往，为其将来从政，可以说起到了至关重要的作用。

索布恰克的思想十分独立，完全可以称得上是思想超群的知识分子。有人曾这样评价过索布恰克：

"无穷的个人魅力和启蒙天赋，让索布恰克成为了最具活力和真正超凡脱俗的杰出代表。他的思想和人格是非常独立的，常常站在不同的角度批判苏共时期的政治制度。不过，他从不会在讲台上公开挑衅当局的统治，那样做的结果不外乎是被捕入狱，或者是流亡海外。"

普京在大学毕业之后成为了克格勃的一分子，而索布恰克则继续在列宁格勒大学法律系进行教学工作。因此，在这之前，普京与索布恰克只是单纯的师生关系。而在今后十几年间，风云骤变，他们二人又在政治舞台上不期而遇，而这种特殊关系的形成，也只有在大环境的改变中才能够实现。

索布恰克在列宁格勒大学法律系任教多年之后，成功地步入了政坛。1988年年初，50岁的索布恰克以大学教授和经济法教研室主任的身份步入了政坛。这个结果着实出人意料。在成功地跻身政坛之后，索布恰克成为了戈尔巴乔夫政治体制改革的助手，他决心要成为苏共的一分子，并且还要在戈尔巴乔夫的支持下有所作为。从这个层面而言，索布恰克的努力为普京日后进入政坛做了良好的铺垫。

8. 青涩的初恋

单从长相和身高来看，普京很难站到帅哥的队伍里，假如不是一国元首，站在人堆里，他和那些普通人比较起来是毫无两样的。可是在俄罗斯人的眼中，普京是全国女性公认的"美男子"，普京是俄罗斯女人最想嫁的男人。曾经，真有这么一个女孩俘获了普京的心，可就是因为这个女孩太过骄傲，两人终究没能走进婚姻的殿堂。这个女孩就是普京的初恋情人——薇拉·布鲁列娃。

普京的德语老师维拉曾在回忆录中这样写道："总统曾经和一个名叫薇拉·布鲁列娃的女孩关系要好，早在上六年级的时候，薇拉就曾到普京的家里做客。"薇拉的姐姐加丽娅也曾说过，妹妹的确喜欢瓦洛佳。加丽娅还补充说，薇拉到班上没多久，就成为了人们争相追逐的偶像，而在她的心里，只喜欢瓦洛佳一个。

不过，普京的一位同班女生却这样说道："说薇拉是总统学生时代唯一喜欢的女孩，是不确切的。因为，那时的总统至少同时喜欢三个女生。"

普京的另外一个女同学，身为圣彼得堡大学国际关系专家的斯维特兰娜·波塔普丘克在被问及这个问题时，曾耸着肩膀说道："我也曾和许多同学交换过这个想法，我们一直想弄明白，当时的瓦洛佳到底喜欢谁。可是大家的普遍想法是，没有一人。或许，当时的他已经学会怎样控制自己的感情了。"

年少的普京，到底有多少"风流往事"，现在已经无从知晓了。但是，加丽娅曾经明确表态，普京和自己的妹妹薇拉确实有着非同一般的关系。

因为，妹妹薇拉曾经这样和加丽娅说过，班里的那么多男孩，只有一个叫瓦洛佳的给她留下的印象最为深刻，而且，薇拉还经常提起瓦洛佳。于是，加丽娅就想，瓦洛佳究竟是一个怎样的男生呢？那一天他们终于见面了。不过结果让她非常失望，因为妹妹眼中的"男神"实在是太普通了，既不英俊也不潇洒，看起来十分普通，加丽娅真的搞不明白，妹妹为什么要整天往他那里跑。

薇拉在接受媒体采访时曾透露过，自己和普京的恋爱是在 14 岁那年开始的，那时普京 16 岁。他们恋爱的地点就在列宁格勒附近的小城托斯诺，那里是普京的老家，薇拉则和普京是邻居。

薇拉说："瓦洛佳的个子并不那么高，但浑身全是丰满的肌肉。为此，许多女同学经常把这件事当作话题。最后，我们两个人终于发展到了谈情说爱的地步，再也不掩饰对对方的感情了。"

当说到第一次接吻，薇拉至今还记忆深刻："那是我终身难忘的幸福瞬间。"

那是一个寒风凛冽的新年之夜，薇拉和许多朋友相聚在普京的家里，一起等待着新年钟声的敲响。在转瓶子的游戏过程中，普京赢得了游戏，并且可以当众亲吻薇拉。薇拉激动地说："我们彼此都吻得很浅，但是我们的感情非常真挚，当时我的脸红得发烫，一直不敢抬头，心里面却早已燃烧起了火焰。"

此外，薇拉还分享了和普京一起等火车的经历。"不知怎么回事，那个火车突然就误点了，当时有一个女孩吓坏了，甚至都哭了出来。可我没有一点害怕的意思，因为他表现得很镇定，所以只要跟他在一起，我往往都是无所畏惧的。"

"那时的他是一个十几岁的小伙子，正是血气方刚的年龄，浑身充满着成熟的男子气概，仿佛天不怕地不怕一样。他还热衷于和那些"狐朋狗友"聚会，但是他在聚会的过程中是滴酒不沾的，只是看着他们喝而已。在女孩跟前，他就像一块磁铁，着实富有吸引力，人见人爱。当然，这种吸引力不是指普京的外表，而是蕴藏在他身上的那种深厚魅力。"薇拉深情地描绘着普京的学生时代。

年轻的普京深深地爱着薇拉，甚至曾经答应薇拉要举行婚礼，毕竟两个人的年龄还小一些，父母决定还是放一放为好。至于薇拉为何没能同普京走到最后，原因就是薇拉的个性太过于骄傲了。

据薇拉回忆，虽然普京的个子不怎么高，但是极富女人缘，他的前任妻子柳德米拉也是普京的"忠实粉丝"之一。不过，在薇拉的眼里，柳德米拉根本就不是自己的对手，因为在薇拉的印象里，普京是喜欢那种金发碧眼的女孩的，而柳德米拉却恰恰相反。

可是事实证明，薇拉的感觉是不对的。在普京的心目中，更多的是看重一个人的内心，而不是华丽的外表。曾经有一段时间普京很忙，在约会时难免迟到。对此忍了很久的薇拉有一天终于爆发了，她和普京大吵了一架之后，就决定要离开他。在此之后，柳德米拉走进了普京的生活，而真正打动普京的正是柳德米拉的那份贤惠与善良。柳德米拉可以耐心地等待普京两个小时，而薇拉却没有那份耐心，两分钟都做不到。

两个人的分手就这样到来了，之前和普京在一起的所有幸福就在那一晚戛然而止了。普京转过头，严肃地对薇拉说："我会记住我应该记住的东西。"此时的薇拉，再也无法面对她与普京的这种生活，这样结束也好，至少两个人都不用互相不放心了。

普京和薇拉的初恋如同昙花一样，没有经过多长时间就凋零了。但是，那青涩的一吻，薇拉将它彻底地烙在了心上。

后来，薇拉又拥有了一份新的爱情，与普京再也没见过面。成立家庭之后，薇拉的生活并不宽裕，甚至靠着补助金生活。尽管很多人都劝告薇拉，让她给普京写一封求救信，可是薇拉却坚决不肯，她说："身为有血性的俄国人，就算是在大桥底下挨饿，也绝对不会给他写信求得帮助的。"在薇拉的内心里，她实在不想利用自己和普京的这层关系谋取照顾。不过，在薇拉的内心里，还是放不下那段懵懂的初恋，她依旧想念着普京。

现在的薇拉，依旧住在托斯诺的小城里，只不过已经搬到了市中心。她和普京相恋的那个小屋已经不复存在了。和普京分手之后，薇拉做过裁缝、清洁工以及售货员，如今早已退休在家了，她的丈夫曾经做过护林员，现在也退休了。说来也巧，薇拉的丈夫居然和普京是同名，都叫做弗拉基米尔。

Chapter2
克格勃岁月:
难忘的间谍影像

大学时期的普京，就以加入克格勃为奋斗目标，他为此时刻准备着。

事实上，普京清白的出身，以及优异的成绩，早已经被克格勃注意到了。克格勃属于苏联最神秘的政府机构，它的作用与可以享受的权力基本跟美国中央情报局等同。

普京在大学期间就被克格勃看重，直接选拔进克格勃受训，他在里面表现优异，深受领导的器重。最后，他被派往德国执行任务，并且在德国一待就是六年。这段经历对他日后的影响很大。

普京前后在克格勃工作了16年。这种经历，让普京的爱国之情更坚定，并逐渐养成了坚韧不拔、不怕牺牲的精神，还练就了运筹帷幄的本事。

普京在执政后，依然带有浓厚的"克格勃情结"，他制定的治国策略都受到了这一经历的影响。普京在一些公众场合也从不讳言，他说，克格勃的经历让他难忘，这段经历带给了他太多宝贵的东西。自始至终，他都以这段经历为荣！

1. 实现少年梦想的年轻特工

读大学期间，普京的"克格勃之梦"越来越清晰了。四年间，他从来没有停止过对这一憧憬的想象，他时刻准备着、期待着。

事实上，从普京的出身和学习成绩等方面来看，成为克格勃是没有任何疑问的。当然，对于这样一个优秀的人才，克格勃早已注意到了，而且当时的克格勃候选人还不止普京一个。

那么，普京如此向往的克格勃究竟是一个什么样的机构呢？通过查阅资料，我们可以了解到，克格勃原来是苏联的国家安全委员会。这个安全委员会正式成立于1954年，主要负责情报方面的工作，一直到苏联解体才宣告了委员会命运的终结。虽经多次更名，但是人们还是愿意称这个机构为"克格勃"。不言而喻，在这个机构工作的人员就是所谓的"国家特工"。

克格勃可以说是苏联最庞大、最神秘的国家机构。20世纪30年代就已经初具规模，其地位和美国的联邦调查局及中央情报局类似。此机构在"冷战"期间的职权是非常大的，主管的领域涉及全国，甚至凌驾于苏联共产党和苏共政府之上。

当时，国家十分重视克格勃人员的选拔，而要招募的对象大多数是莫斯科大学、列宁格勒大学的高材生。同时，在招募这些毕业生的时候，是完全公开的，没有任何机密可言的。

克格勃在招生的过程中，学校必须完全配合，事先要掌握学生的相关档案，然后进行谈话、考察，最后向上级汇报，决定录用事宜。克格勃招募的这些情报官员也是有一定标准的，这些人必须拥有强烈的爱国主义精神，以及奉献精神，还必须勇敢机智、体魄强健，年龄在 25 岁之内。这些成员主要是来自于受过良好教育的公民和应届大学毕业生。被克格勃录用的这些人，必须要经过半年甚至长达 5 年的专门训练和培养。这种高规格招募和训练方式，保证了克格勃能够长期拥有职业素养较高的专职情报人员。

1975 年，普京已经是一名大四的学生了。一天午后，一个叫伊万·瓦西里耶维奇的人找到他，说是要进行一次谈话。这样形式的谈话总共进行了两次，等第三次再见到伊万·瓦西里耶维奇时，已经是通知他正式加入克格勃了。而此时，普京的心里有着说不出的高兴和自豪，少年时期的梦想在此时此刻终于实现了。

毕业论文答辩一结束，普京就和其他 3 名同学匆匆赶到了苏联克格勃对外情报局，开始了专业训练和培养。那时，苏联总共拥有 200 多所间谍学校，而且这些学校在地图上没有标记。因为地图上没有标记，所以当地老百姓也不知道这些"大房子"是用来干什么的。即便是有层层的巡逻部队严防死守，也没有人问起过，毕竟这些事情对他们来说是无关紧要的。

在间谍学校，除了每日的训练之外，还有非常繁重的课程，基础课主要涉及数学、化学、政治、外国文学等科目，总共 697 个课时。除此之外，还有 392 个课时的军事课程、1824 个课时的特别科目，这些科目涵盖地形学、摄影、无线电、特种通讯等等。就连接头、盯梢、跟踪等这些基本功都备受重视，需要经常训练。

经过一年半的专业训练，普京已经具备了专业的间谍素质，因为成绩突出，专家考察团授予了普京陆军中尉的军衔，并把他分配到了克格勃第一总局列宁格勒工作站工作，主要负责侦查分队的特工工作。

特工的身上，肩负着一项重要的职责：负责外国人和国外外交官的跟踪事宜。其实，这件事并不是什么国家机密，世界所有的国家都对外国的使馆进行着严密的监控。在当时，俄罗斯的特工人员是没有自己的办公室和单独电话的，普京就和其他同事们挤在一间屋子里，因为所使用的电话也是共用的，难免会带来工作上的不便，因此同事们经常因为打电话发生一些不必要的争执。

年轻的普京是那么争强好胜，毫无例外他就是争执的中心。他总是拿着共用的电话和那些毫无工作关系的"局外人"聊个没完。因此，同事们都戏谑地称其为"电话粥能手"。

"整个办公室，唯独普京自己能这么做，因为领导非常器重他，对他是另眼相看的。"普京的同事维克托·弗罗里科夫还曾这样说道，"另外，普京的手里还有分队刑侦科的工作证，这可是一项特别的荣誉，在整个刑侦分队，拥有此证件的人也就那么几个。至于他每天具体的工作我们是从不打听的，这是侦查分队的规定，不该过问的事绝不多嘴。"

在此不久，普京就进入了特工科德语进修班，得到如此机会，全凭科里的领导自行决定。这个进修班，只有最具发展前途的人才有希望被送进去学习。在这个进修班里，每周有三次的课程，每次课程两个小时，班里共有10个学生，一届四年，并且推行优胜劣汰原则。所以，每届学员课程结束时，班里的学生也就所剩无几了。颇有意思的是，这个德语进修班没有毕业证，只发结业证书，最后的成绩会写入个人的档案之中。

当时的特工科科长，谢尔盖·彼得罗夫上校曾这样回忆过当时的普京："第一次与普京沟通就能够感觉到他不是一个普通的人，他的头脑十分机敏，而且有着很强的分析能力。情报工作人员就是要拥有这样的素质才能出色地完成任务，而我眼前的这位年轻军官正是拥有着这样的非凡气度。因此，仅仅几句话的工夫，我就喜欢上了这个年轻人。"

又经过一段时间，普京被特工科报送到了红旗学院。对于当时的克格勃人来说，这可是梦寐以求的发展机会。针对此事，记者曾经疑惑地询问过彼得罗夫上校，"如此优秀的一位军官，你们为什么要放他走呢？"

彼得罗夫上校沉默了一会，说道："我承认，是我把他举荐到红旗学院的。"接着，上校又满怀深情地说："像普京这样，风华正茂、仪表堂堂的年轻军官确实是不可多得的，在我的内心是不愿意放他走的。可是，他还年轻，在业务上还需要进一步提升，即便已经身为少校，可是瓦洛佳的前途是不能限量的，早晚他能够成为一个优秀人才，并且担当大任。正如俗话所讲，庭院里是跑不出千里马的，我不情愿普京就窝在这个小地方，那样会耽误他的锦绣前程。"

到达红旗学院之后，普京将自己的名字改为普拉托夫，这是学院的一个规定，每个学员必须只能使用化名，不能用自己的真实姓名。在红旗学院，普京开始学习与德国相关的知识，关于它的经济、政治、体制、政党等诸多方面的内容都要了解。正是从这个时候，普京开始预料到，自己在毕业之后，很可能被组织派遣到民主德国，或者是联邦德国。

2. 硬汉特工与美丽空姐之恋

到克格勃工作之后，普京结识了柳德米拉。在交往的过程中，两个人逐渐产生了好感，一个幸福的家庭就这样组建了起来。

柳德米拉，在西方媒体的眼中，她一直是"克里姆林宫的一大谜团"，她三次成为俄罗斯的总统夫人，但是一直以来，她却很少出现在公众的面前。

柳德米拉与普京相差六岁，年轻时她是一个标准的俄罗斯美女。同普京一样，柳德米拉也出生在一个平民家庭里，中学毕业后做了邮递员，后来又成为了一名空姐。

普京与柳德米拉的相识十分偶然。

那是在 1980 年的某天，柳德米拉和同伴来到了列宁格勒度假。到列宁格勒的当天晚上，一位男生就来到她们的房间，说是带上女伴去听音乐会，柳德米拉也想跟着他们一起，于是，那个男生又叫上了另一个朋友同去，这个朋友就是普京。

"这个年轻的警察十分瘦小，而且不爱讲话，这就是我对普京的第一印象。"柳德米拉在日后回忆说，"当时的他相貌平平，穿着一般，如果走在大街上，我绝对注意不到他。"但是，演出结束之后，柳德米拉就觉得普京是一个真正的男子汉。

一连三天，他们两个人在一起看了三场音乐会。

　　因为自己克格勃的特殊身份，普京很少向他人留自己的电话号码，但这次他破例将号码留给了柳德米拉。此后，两个人开始了电话联系。当时，普京对柳德米拉讲，自己在警察局工作，由于工作方面的需要，一些具体的情况还不能向她透露。直到一年之后，普京才把自己的真正工作单位告诉了柳德米拉。

　　柳德米拉在后来回忆道："刚到列宁格勒，我就喜欢上了这座城市。正是这个原因，我在那里过得很愉快，在自己喜欢的城市里遇见自己喜欢的人，是一件多么美好的事啊！"

　　有时，柳德米拉也乘着工作之便，打着"飞的"与普京约会，两个人的浓情蜜意真是不言而喻。不过，柳德米拉的朋友们都不看好她与普京的这段感情，甚至有人觉得他们俩长久不了。

　　1981年，柳德米拉接受普京的建议，放弃空姐的工作，到列宁格勒读书，当时，她只有23岁。经过一番努力，柳德米拉考取了列宁格勒大学语言系的预科班。最初，她的志愿是学习德语，可是因为竞争太激烈，柳德米拉被调剂到了西班牙语言文学专业。正所谓，塞翁失马焉知非福，在日后，西班牙语还真的派上了用场！当柳德米拉以"第一夫人"的身份，陪同普京出访西班牙时，她竟然把翻译晾在了一边，与身边的西班牙王后交谈得十分融洽，当时在场的人无不佩服柳德米拉的西班牙语水平。

　　可以说，普京的建议起到了一举两得的效果，柳德米拉在预科班宿舍有了自己的床位，这样两个人的约会就十分方便了。但是，每次约会，普京都是来去匆匆，而且还经常迟到。最让柳德米拉生气的是，他不仅仅是迟到三两分钟，而是个把小时。柳德米拉经常在地铁站苦苦等候姗姗来迟的普京。"等到15分钟，感觉一般，可以承受，半个小时也会习惯，但等到一个小时，我就要呐喊了。而到了两个小时，我已经没有任何心情了。"经过几次等待之后，柳德米拉逐渐理解了普京，毕竟他是克格勃的官员，迟到是可以原谅的。

　　有人说过，恋爱过程中不闹分手是不正常的，普京和柳德米拉也是闹过分手的。有一次，普京和柳德米拉要去参加一个晚会，可能是柳德米拉过于放松了，在跳舞的过程中，她不断地大笑，而且还与别人开玩笑。普京不希望自己喜欢的女孩行为不雅，于是，他用生硬的语气向柳德米拉说道："我不想再继续我们之间的关系了。"柳德米拉听后很是不解，便生气地离开，回到了老家加里宁格勒。两个星期过去了，普京觉得自己不能没有柳德米拉，就跑到了她面前，承认自己的错误，并且留下了忏悔书。柳德米拉看完后哭了起来，毕竟她也是很爱普京的，就这样二人重归于好。

一晃三年半的时间过去了。1983 年，普京用他独特的方式，向柳德米拉求婚。他对自己心爱的女孩说道："亲爱的，我是一个什么样的人你早已清楚了，我不爱说话，脾气也不好，你是不是很难忍受我有时的一些做法？我到底是不是你的人生伴侣，我想你已经知道该怎么做了。"柳德米拉在听完普京的话之后，心情非常复杂，她甚至觉得普京又要和她提出分手。正在这时，普京又一次凑到她的耳朵跟前，轻声地说道："我爱你，咱们选择一个日子结婚吧！"柳德米拉完全愣住了，没想到自己心爱的男人，竟然用这么特殊的方式向自己求婚。

普京与柳德米拉的恋爱一直是秘密进行的。直到两年后，柳德米拉的父母才知道女儿有这么一个男朋友。普京求婚后，柳德米拉立即回到家乡，激动地向母亲说道："妈妈，我认识了一个非常好的男人，我已经答应嫁给他了。"母亲听到这个消息，也十分高兴，甚至兴奋得一夜没有合眼。

1983 年 7 月 28 日，普京与柳德米拉在涅瓦河畔，一艘游轮的浮船上举行了简单朴素的婚礼。那一年，普京 31 岁，柳德米拉 25 岁。婚礼上，双方父母向他们二人献上了最诚挚的祝福，并按照俄罗斯的传统形式完成了婚礼的流程。婚后，柳德米拉改了自己的名字，叫做柳德米拉·亚历山大洛夫娜·普京娜。

普京和柳德米拉的蜜月结束后，就回到了普京父母的住处，因为他们还没有自己的房子。小两口很懂得尊重父母，主动把 15 平米的大屋子让出来，他们二人在小屋里居住。柳德米拉说，她和普京父母的关系一直都很融洽。

在这期间，柳德米拉的父母经常来列宁格勒看望自己的女儿，他们发现小两口的日子过得紧巴巴的，就有些心疼。但是看到他们二人相亲相爱，过得很幸福，又感到非常满足。由于家庭背景都一样，两家人见面之后谈得也很投机，彼此的关系也一直很好。

3. 在东德潜伏的日子

1985 年，普京结束了在红旗学院培训的日子，由苏联对外情报局第四处派遣到德意志民主共和国（东德）参加工作。当时的普京是以中校特工的身份潜伏到东德的，而他工作的地方则是历史文化悠久的古城——德累斯顿。在那里，普京的公开身份是"苏德友谊之家"办公室主任。

初到东德的普京，就开始水土不服，整整用了两个月的时间他才战胜这个痛苦。在后来的一次采访中，普京这样描述："如果没有之前在红旗学院的学习，我是很难在两个月之内进入工作状态的，语言问题就是一个很难跨过的障碍。每当有电话打进来时，对方那叽里咕噜的外语听起来实在是不适应。"说完，他向身边的工作人员展示，被流利的德语搞得晕头转向后，挂断电话的滑稽场面。

当然，普京在东德还是学会了很多东西，最有说服力的就是反跟踪技巧。

在一次秘密会议结束之后，为了不让自己的行踪暴露，普京硬是在城里逛了一整天，让那些东德情报人员伤透了脑筋。还有一次，普京正在与卧底进行接头，突然发现周围的情况不对，就立即钻进车里面，并把自己的礼帽放在了车座的上面，以造成两个人在车里的错觉，以此来迷惑对方，然后小心地把车开出了城，普京这才躲过了一劫。

普京在东德的情报活动主要是针对北约，所搜集到的情报都是直接送到苏联的克格勃情报总部。为此，普京还特意招募了一些东德人作为其日常的助理，帮助他分忧解难。值得一提的是，普京还用过克格勃培养的年轻女特工刺探情报，"燕子"就是其中的代表。克格勃最擅长利用"燕子"年轻貌美的优势，直接色诱对方，使之就范，最终被收入克格勃的帐下，为其效力。

德累斯顿有许多高级酒店，贝琉酒店就是其中之一。当年，普京手下许多个"燕子"就潜伏在这里。贝琉酒店的登记处已经被克格勃所控制，一旦发现有利用价值的西方政客入住这家酒店，很快就会有精通对方国家语言的"燕子"上门进行服务。为了刺探到准确有价值的情报，克格勃简直是无所不用其极。当然，其他的西方国家，在情报工作上也并不比克格勃逊色。

其实，普京起初在东德的间谍工作并不十分突出。英国《泰晤士报》曾经披露过普京在东德从事间谍工作时的一段鲜为人知的内幕。

M特工（"M"是其代号）曾经被普京所控制，专门为其提供情报。1985年，M特工接到任务，与普京在德累斯顿的一个公寓里秘密接头。这次接头，普京给M特工留下了一个极为不好的印象。

普京和M特工是通过克格勃情报处的官员认识的。当时的普京刚刚从事间谍工作，还是个新手，所以，M特工就向普京说了许多在东德从事特工任务的注意事项。其实，这是普京第一次到海外执行特工任务，虽然他对从事特工的理论了如指掌，但对于具体的操作还是相当陌生的。

没过多久，普京就在执行任务的过程中出现了差错。

一次，组织安排M特工与普京进行一次接头，但不知道为什么，普京没能准时到达指定地点。为此，M特工气得火冒三丈，于是，在见到普京后，他就大声地向普京吼道："要知道，如果忘记了与你接头的特工进行见面，那就等于犯了危及他人生命的重大错误！"他还警告普京："如果不尽早克服这个毛病，我就会决定放弃与你的合作。"普京的确同大多数俄罗斯人一样，不太重视时间观念，但是他在内心非常佩服德国人的行事准则，他们总是那么严谨、务实。在M特工的悉心教导之下，普京在日后的工作过程中变得非常麻利，再也不会拖沓，更别说是迟到了。

M特工还说，普京总共做了他五年的"头儿"。开始时，普京不太爱说话，总是在向对方寻求建议。在接下来的工作中，两个人建立起了一套严密的接头制度，为了保护对方的生命安全，他们光是见面的预备地点就有10个之多，如果一旦有特殊情况发生，他们就会采用其他的联络手段进行联系。德累斯顿的易北河边，有一条小路，这里是他们经常接头的地点，M特工每天晚上都会在这里慢跑。他会事先将挤扁的啤酒罐，或者是香烟盒放在接头地点，那里面往往塞着重要的机密文件。有时M特工也会把这些情报放在水泥缝里，这样普京就能很方便地得到想要的东西了。另外一种接头方法是通过电话来完成的。

假如普京办公室里的电话铃声连续响了三下，就说明 M 特工有紧急事务要进行约见。普京听见后，会马上出发，一个小时之内准能到达接头地点。

M 特工表示，尽管普京在刚刚从事特工工作时表现得不是很好，可是在以后的时间里，他能很好地控制住自己。这也使得普京在行事上变得更加雷厉风行。M 特工甚至还说过："他不是一个酗酒者，他不抽烟，不贪财，更不好色。他时刻都在控制着自己的感情，将秘密藏在心底。但是他一定有弱点，只是至今还没有发现。"

4. 令人唏嘘的婚后生活

在普京到达东德之前，自己的第一个女儿玛莎已经出生了，这时的柳德米拉不得不结束大学的课程，在取得法语和西班牙语的翻译资格之后，她带着女儿同丈夫一起来到了东德。柳德米拉说，她和普京婚后最美好的一段时光就是在东德度过的。

当时，他们一家三口住在国家出钱给他们租住的公寓里。这个公寓和普京办公的地点只有一墙之隔，从家里到办公室仅仅有几分钟的时间。柳德米拉曾回忆说："瓦洛佳经常站在单位的窗户边朝着家里方向观望，我知道他是在想他的女儿。"普京在上班期间，柳德米拉主要在家负责照看女儿玛莎。后来，他们的第二个女儿卡佳也出生了。

在德国，普京一家最美好的时光是在晚上。他家经常有一些同事前来光顾，甚至有的同事全家都要到这里做客。每到周末，普京会开着公车带着全家到郊外呼吸新鲜空气。尽管当时的生活还比较清苦，但是柳德米拉的内心是非常甜蜜的。

"有一次我生日，醒来之后，看见床头放着一串金项链，还有一个十字架。我感觉非常高兴，并为拥有这样一个好男人而自豪。"柳德米拉还说，"那是普京在头两个月之前，去耶路撒冷之时，就已经把这个礼物准备好了。"

柳德米拉是一个平易近人的女人，在普京成为列宁格勒市长之后，她依然保持着这样的性情。假如在街上碰到自家的邻居，柳德米拉总会让他们搭上顺风车，一起回家。除此之外，柳德米拉还十分重视自己的家庭，把所有精力都倾注在教育女儿上。女儿的外祖母甚至说她，除了会相夫教子之外，没有任何的爱好。所以，外界戏谑地称柳德米拉为"内助九段"。

柳德米拉确信，普京是她"最对的人"，她也确信自己的选择是正确的。但是，随着普京仕途的青云直上，柳德米拉也感觉到了压力。1994年，她不幸遭遇了车祸，车祸造成了她颅骨和脊柱的严重受伤，直至做了两次大型手术，才逐渐康复。在这期间，普京每日里忙于工作，分身无术，只能让自己的助理帮忙照顾病重的妻子。

生活中的柳德米拉喜欢宁静，而普京却有着处理不完的社会活动。白天，家里的传真机响个不停；到了晚上，普京又要会见客人。时间长了，柳德米拉就有点接受不了了。

但那时，他们的感情还是很好的。他们夫妇的德国朋友在自己一本名叫《脆弱友谊》的书中曾这样写道，"他们夫妇总爱互相开玩笑，甚至调侃对方。"

有一次，柳德米拉称普京是"吸血鬼"，而普京则回答说："谁要是能够容忍柳德米拉三个星期，简直可以成为英雄了。"

虽然，两个人的语言都显得有点犀利，但总比相对无言要好得多。

1998年5月，普京成为了总统办公厅第一副主任，同年7月，又调任俄罗斯联邦安全局局长。一般情况下，柳德米拉对丈夫的升职应该是高兴的，可是柳德米拉对此事提不起半点精神。她也曾向朋友抱怨过，说普京没有遵守之前的诺言。因为，普京曾向柳德米拉许诺过，一定会远离"间谍"这个世界，可是如今，"我们再也不能想去哪旅行就去哪旅行了"。

1999年12月31日晚，叶利钦通过电视台向大家宣布了将要辞职的决定，一个朋友便打电话给柳德米拉，问她是否听说了这个消息。

很显然，柳德米拉没有关注此事。

接着，朋友又向她说："叶利钦已经宣布辞职了，你的丈夫普京成为了代理总统。祝贺你，幸运的女人。"

柳德米拉听到这个消息之后，哭了一整天，因为她已经意识到，自己与普京的私人空间已经完全没有了，"如果我的丈夫真的能够当选为俄罗斯总统，在今后的四年里，我的生活该是个什么样子呢？"事实上，这种生活不仅仅是四年，而是八年。2013 年 6 月，当普京第三次当选俄罗斯总统之后，柳德米拉终于熬不住了，她主动结束了自己与普京的婚姻。这一天，两个人相约看了一场芭蕾舞表演，然后在电视台宣布两人离婚。这场持续 30 年的婚姻，就这样落下帷幕了。

之后，普京说，离婚是他和柳德米拉的共同决定，"我们几乎不见面，都有着自己的生活。"柳德米拉也表示，她和普京离婚是"非常文明"的，而且两个人在今后的日子里还会联系。当记者问道："这算是真正的离婚吗？"柳德米拉说："当然，我们这是和平离婚。"

虽然，普京没能够与柳德米拉白头偕老，但总体上来说，他们两个人的婚姻还是很幸福的，柳德米拉作为一国总统身后的女人，对普京在政治生涯中所做的贡献是巨大的。

5. 柏林墙倒塌之后

1989 年 11 月，绵延数百公里的柏林墙轰然倒塌。此次事件之后，德国的政治局势出现了变化，在这种变化的影响下，普京在克格勃的工作变得没有任何意义，而且还给自身带来了不小的麻烦。

1989 年 12 月 6 日当晚，德累斯顿发生了大规模的抗议示威行动，民众们对当地安全机关的办公大楼进行了封锁和围攻。当时，整个国家安全局的工作人员全部携带着随身武器，随时准备进行正当防卫。由于担心意外情况发生，在阻止人群的同时，工作人员开始焚烧一些机密性文件。一个小时之后，抗议者进入了安全局的大楼。

这时，一个激愤的示威者在人群中喊道："现在，我们还可以去冲击苏联人的秘密警察署总部，它离这儿的距离并不远！"就这样，一群人呼啦啦地向着普京的驻地冲了过去。

这时，正在克格勃门口站岗的士兵突然发觉情况不妙，立即向上级汇报了这个情况。几分钟后，普京就来到了大门口。这次，普京身上的军大衣不见了，而是换了一身笔挺的军装，十分有气势地站在门口，岿然不动，极具军人风范。

在喧闹的人群跟前，普京淡定地告诉他们："这里是苏联的军事机构，不容许任何人随意侵犯。"这时，人群中就发出了质问的声音，"为什么院子里停放的那些汽车都是东德的牌照，你们苏联人在这里究竟有什么样的目的？"普京接着回答："按照苏联方面的规定，我们是有权利使用东德牌照的。"接着，又有人问，为什么身为苏联人的普京，能够把德语说得如此流利。普京不动声色地解释说，他是一名翻译。就这样，普京为得到苏联方面的指令获取了足够的拖延时间，苏联方面最终决定，可以通过使用武力来保卫克格勃的安全。

得到指令之后普京雄心大振，以充足的底气大声宣布："我恳请大家不要试图闯入这个地方。我的部下们已经准备好了武器，并且我们已经得到了苏联方面的授权，对那些闯入者随时可以开枪。"普京严肃的表情和他内力十足的话语一下子让这躁动的场面安静了下来。那些抗议者只能在简短地交换意见后，灰溜溜地走掉了。

日后，普京激动地说："在情报部门工作，让我感触最深的就是那份爱国心，还有对国家的忠诚。"

每当谈到在德国的生活，普京总有回味不尽的往事。在德国的几年间，普京培养出了对啤酒的独到品位，而且他的女儿还能够说一口流利的德语。有一次，普京出访德国，在与总理施罗德进行谈话时使用的是自己的母语，可是施罗德总理还是对普京的德语水平给予了很高的评价："他对德国以及德语都十分了解，最厉害的是他能够用德语讲很多笑话。"

在谈到同事们对普京的私人印象时，老同事尤索尔泽夫声称，普京的实用分析能力是非常出色的，他能够一丝不苟地对事实做出准确的判断。此外，他的聪明以及非凡的克制力是任何人都难以达到的，在行动上也非常小心谨慎，

从不盲目。在进行一些情报活动时，身为幕后指挥的他，从不会让别人发现。他的性格十分坚定，能够做到临危不乱。

尤索尔泽夫对普京最深刻的记忆就是在柏林墙倒塌之后。当时，整个东德陷入了一片慌乱之中，而普京却依然保持着淡定，在离开德累斯顿的最后时刻，他仍然记得将克格勃线人的档案全部带走，以免落入西方情报机构的手中。

普京在民主德国为克格勃赢得的最佳荣誉就是，成功领导了名为"日出"的行动计划。

时至今日，"日出"的行动计划都没有正式公开，只知道这个计划是在德国建立起一张强大的间谍网，主要负责搜集苏联所需的关于经济和科学方面的情报信息。这个计划有着顽强的生命力，即便在两德统一、苏联解体之后依然正常地运作着，直到现在德国情报部门对此事的调查都一筹莫展。

自普京成为俄罗斯总理之后，特别是成为代总统之后，德国情报局突然得到消息，这位俄罗斯的国家元首居然在民主德国工作了6年之久，而且自己的情报局居然没有只字片语的书面记载。于是，他们开始挖空心思地寻找普京当时的档案信息，想要对普京当年在德国的行动进行准确的了解。但是，让德国情报局失望的是，在目前所掌握的民主德国国家安全部档案中，有关普京的记载早已不知所终了。

当初，普京在东德所做的工作，除了克格勃组织内部的领导、同事之外，其他人是不知道内情的。每当有人向普京问及此事时，他都会含糊其辞地说道："身为一名政治间谍，只是获取一些政治家和敌人的一些信息、计划罢了。"

记者问普京："您的具体工作是什么呢？"

普京回答："我们主要负责东德境内与我们相关的政治问题以及主要敌人的相关情况。当然，我们所指代的敌人主要指的是北约。"

记者接着问道："能不能透露一下您的具体工作内容呢？"

"相对于一般的间谍活动主要包括：获取信息、加工信息以及发展线人，我们把这些相关工作做好之后，经过审核才能送到总部。这些信息主要是某个政党内部的发展趋势，以及现任领导或者是将来有可能发展成领导的人的相关情况。最重要的就是掌握这些人在做什么，以及将来有可能做什么，掌握他们向有关国家的外交部说些什么，以及他们在世界各地的其他国家又是怎样表述自己的政策目的，或者是某些敏感问题的政治立场，比如说裁军问题。当然，在获取这些情报的同时还得发展线人，发展线人是与情报工作并列实施的。"

6. 始终以克格勃经历为荣

通过普京执政后的种种表现我们不难发现，"克格勃情结"时刻体现在这位男子汉的身上，无论在治国方略还是在执政风格上，这种情结都体现得淋漓尽致。普京本人也毫不避讳地说道："我始终以克格勃经历为荣。"

普京在克格勃这个组织里一共工作了十六年。长期生活在严密的空间里，让普京的内心充满了无限的爱国情怀，他的性格是坚忍不拔的，也是不怕牺牲，并勇于冒险的。在这个组织里，他遵纪守法，沉稳老练，有着善于操作幕后的优良作风。

在普京出任俄罗斯联邦安全局局长之后，他曾调阅过自己的档案，结果发现，他的上级对自己的唯一消极评价就是"缺乏恐惧感"。这个结论正是克格勃对普京的长期考查最终得出的。

普京的克格勃情结主要体现在他出任总统之后，大力恢复克格勃的正面形象上。

苏联解体之后，克格勃庞大的机构遭到了肢解，名声也遭到了破坏。人们对克格勃进行攻击，主要包含两种原因：一是源自政治目的。之前的克格勃权力过于集中，很难控制，因此苏联解体之后，俄罗斯政府就把它分解成了联邦安全局、对外情报局、联邦保卫局、联邦边防局、联邦政府通讯署 5 个互不隶属的行政部门。原来克格勃那些引以为傲的雕塑和纪念碑也被统统拆除。二是因为民众对克格勃还是不够了解，加之曾经有少数克格勃人员有过一些镇压群众的不法行为，这就使克格勃在人民的心目中增加了"恐怖"的色彩。同时，作为苏联最具权势的部门，克格勃成为了苏联解体的最大"失意者"。原因是，

1991 年至 1993 年之间，克格勃有接近半数的成员——30 万人被迫下岗。没有着落的他们，往往受雇于"寡头"，大多数人则在贫困中苦苦挣扎，从而丧失了原有的尊严。个别人甚至为了生计，利用混乱动荡的社会局面出卖国家的情报，甚至还从事着坑蒙拐骗的下流勾当。由此，克格勃不断被人们丑化，在群众的眼里，这个机构和黑社会毫无两样。

2000 年，普京出任俄罗斯联邦总统，执政之初他就着手恢复克格勃的名誉。开始，普京下令找回流失的克格勃著名领导人安德罗波夫的一块牌匾，重新挂在原来的地方。坐落于莫斯科市卢比扬卡广场的克格勃鼻祖雕像，曾于 1991 年被推倒。2004 年 9 月份，普京批准重新修复雕像，并举行了隆重的安放仪式。2006 年 12 月，普京特意在俄罗斯国家安全机关工作日这天举行记者招待会，他在讲话中说："在俄罗斯国家安全机构的漫长历史中，有许许多多值得纪念的事件，在这过程中，他们展示了真正的英雄主义和正气。"他还鼓励那些间谍们，不要因为自己的身份而感到害羞，要"抬起头来"做人，并且对俄罗斯的间谍史进行了盛赞。

与此同时，普京对克格勃系统开始了新一轮的打造。2003 年 3 月，普京开始着力进行俄罗斯联邦安全局的设置工作，使之成为地位仅次于国防部的部门，经过重新设置的俄罗斯联邦安全局俨然是当年克格勃的缩小版。2005 年，普京又斥资数百万英镑，拍摄俄罗斯版的"007"，在思维意识里为克格勃彻底平反。

经过普京的这些努力，克格勃在俄罗斯民众心目中的地位明显改善，一时间克格勃成为了无所不能的英雄象征，特工们又重新抬起了头。

西方社会一直对之前的社会主义苏联存在着误解，始终认为它是"妖魔的化身"，对苏联的情报机关更是大肆地丑化、侮辱，他们甚至把克格勃说成是维护苏联专制统治的罪恶工具。普京继任俄罗斯总统之后，西方更是加紧步伐对克格勃进行毁谤和丑化，而且还经常拿出普京在克格勃工作的经历讽刺、挖苦。对此，普京也在各种公开场合理直气壮地回击这些无理取闹的报道。

2001 年 6 月 18 日，普京在克里姆林宫接受了美国媒体的独家专访，在采访期间，他谈到了自己在克格勃的一些经历。很显然，普京对这段历史是非常自豪的，他说，正是因为这种特殊的经历，才让他有机会和美国国务卿亨利·基辛格博士、前总统乔治·布什处在同一个水平线上。

普京曾对基辛格透露，自己曾是苏联情报机构克格勃的官员。而基辛格考虑了一会说："所有的那些正派人物都是从情报部门起家的，就像他一样。"基辛格这里所指代的他就是老布什，当初老布什并不是一个在洗衣店从事繁重劳动的小工，他同样是在中央情报局工作。

说起普京在克格勃的经历，普京认为，这些背景为他日后治理俄罗斯起到了关键作用，普京还说："最重要的一点是，它教会了我怎样和他人交流的技巧，以及正确处理事务的方法。"此外，那时的普京还学会了如何处理海量信息并区分轻重缓急的本领。

事实上，普京的"铁腕"治国方略与他早年在克格勃的经历有着密切关系。例如，2004年9月，俄罗斯发生了"别斯兰人质事件"，在这个过程中，普京毫不畏惧车臣恐怖分子的要挟和恐吓，坚持采用强硬手段予以回击，虽然导致了300多人的牺牲，但是这次行动成功地解救了1200多名人质。在整个过程中，普京镇定自若，冷静分析，充分体现了他在克格勃的强人本色。

Chapter 3

硬汉副市长:

圣彼得堡的"灰衣主教"

很多人认为，1998 年之前的普京毫无成就，这显然与事实不符。人们之所以会产生这种认识，是因为完全忽视了普京曾经在圣彼得堡低调却辉煌的日子。在那段时间里，普京可谓是一人之下万人之上，甚至是一些事务的最终决策者。

圣彼得堡的工作让普京对政治方面的工作逐渐熟悉起来。后来被索布恰克任命为圣彼得堡市的第一副市长。索布恰克由于有很多应酬和演讲方面的活动，没有时间处理政务，因此，他将所有政务工作全部交给普京，并放权给他，大小事务都由他全权处理。这让很多人意识到，在圣彼得堡市，如果有什么事情需要处理，必须找普京。很多人将结识普京作为自己在圣彼得堡市立足的根本条件。所以，人们称普京为圣彼得堡的"灰衣主教"。

1. 重返列宁格勒，邂逅"命运之神"

1990 年年初，普京从东德德累斯顿撤离，又一次回到了自己的家乡——列宁格勒。这段时间是苏联最为动荡的时刻，许多人都在不同程度上经历着失落、痛苦和迷茫。由于各种政治方面的因素，许多谍报机构纷纷取消，这些特工人员为了生计不得不伸手向政府讨要生活的资本。一般情况而言，那些从国外回来的优秀情报人员会继续从事情报工作，并且还会以合法的身份得到掩护。

不言而喻，普京就是这些优秀情报人员当中的一分子。但是，回到列宁格勒的普京对自己的前途已是心灰意冷，根本不知道应该何去何从。但是，性格倔强的普京并不打算向克格勃伸手，他准备辞去在克格勃的工作，并打算在列宁格勒做一名出租车司机。对于这段生活，普京曾这样说："那个时候，大多数人都笼罩在迷茫的氛围里，很难预料明天将会发生什么。我在想，如果我有幸不被关进监狱，我又该怎样养活我的妻女呢？于是，我就想到了当一名出租车司机，就使用我在东德做情报官员时买下的那个苏联产的伏尔加轿车。"

他的同事尤索尔泽夫回忆："在看似文雅和谦恭的背后，普京却隐藏着巨大的能量。因此，当年工作在克格勃的同事们一致认为，普京是一个值得信赖的人。"

不过，普京还是愿意无条件地服从组织的安排。不久，普京就以克格勃驻校代表的身份回到了母校列宁格勒大学工作。对于内心强大的普京来说，这样一个环境不能使自己的才能得到充分发挥。之前在东德工作时，普京以中校的身份领导整个情报组的工作，他的施展舞台是整个东德地区。而现在，他只是一名帮助校长的国际事务助理。其实，所谓的"国际事务助理"也只不过是处理一些校办企业的日常琐事，较之以往的工作简直是天壤之别，存在的反差实在是太大了。尽管是这样的一个情况，普京依然在这个新的工作岗位上全力付出。这些为了改善办学环境而开办的合资企业也需要校方的管理介入。因此，为了管理好这些校办企业，普京时常到各地出差，很是辛苦。不过，辛苦之余，普京还是得到了一些锻炼，在市场经济的环境之下，普京积累了许多关于市场经营和企业管理的相关经验。

正在这个时候，普京的命运发生了戏剧性的转变。这些幸运的人总能在最危难的时候巧遇各种机会。当时，普京的恩师索布恰克对政治产生了浓厚兴趣，他做出了一个决定——弃教从政。1989年，索布恰克当选为苏联人民代表，紧接着他又摇身一变，成为了列宁格勒市苏维埃政府主席，这可是该市苏共机关的一把手！此时，索布恰克急于招揽各方面的人才，普京就是在这个时候，敏锐地抓住了这个机遇。

1990年夏，索布恰克回到了列宁格勒大学处理一些日常事务，赶巧在楼道里遇到了自己的学生普京。师生见面难免一阵寒暄，之后就谈到了彼此的现状。这时的索布恰克正忙于很不熟悉的政治事务，见到自己的学生后，他立刻萌生了一个念头。但为了慎重起见，他还是决定通过大学熟人出面征求普京的意见。

普京这样回忆当时的情形：

一位法律系的好朋友邀请我出面帮助索布恰克，那时他已经是列宁格勒苏维埃政府的主席了。朋友跟我的谈话很直截了当，并说索布恰克的班子里尽是一些滑头，没有任何的工作能力。紧接着他就问我能不能帮助索布恰克。

"所谓的帮助限定到哪个程度呢？"我对此事很感兴趣。

"从大学辞职，直接到他的身边工作。"

"你得清楚，或者是慎重地考虑一下，我是一名克格勃的军官，这一点索布恰克先生是否清楚？搞不好我会损害他的名声的。"

"你还是和他亲自谈吧！"朋友建议我说。

这次，我和恩师的见面可不是谈论学习，而是关于工作，我们相约在他的办公室里交谈，至今我还记得当时的情景。

我进去之后，就介绍了自己当时的一些具体情况，也谈了谈自己的想法。索布恰克先生是一个爱冲动的人，听完我的具体陈述之后，立即对我说："星期一你就可以来上班了，具体做哪些方面的工作我们还是要谈一谈的。"

我说："我不能不事先向您说清楚："阿纳托利·亚历山德罗维奇，您对我说的一切我都十分满意，也很感兴趣，但是我还有一个情况要向您汇报，这个情况可能要影响我变换工作。"

他问："什么情况？"

我回答："我必须和您说清楚，我并非是一个普通的校长助理，我还是一名克格勃官员。"

索布恰克听后就不做声了，考虑再三之后，他说道："好吧，克格勃就克格勃吧！"

普京回到家之后，就同妻子柳德米拉商量这件事，柳德米拉十分支持普京的这一决定。就这样，他辞去了自己在列宁格勒大学的工作，跟随导师来到了市苏维埃政府，索布恰克主席任命他为国际问题顾问。

命运就这样让索布恰克和普京再一次走到了一起。那么，在接下来的日子里，在这位传奇人物的身上，又将发生些什么呢？

2. 平稳踏上政治之路

由于导师的青睐，普京平稳地踏上了仕途之路的第一个台阶，而他本人也并没有辜负恩师索布恰克的期望，将自己所属的工作打理得井井有条。

1991年，苏联国内的局势进一步恶化。在短短的几周之内，苏共政府就做出了重要决定，在莫斯科和列宁格勒两个城市进行管理体制上的实验性改革，成立由人民自主选举产生的政府组织。以前的苏维埃政府，系统的各项职能都混合在一起，而现在这种形式的改革却可以清晰地区分行政和立法的关系。很快，莫斯科苏维埃政府就通过了这个新的法律，而且没有任何的争议；而在列宁格勒，市苏维埃议员就极力反对成立市政府，因为政府一旦成立，他们手中的权力就会被大大地削弱。普京为此反复做工作，成功地说服了很多议员，也让他们认识到了成立政府的关键性所在。最终，这一决定以压倒多数的优势顺利通过。

1991 年 6 月份，尽管许多共产党人和民主派都反对索布恰克参加列宁格勒市的竞选，但他还是赢得了超过 70% 的选民支持，有幸成为了第一个由全市人民通过民主手段选举出来的市长。而普京则担任索布恰克的对外联络部主任。

在风云突变的 20 世纪八九十年代，苏联存在着很多的反对派，而索布恰克可以视为苏联反对派的光辉旗帜。此时，他的标语很明显地表明了他的立场："打倒列宁主义！""打倒苏共！""让叶利钦、波波夫、索布恰克重新拯救俄国！"可见，当时的索布恰克是拥有极高地位的。在就职典礼上，索布恰克当众宣布，现在的列宁格勒只有一个合法政府，苏共机关甚至是中央机关在今后没有任何权力和理由干涉市政府的相关活动。

在索布恰克等民主改革派强力地宣传和号召之下，1991 年 9 月 6 日，列宁格勒的市民进行了全民公决，有 54% 的市民同意将列宁格勒的市名恢复为沙皇统治时期的"圣彼得堡"。自此，由彼得大帝亲手缔造的港口城市，又恢复到了 1917 年"二月革命"之前的名字，并且这一决议在后来的俄罗斯人民代表大会上，以修改宪法的形式得到了确认。随后，"列宁格勒"的名字被载入了历史。

随着全国形势的骤变，索布恰克与市民之间的疏远感在日渐增长，尽管索布恰克十分努力，圣彼得堡的形势还是在逐渐恶化。然而，这时的索布恰克是很高调的。自从出任列宁格勒苏维埃政府主席之后，索布恰克几乎所有的政治活动都要前去参加。在担任圣彼得堡市长之后，他真正地履行了一个政治家的义务，从不会拒绝任何一个邀请，他的足迹遍布了许多西方大国以及斯堪的纳维亚诸国家。

也就在这时，国外对索布恰克造成了一些舆论。有人说索布恰克有可能成

为俄罗斯未来的总理，也有人说成为总统都是极有可能的。这些舆论让当时刚刚成为总统的叶利钦很不舒服，因此叶利钦对索布恰克表现出了前所未有的冷淡。

索布恰克自己认为，他不仅仅是俄罗斯民主运动的主要参与者，而且还是重要的领导人之一。他对苏共和俄共持有强烈的反对态度，在苏共二十八大上，他曾和叶利钦以示威性的态度退出了会议讨论。但是，索布恰克也承认，他并不与叶利钦站在同一个阵营，他也曾公开表示过一些对叶利钦本人的不满。索布恰克甚至对身边的一些人说："我无法成为叶利钦班子里的成员。"而此时，索布恰克的影响恰恰仅次于叶利钦。媒体曾这样贴切地形容过索布恰克：高高的个子，匀称的身材，举止相当优雅，无论和任何一名欧洲的政治家站在一起，都不会显得逊色；在索布恰克的演说过程中，他能够成功地运用他那娴熟的肢体语言；他的性情果敢坚毅，而之所以会身居高位，正是因为他所拥有的强大的自制力，还有丰富的实践经验。

正是这样一位卓越的政治人物、一位可亲可敬的导师，将职业军人普京引上了从政的道路，普京就这样迅速地崛起了。

3. 艰难的 "8·19" 抉择

平稳踏上政治之路的普京，在经过一段发展之后，又将面临着一个重大抉择。

1985 年，戈尔巴乔夫开始担任苏共中央总书记，对整个苏联进行了前所未有的大改革。1987 年，以《改革与新思维》一书的出版为起点，戈尔巴乔夫在全国上下开始推行 "人道的、民主的社会主义"，大肆宣扬 "民主化、公开性、多元化" 的治国方略，取消苏共政府的领导权。可以说，戈尔巴乔夫的改革进入了一个歧途。

1990 年，立陶宛、爱沙尼亚和拉脱维亚先后宣布脱离苏联独立，在这之后，其他各个加盟共和国也纷纷表示要脱离苏联的统治。1991年，叶利钦在选民的拥护之下，当选为俄罗斯最高苏维埃政府主席。随即，他就宣布俄罗斯已经成为主权独立的国家，给戈尔巴乔夫来了个冷不防，苏联一下子成为了一个空架子。为了继续维持苏联的统一局面，5月份，戈尔巴乔夫召集15个国家的共和国领袖，并与他们达成协议，决定建立一个"新苏联"。

1991年8月19日，身为副总统的根纳季·亚纳耶夫对外界宣布，苏联总统戈尔巴乔夫因为身体原因已经不能继续担任总统职务了，根据宪法的有关规定，由他继任总统这一职位。同时，亚纳耶夫还宣布，苏联"国家紧急状态委员会"正式成立，并在国家部分地区实行"紧急状态"，为期6个月。这时，大规模的坦克和军队开始出现在莫斯科的街头。不过，莫斯科的这些市民们好像对此并没有多大兴趣，他们每天早起依旧照常上班，似乎在他们的心里，早就接受了这种不能改变的现实。

但是，在当时极富声望的俄罗斯联邦总统叶利钦的眼里，亚纳耶夫所做的这些对改变苏联的局势根本起不到任何作用，自己完全没有必要听命于紧急委员会。于是，叶利钦跳到议会大厦前的坦克上发表言辞激烈的演说，激愤地指责紧急状态委员会，说他们是要恢复苏联的政治铁幕统治，并号召所有民众团结起来，进行一次总罢工。这时，紧急状态委员会也做出了一些决定，搜捕那些反动派，以及煽动游行的人员。但是，因为他们的优柔寡断、反复迟疑，所采取的行动也未能及时地起到作用；而叶利钦却当机立断，在克格勃军队未来得及包围其住所时，就抢先20分钟抵达了俄罗斯最高苏维埃的所在地——白宫，并把这里当成了抵抗紧急状态指挥部的临时指挥所。正是在叶利钦的决策之下，事情发生了惊天大逆转。

此时的苏联存在着三股政治力量：克里姆林宫（紧急状态委员会）、克里米亚别墅（戈尔巴乔夫的住所）、白宫（叶利钦临时指挥所），经过了两天的殊死较量，这次事件终于有了结果。

8月22日上午，俄罗斯联邦总统叶利钦对外宣布：苏联前国防部部长德米特里·亚佐夫元帅、国家安全委员会主席弗拉基米尔·克留奇科夫，以及副总统亚纳耶夫等人已于今日凌晨被依法刑拘；前内阁总理瓦连京·帕夫洛夫虽已

住院，但已被秘密监控起来；苏联的内务部部长鲍里斯·普格已经自杀身亡。这些人都是当时苏联国家紧急状态委员会的成员。

两天后，也就是 8 月 24 日上午，戈尔巴乔夫通过电视台宣布，辞去苏共中央总书记的职位，并建议苏共中央"自行解散"。就这样，苏联共产党的命运由此终结，苏联解体已经成为一个不可逆转的大趋势。

在整个"八·一九"事件中，最大的赢家莫过于叶利钦。事态发展的主动权始终掌握在他的手上，白宫门口的几天斗争使他一跃成为了万民拥护的大英雄。

而此次事件发生之时，索布恰克刚好在莫斯科公干。身为全国第二大城市的最高领导人，索布恰克最终做出了追随叶利钦总统步伐的决定。"八·一九"事件结束之后，索布恰克就发出消息，公开支持叶利钦，并决定搭乘最早班的飞机赶回圣彼得堡，加入到声援叶利钦的队伍中。而索布恰克却不知道，此时此刻，他的名字已经被列入到克格勃最高领导人克留奇科夫所签发的逮捕名单中，位于圣彼得堡的那些克格勃们，已经随时待命，准备施行对索布恰克的正式逮捕。

政变发生的当日，普京正与家人在外地度假，他听到消息之后，立即赶回了圣彼得堡，仔细思考应对策略。也就是在这个时候，普京帮了索布恰克一个大忙。克格勃内部的一个工作人员，与普京的关系非常好，他秘密向普京透露了索布恰克即将被逮捕的消息。普京听说之后，不顾自己的安危，执意要到圣彼得堡机场迎接索布恰克。第二天，普京亲自指挥，精心挑选了圣彼得堡最优秀的武警人员，在索布恰克所乘坐的飞机平稳降落之后，迅速将汽车开到飞机的旋梯之下，在克格勃工作人员赶到机场之前，就把索布恰克接了出来，并对他进行了严密的武装保护。

在接下来的几天里，索布恰克和圣彼得堡国家安全委员会和圣彼得堡军区领导人进行了磋商，普京在这个过程中起到了关键作用。他日夜奔走于圣彼得堡克格勃和军区之间，和有关当局进行了艰苦卓绝的斡旋。正是索布恰克与普京的不懈努力，当地驻军才放弃执行"紧急状态委员会"的相关规定，保持了中立态度，最终使"紧急状态委员会"企图夺取圣彼得堡政权的美梦落空。

8月20日，这场政变已经到了最紧要的关头，普京最终决定辞去克格勃的一切职务。当时的克格勃有着严格规定，基干人员是永远不允许辞职的，每当回忆起这段经历，普京的心中都是百感交集。在自传当中他曾经这样写道："当时，我被迫决定，或是离开列宁格勒苏维埃，不再忍受那痛苦的讹诈，或是坚定信念留在那里。但是，我必须要重新开始自己的生活，也就是说彻底地告别克格勃。这时我面临的是两种对立的选择。考虑到当时的安全机构委员会正处于悬而未决的地位，许多事情还都是不明朗的，作为一个组织，它会不会继续存在下去，或者是将要以怎样的形式存在，这都是要认真考虑的问题。经过慎重思考，我还是决定离开克格勃。差不多就在这同一时刻，政变开始了。如果我不按照指示执行命令，就会违背当初的誓言；如果我执行命令，就会做出违背道德良知的事情。这时，我坚定决心，把所有做事的出发点都放在道德良知的基础之上。最终，在这一因素的指示之下，我决定离开安全机构，去谋寻另外的出路。"

4. 索布恰克的"灰衣主教"

普京凭借着敏锐的政治触觉在千钧一发之际站对了队伍。尽管政变的混乱局面得到了暂时的控制，但是在党和国家的领导层之间，依然存在着暗流涌动，钩心斗角，毕竟每个人所代表的政治立场是不尽相同的。当时，苏联最高苏维埃的成员差不多都是共产党员，他们对于叶利钦的政策是极为不满的。军人出身的副总统亚历山大·鲁茨科伊也对叶利钦有所不满，并且和车臣最高苏维埃主席鲁斯兰·哈斯布拉托夫结成了统一联盟，共同构成对叶利钦的强大威胁。

就这样，双方在关于建立怎样的一个政体上展开了尖锐讨论。叶利钦的意见是建立一个总统共和体制的联邦国家，而哈斯布拉托夫则主张建立议会制共和国。

1993 年 9 月 21 日，叶利钦宣布了解散最高苏维埃和人大会的决定，并公布将在年底进行新的立法机构选举，选举后将成立国家联邦议会。而此时的人大会却与叶利钦唱起了反调，不仅统一了口径，弹劾总统，还占领了白宫。事态一下子陷入了僵局，没有了任何和平解决的希望。叶利钦最终决定用武力强迫这些人向议会俯首称臣。

10 月 3 日，叶利钦宣布莫斯科进入紧急状态，并且调遣了军队进入莫斯科。10 月 4 日凌晨，俄罗斯的联邦军队向当时的议会所在地——白宫进行了炮轰，特种兵很快就以强大的攻势占领了白宫议会大楼，造成了大批白宫守卫人员的伤亡，哈斯布拉托夫、鲁茨科伊最终成为了战俘。这就是俄罗斯当代史中非常著名的"炮打白宫"事件。

在这次事件当中，普京再一次选择与自己的导师索布恰克站在一起，共同拥护叶利钦的决定，圣彼得堡的局势很快得到了控制。

在经过两次的生死考验之后，普京所表现出来的忠诚让索布恰克着实感动，普京在危难时刻所表现出的那种镇定自若、处变不惊也深得索布恰克欣赏。在他的心里，普京就是他自己的人，甚至是完全可以信赖的。

在 1992 年时，普京就出任了圣彼得堡市主管对外经济联络的副市长，主要负责管理国外的代表机构、旅店、赌场、社会团体以及专业部门的大型投资项目。1994 年 3 月份，索布恰克又将普京提升为圣彼得堡第一副市长，并兼任对外联络委员会的执行主席。这时，普京对索布恰克的影响力已经是很大了，无论是在市政府副市长的工作岗位上，还是担任市政府对外联络委员会主席期间，普京的工作业绩都是十分突出的。特别是圣彼得堡的经济，在普京负责时期得到了很大程度上的恢复和发展。

在普京的努力之下，圣彼得堡市出现了外汇市场，并且成功引进了许多的国外银行，一些大中企业，还与他们签订了合资办厂的协议。德累斯顿银行以及德国的众多企业源源不断地来到了圣彼得堡，设立起自己的办事处和分公司。普京在国外结识的那些老朋友也纷纷加入到支持普京的工作队伍当中，圣彼得堡的对外经济活力一下子上升到全俄罗斯的最高水平。

俄罗斯联邦副总理，阿纳托利·丘拜斯在进行私有化改革的过程中就经常和普京一起打交道。丘拜斯一直很佩服普京，他说，普京虽然不是学经济学的，但对复杂的经济问题理解得很快。

尽管，普京做出了很多成绩，但还是引来了反对派的攻击，他们以普京曾经在克格勃从事过间谍工作为由，企图将其从索布恰克的身边轰走。但索布恰克公然批评了这些人的做法，他说："普京并不是什么克格勃人，他是我的学生。他虽然在对外情报局工作过，但是他所做的工作一直是保卫国家的切身利益。他没有任何理由为自己之前的工作羞愧。"索布恰克这些话，更激起了普京对于工作的热情和对索布恰克的忠心。

索布恰克出于对普京的巨大信任，把很多工作都交给了普京全权处理。从那时起，圣彼得堡市的工商界人士，乃至于黑社会成员都知道，有事找普京。那些外商更是认为，如果想要跻身圣彼得堡市场必须以结识普京作为最基本的前提条件。因此，很多人称普京是"圣彼得堡的灰衣主教"。索布恰克见普京如此有作为，心里很高兴，非但没有任何的担心和顾虑，反而将更多、更重要的事情托付给他。在索布恰克出访之时，他签署了很多空白的市政府公函，让普京可以自行决定。从这一层面来讲，索布恰克对普京是非常信任的，而普京自己也非常珍惜这份信任。

市政府的很多官员都猜不透普京与索布恰克的关系究竟铁到了何种程度，毕竟他们两个人的接触只有在出访时才能体现，平时都是各干各的。其实，索布恰克与普京在私下里是经常交往的，他们会在一起垂钓，周末普京也会带着女儿来到索布恰克的家里面。普京对索布恰克从来都是尊称"您"，而索布恰克总习惯直呼普京的小名"瓦洛佳"。

因为索布恰克经常出差，普京自然成了市政府机关的头号执行官。

在圣彼得堡的权力圈子里，大家都明白，普京绝对是这个市的第二号人物。只不过这个人不愿意显山露水罢了。的确，在一些媒体和报纸上很少看见关于普京的报道，即便是经常地出现在各种会谈和见面中，对他的详细报道也几乎没有。所以，一些记者也称普京是一个"简讯人物"。

作为圣彼得堡的"灰衣主教"，普京很清楚自己所处的位置，一些完全可以自作决定的事他也会在征得索布恰克同意之后再去办理。即便已经成为代理

市长，他也清楚自己的"辅助角色"，成为索布恰克的一个忠诚的助手，以至于人们称他为索布恰克的"守护天使"。

5. 为恩师退出圣彼得堡政坛

在圣彼得堡工作的 6 年，对普京来说是十分重要的，甚至可以毫不夸张地说是影响其一生的，在圣彼得堡锻炼出来的工作经验为他后来进入莫斯科打下了坚实的基础。任何政治都是从地方政治慢慢延展开来的，如果身为政治人员，没有在一个地区或者是城市担任过行政首长的经历，是很难有机会接触到国家的权力核心的。而搞行政和搞情报之间是存在着很大差异的，普京之前一直在克格勃工作，从没有做过行政，更没有丝毫的管理经验。从德国回来后，他先后经历了苏联解体、苏共解散、"八·一九"事件和"炮打白宫"事件，在这些惊心动魄的局面之下，他直接参与了集权政治、计划经济体制向民主政治和市场经济体制的转变，在领导圣彼得堡政府之后，普京积累了丰富的政治、行政和管理经验，为其日后成为俄罗斯联邦总统，领导整个国家的公民打下了坚固的基础。

上个世纪末的俄罗斯可以用"风雨飘摇"来形容，其变幻莫测的风云气象是任何人都难以琢磨的。索布恰克的政治生涯就在这样背景下很快遭受到了前所未有的打击，普京的仕途之路自然也受到了不小的影响。

1996 年，圣彼得堡市市长的选举如期进行，索布恰克踌躇满志，全力以赴加入到角逐的行列当中，准备继续连任。但是，此时他的面前有一个能力很强的对手，就是原来的副市长弗拉基米尔·雅科夫列夫。由于索布恰克在之前的执政过程中，树敌较多，再加上政绩也不是那么突出，因此，在这次竞选中可以说不占丝毫优势。市民需要的是更为实在的东西。

1996 年 5 月，索布恰克在圣彼得堡的市长选举中败下阵来，在这之后，噩运接踵而至，政治对手对其进行大肆报复，索布恰克面临着身陷囹圄的危险。

此时的普京再一次选择忠诚于自己的老师，跟随索布恰克离开了圣彼得堡市政府，并说了那句震惊媒体的名言："宁愿因忠诚被绞死，也比背叛偷生好。"

离开圣彼得堡市政府之后，普京陷入了失业状态。有一次，仕途失意的普京邀请自己的秘书到他新落成的别墅做客，女人们在厨房忙得热火朝天，两个男人则进入了桑拿浴室。忽然，一股浓烟伴随着火焰蹿进了桑拿房，桑拿室就这样起火了。孩子们被救了出来，大人们也成功地脱险。"我忽然想到了房间里的那个皮包，里面的现金是我们所有的积蓄，如果没了这些钱，我们的生活又该怎么办呢？所以我就转回身去，冲进火海，去找我们的皮包。还好，我还有几秒钟的时间，但火势越来越凶猛，很快我就放弃了寻找。我来到阳台，看见火苗正往上蹿，我只好爬过围栏，抓起一个床单就往下爬。从桑拿房出来的时候，我的身上没有穿任何的衣服，我只能把床单裹在自己的身上。你可以想象一下当时的情景：房子着火，一个裸露的男人裹着一条床单，从阳台往下爬，恰好一阵风从中经过，床单被吹了起来，就和船帆一样。小山的另一边站着一群人，他们正以极大的兴趣关注着眼前所发生的一切。当时，我们的两辆车都停在别墅的边上，很快就被滚滚袭来的热浪烘烤得发烫，而我们的车钥匙却没有在身上……"

身上裹着床单，刚刚从火海中逃离出来的普京看起来并不好。他在圣彼得堡的一切都没有了，工作、存款、房子统统没有了。在火灾的遗址上，普京只找到了自己受洗时的十字架。

失业两个月之后，普京有点耐不住性子了，决定到莫斯科去碰碰运气。

至于落魄的索布恰克本人，在政坛斗争失败之后，饱受了世态炎凉的苦楚，为了躲避政敌的屡次迫害，他不得不旅居巴黎，到那里安心地调养身体。他出国时，简直就像是一次惊险的神秘逃亡一般。普京曾透露过："我去了圣彼得堡，也见到了索布恰克，当时他在住院。11 月 7 日，我的朋友从芬兰派来了医用飞机。这一天全国的民众都在过节，而索布恰克却偏偏选择这一天离开，直到三天之后，也就是 11 月 10 日大家才发觉索布恰克已经离开了圣彼得堡。"在普京的帮助之下，索布恰克离开了自己的祖国，前往了巴黎，躲避他的那些政治敌人。

Chapter 4

领袖的钢盾:

叶利钦总统最信赖的爱将

　　恩师索布恰克竞选市长失败后，普京不愿意为新的圣彼得堡市长效力，于是离开市政府。在经历了短暂的失业后，他准备自谋生路，开始新的生活。就在这时，他人生的另一位贵人出现了。一天，曾与他在圣彼得堡共事的阿莱克塞·鲍尔萨科夫给他打来电话，邀他去莫斯科。于是，普京来到了莫斯科，在毫无预兆的情况下，走向了通往权力的巅峰之路。他先是出任总统事务局副局长，负责管理政府外贸事务。后被任命为总统办公厅副主任，一年之后，升任办公厅第一副主任，并逐渐得到叶利钦的赏识与器重。1998 年 7 月，叶利钦任命他为联邦安全局局长。联邦安全局其实就是克格勃的延续，但那时，联邦安全局已成为国家十分重要的强力机构。就在这里，普京展示出了他强硬的行事作风。他在各个方面都拥护叶利钦的政策，并帮助叶利钦打败对其政权有着严重威胁的联邦总理普里马科夫，使叶利钦安然无恙地坐守总统宝座。他的能力与忠诚，也使得他成为叶利钦心中无可替代之人，他成了叶利钦领袖的防御"钢盾"。

1. 莫斯科来了一匹黑马

由于不愿意为新的圣彼得堡市长效力，普京经历了一段时间的短暂失业。但为了养家糊口，他还得出来自谋生路，开始接下来的生活。

上帝总是把机会留给那些有准备的人。1996 年，好的机会又一次降临到普京身上。这天，普京手里拿着飞机票正准备登机，到外地寻找之前的旧交，准备做一些养家糊口的小买卖。就在这时，电话铃声突然响了起来。电话的另一头正是原先在一起共事的圣彼得堡副市长——阿莱克塞·鲍尔萨科夫。"听着，弗拉基米尔，你是否打算到莫斯科来？"他问道，"明天我要去见一个非常重要的领导，主要也是谋一份差事，不知道你有没兴趣一起前往呢？"从他的口气中可以听出来，这个一度在莫斯科大街游荡的家伙此时此刻是非常兴奋的。

原来，此时的鲍尔萨科夫已经在叶利钦身边担任了国家副总理。就这样，普京应鲍尔萨科夫的邀请，来到了首都莫斯科，并担任了总统事务局的副局长，专管法律处和俄罗斯境外财产以及政府外贸的相关事项。

1997 年 3 月份，普京又被任命为总统办公厅副主任兼监察局局长一职。这个总统办公厅和总务局可不是一个概念，总务局主管的是具体的物，即房子和房子有关的具体事项，而办公厅则是专门为总统服务的专职部门。

1998 年 5 月，普京得到总统叶利钦的器重，并开始担任总统办公厅第一副主任，在这个过程中，普京与叶利钦建立起了"家人"的关系。叶利钦曾在自己的回忆录《午夜日记》中说过，自己身边的波雷耶娃、丘拜斯、亚历山大·沃洛什、瓦连京·尤马舍夫等人是他的家人。同年 7 月，普京又被叶利钦任命为联邦安全总局局长。俄罗斯联邦安全局主要是由联邦安全局和对外情报局组成，从某种层面而言，这两个机构就是克格勃的一个缩影，不过这两个机构已经脱胎换骨，成为了俄罗斯十分重要的强力机构。当时的普京军衔不过是预备役中校，叶利钦想把他提拔为将军，可是普京并没有接受叶利钦的这一想法。因为，普京心里明白，从一名中校直接提升为将军，是很不合适的，即便是少将也是不可能的。普京以预备役中校的身份管理联邦安全局让很多人不服气，但普京根本就不在乎这些。上任当天，普京就站在俄罗斯联邦安全总局的大楼，当然也是过去克格勃的总部大楼，说了一句话："我回家了！"

起初，安全局的其他工作人员对这个任命有着强烈的不满情绪。但在接下来的工作中，他们发现，普京的确是一个业务精通、善于管理的好领导。普京在任期间，对安全总局的机关部门进行了一系列的大改组，将中央机关原有的6000人一下子精简到了4000人，同时还在地方加强了该机关的力量。

1998年9月，叶甫根尼·普里马科夫出任俄罗斯联邦总理，左派人员开始进入政府部门，并且构成了政府核心。普里马科夫对左派人员还是有一定好感的，他一直寻求得到被左派控制的议会支持，同时还通过实际措施提高人民的生活水平，遏制经济的下滑状态。一时间，普里马科夫的呼声明显增高，叶利钦的支持率受到了挑战。

而那时，叶利钦正遭受着国家杜马议员的弹劾，这些杜马议员主要对叶利钦进行了5个方面的质控，主要包括：瓦解苏联、炮打白宫、发动车臣战争、搞垮军队以及军工企业、对俄罗斯人民进行种族灭绝等，并把此项指控交到了杜马理事会审议。加之俄罗斯国内的经济形势逐渐恶化，因此国内"倒叶"的呼声一浪高过一浪。这时，普京又一次显示出了对上司无比忠诚的态度，他没有考虑离开叶利钦，而是帮他度过了重重危机。

1999年3月初，叶利钦一心想要免去总检察长尤里·斯库拉托夫职务，可是遭到了联邦委员会的一致反对。普京为了帮助叶利钦实现这一夙愿，亲自上阵。作为一名资深的克格勃人员，查找斯库拉托夫"不妥"的证据可谓是小事一桩。到了3月中旬，俄罗斯电视台播放了一条新闻消息，消息的内容就是一位酷似斯库拉托夫的人正在与妓女鬼混的场面。这下，罢免斯库拉托夫便有了

充足的罪证，普京在这件事上可以说立了大功，叶利钦对其十分满意。

成功处理了"斯库拉托夫事件"之后，普京在叶利钦心目中的地位达到了无人能及的地步。3月29日，普京成功接替了博尔久扎的位置，就任联邦安全委员会秘书，并且继续担任联邦安全总局局长的职务。联邦安全委员会秘书是由总统亲自任命，并且直属于总统，在国安会以及国家机关当中拥有很大权力。普京一个人兼任两项工作，既加强了联邦安全局的工作效率又在某种程度上扩大了安全委员会落实内部决策的可能性。这时的普京，俨然成了叶利钦的"钢铁盾牌"。

可以说，普京成为联邦安全委员会秘书是其政治生涯的巨大转折。此时，车臣战争刚刚结束，而叶利钦的任期还剩一年多的时间，叶利钦本人长时间身体欠佳，媒体也经常曝光他酗酒失态的消息。此时的俄罗斯面临着各种社会问题和经济问题，政治斗争也愈演愈烈。国际方面，北约背离联合国，惨无人道地对南斯拉夫进行了为期78天的远距离轰炸，南斯拉夫无奈从科索沃撤军。美英此举就是想把俄罗斯彻底地从该维和区域排挤出去。

在这种情况之下，刚刚就任安全委员秘书的普京就凸显了其强硬的政治手腕。他对叶利钦的决策坚决维护，并主张以特殊形式解决科索沃问题。其实，早在北约干涉波黑战争时，普京就觉察到，北约所做出的军事行动无非是在"项庄舞剑"，最终目的就是将俄罗斯彻底地赶出巴尔干地区。为此，叶利钦还特别宣布，巴尔干地区是俄罗斯的政治范围。但生性傲慢的美国人并没有理会叶利钦的任何说辞，决定先下手为强，想利用已经集结的军队和便利的交通，抢先控制科索沃局势。可是，正当北约打着如意算盘准备向科索沃首府普里什蒂纳驻军时，一支俄军伞兵小分队，抢在英国人之前如天降神兵一般抢先占领了机场，英国维和部队原本想在此地设立总部基地的。消息一传出，北约盟军总司令，美国上将韦斯利·克拉克命令英军采取措施夺回俄军占领的机场，却遭到了英军司令迈克尔·杰克逊的严词拒绝，他表示："亲爱的将军，我不想为您点燃第三次世界大战的战火。"通过这一事件我们完全可以相信，在事先筹划这一军事行动的时候，普京身为联邦委员会的秘书、联邦安全局局长，确实是发挥了其应有的作用。

②悄无声息地晋升

普京在各方面都表现得很突出，这一切都被叶利钦看在了眼里。1997 年 7 月，叶利钦在回答《消息报》记者的提问时，首次对外透露了有关接班人的消息。叶利钦表示，他已经找好了接班人，但是暂时还不能公布接班人的名字。一时间，各方面都在绞尽脑汁思考，这位神秘的接班人到底是谁。人们列举了很多接班人的名字，谁也没有想到这个接班人竟然会是——普京。

其实，叶利钦是一个眼光挑剔、对人严格的政治家，对于自己的接班人肯定要仔细挑选。在他执政的 8 年间，身边的谋士和一些高官可以说是换了一批又一批。8 年里，叶利钦换掉了 7 个总理、7 个安全局局长、10 个财政部长、7 个总统办公厅主任、6 个安全会议秘书、6 个内政部长，只有外交部长和国防部长更换的次数少一些，各换了 3 个。

1999 年 5 月 12 日 11 时 33 分，俄罗斯电视台正在播出《动物世界》节目。这时，节目突然中断，总统叶利钦出现在了电视屏幕正中，他用十分凝重的语调宣布了自己的一个决定："今天，我做了一个非常困难的决定，解除总理普里马科夫的职务。"

在解释此决定的原因时，他这样表示，普里马科夫没有按照规定的期限恢复国家经济的正常运营，虽然他本人拒绝辞职，但身为总统的他还得忍痛割爱，不得不解除普里马科夫俄罗斯总理的职务。

普里马科夫不再担任俄罗斯总理的消息，很快就在俄罗斯以及整个欧洲的金融界传播开来。莫斯科的股票指数一时间暴跌 10 个百分点，被迫暂停了交易；俄罗斯卢布兑换欧元的汇率也下跌了 5%，甚至于欧元与美元、卢布与美元的兑换比率也全线下跌，国际货币基金组织不得不向俄罗斯终止 30 亿美元的新贷款。

根据俄罗斯联邦的宪法规定，叶利钦应该即刻任命俄罗斯第一副总理兼内务部部长谢尔盖·斯捷帕申担任俄罗斯的代总理。在与叶利钦经过短暂的会面

之后，斯捷帕申立即召集代理内阁部长们进行上任以来的第一次会议。斯捷帕申强调："现在，我们唯一的目标就是，推行目标更明确、信心更坚定的市场经济体制改革。"

斯捷帕申在担任俄罗斯总理期间，还是比较有作为的。但是，叶利钦以及"家族成员"都一致认为，斯捷帕申缺少决断，总理这个位置还是不适合他，必须立刻"换马"。尽管斯捷帕申一再央求叶利钦再给他一次机会，但还是被叶利钦果断地解除职务。在达吉斯坦的俄军与武装分子激战正酣的时候，斯捷帕申及全体内阁成员被统统撤职，他们的上任时间仅仅维持了 83 天。

8 月 16 日，俄罗斯国家杜马一致通过了叶利钦对普京的总理提名。就这样，普京一马平川地走进了俄罗斯总理府，成为了 1999 年俄罗斯的第三任总理，也是在叶利钦执政期间，唯一一个没有被撤过职的总理。

普京在接受记者采访时，曾这样表示："说实话，我从来都没有觉得自己是一个公众政治家，倒觉得自己更像是个'技术维护员'。我在心中曾认真地数了一下，自己是俄罗斯政府的第 29 任总理。您说我是政府官员，我想是对的，我从来都在当官，开始是军官，后来做文职官员。对于一名政府官员来说，能够当上国家总理，可以说是非常高的级别了，我觉得自己还是很成功的。从这一点出发，在我个人命运的新阶段，也就是担任国家总理这一职位之后，我将会为我的国家做出更多有意义的事，毕竟国家总理这个职位可以最大限度地表现自己。"

普京平日的韬光养晦和低调做事风格，到最终如何崛起成为一国的总理，似乎成了难以解开的谜团。他总是习惯于退居幕后，很少引起人们的注意，但正是这种低调的处事风格，使他屡次得到高层的器重和赏识，并一步步攀上权力的高峰。

3. 车臣，"骨鲠在喉"的痛楚

普京在总统叶利钦的支持下，登上了俄罗斯的政治舞台。在成为国家总理之后，普京就收到了一件非同寻常的"礼物"。

上世纪末的俄罗斯，政局动荡，人心不稳，许多事情如同狂风骤雨一般，变化莫测。苏联解体之后，普京成为了这项遗产的最大继承者，同时他还继承了令人痛楚的"民族矛盾问题"，尤以"车臣问题"最为迫切。车臣主要信奉伊斯兰教，多年来，克里姆林宫一直对车臣的民族分裂主义问题头痛不已。

俄罗斯南部的北高加索山脉东部就是车臣共和国的所在地，所占面积有1.7万平方公里，边界线总长650公里。车臣共和国的南部主要是高山地带，与格鲁吉亚交界，其余部分分别与印古什、北奥塞梯、斯塔夫罗波尔边疆区和达吉斯坦接壤。

有关车臣人最早的历史记录是在公元7世纪以前。所谓"车臣人"这一称呼，最早因阿尔贡河边的村庄"大车臣"而得名，以后逐渐发展成为车臣民族的族称。车臣本民族的人自称是"纳赫乔人"，也就是"平民百姓"的意思。在13世纪，车臣人长期遭受蒙古鞑靼人的侵袭，14世纪末又惨遭中亚帖木儿帝国的蹂躏，一直到15至16世纪金帐汗国解体之后，车臣人才从高原向平原迁徙。16至19世纪，伊斯兰教开始传播到车臣。到了17至18世纪，波斯、奥斯曼、俄罗斯三大帝国开始争夺车臣，在长达两个世纪的时间里，车臣一直处在残酷的血腥杀戮社会环境里。可以说，长久的战争培养了车臣人尚武、善战、好斗的性情。

在经过半个世纪的交锋战斗之后，沙俄于1895年将车臣并入了自己的帝国版图。十月革命爆发，安东尼·邓尼金所率领的白俄军队在伏尔加河流域和高加索地区与红军展开了激战，车臣人对白俄军队的入侵展开了激烈的反抗。后来，此地被莫斯科列为苏维埃山地共和国。1922年改称车臣自治州。20年代末30年代初，苏联展开了轰轰烈烈的农业合作化运动。因为当时的贫苦农

民是养不起马的，所以由俄罗斯工人组成的工作队就把拥有马匹的车臣人划分为"富农成分"，不仅要没收他们的马匹，还要将马杀掉。对于车臣的牧民来说，马和枪是男人们生命中的一部分，如果失去了自己的宝马良驹，不如在沙场上持枪战死。于是，在车臣人中间，逐渐出现了反对苏维埃政权统治的现象。1934 年 1 月，车臣与其西面的邻居印古什合并为一家，并于 1936 年 12 月更名为车臣—印古什自治共和国。二战期间，寡廉鲜耻的德军为了实现民族扩张的目的，充分利用车臣的民族情绪，并许诺给予这一地区高度的自治权力，进而得到了一些车臣部落的支持，并且成立了所谓的"高加索兄弟特别党"。后来，苏联政府以车臣和德国相互勾结，通敌叛国的罪名将 387 万的车臣人和 91 万的印古什人装在闷罐火车上，强行押送到了哈萨克斯坦。

　　正是这种历史及现实原因，车臣问题成为了困扰俄罗斯的首要民族问题。1991 年 9 月，焦哈尔·杜达耶夫推翻了当地的苏维埃红色政权。10 月，车臣就举行了共和国的议会选举和总统选举，杜达耶夫成为了总统。11 月，也就是苏联解体前期，杜达耶夫颁布法令，决定成立主权国家——车臣共和国，并以飞快的速度成立起了车臣国民卫队。自此，车臣既不理会 1992 年的联邦条约，也不参加 1993 年的俄罗斯议会选举，完全与俄罗斯脱离了关系。

　　在此之后，俄罗斯视车臣为分裂主义势力，为了维护国家主权和领土完整，1994 年 12 月，俄罗斯政府出动了 6 万人的军队，对车臣的非法武装进行了严酷打压，车臣反动势力与俄罗斯当局进行了为期一年多的较量。

　　1995 年 1 月 1 日，俄罗斯军队兵分三路准备攻打格罗兹尼。最初投入了士兵 3.8 万人、坦克 230 辆、步兵战车 454 辆，火炮、迫击炮各 388 门，可以说俄罗斯这次出军除了核武器之外，动用了几乎所有的现代化武器装备。

　　车臣人也对这场战争早就做好了充足的准备。他们通过山地战、游击战和街道巷战对俄罗斯军队进行了非常有效的抵抗。此时的俄罗斯军官，正抱着超级大国的心态做着美梦，对歼灭车臣的非法武装怀着十足的信心。俄罗斯国防部长帕维尔·格拉乔夫也曾当众宣布："俄罗斯军队可以在短短几天之内拿下车臣首府格罗兹尼。然而，过程远远不像格拉乔夫想象的那么简单，在格罗兹尼市坚守的那些车臣非法武装们，战术凶狠，抵抗顽强，俄罗斯军队久攻不下。俄军有数百人遭受俘虏，上千人阵亡，格拉乔夫的"速胜论"也沦为了人们的笑柄。

1995年3月初，俄罗斯军队集结重兵再一次攻打格罗兹尼。经过6天6夜的激烈战争，俄罗斯内务部队的600多人才攻下了车臣非法武装在格罗兹尼的最后一个据点——切尔诺列契耶并控制了城内的整个局势，而俄军主力则继续攻打格罗兹尼的外围。

6月14日，车臣非法武装战地的指挥官沙米利·巴萨耶夫带着手下100多人秘密闯入了斯塔夫罗波尔边疆区的布杰诺夫斯克，并扣押了1000多名人质。巴萨耶夫要挟俄罗斯军官，要求他们立即停止一切军事行动，并尽快撤离车臣，否则这些人质将会全部被杀死。经过很长时间的谈判，以叶利钦为首的联邦政府首脑做出了极大让步，迫不得已与车臣非法武装分子达成了最终协议，基本上满足了巴萨耶夫提出来的要求停止军事行动，以此作为释放人质的条件。随即，巴萨耶夫带领手下人员撤出了布杰诺夫斯克，1000多名人质毫发无伤。

这场战争，俄罗斯军队共有400多人阵亡、1.7万人受伤、3000人因此下落不明。车臣方面的伤亡也有10万人之多，而且领导人杜达耶夫在俄军的导弹袭击中不幸丧生。可以说，双方都为这场战争付出了巨大牺牲。

1996年8月31日，俄罗斯联邦政府同车臣非法武装在俄达吉斯坦境内的哈萨维尤尔特达成停火协议，双方共同规定，将车臣的地位问题暂时搁置5年。历时20个月的车臣战争终于以"哈萨维尤尔特和平协议"的签署画上了句号，俄罗斯留守于车臣的最后两支联邦部队也于1997年之前全部撤离。

1997年1月，车臣共和国再次举行总统选举，阿斯兰·马斯哈多夫成功当选。同年5月，俄罗斯联邦共和国与车臣共同签署了《和平与相互关系原则条约》。但是，马斯哈多夫依然坚持车臣为"独立国家"的立场不变，不仅不认真履行和平协议上的相关内容，而且还加紧了分裂活动。他在暗地里支持那些非法的武装部队不断骚扰相邻地区，在制造各种恐怖事件的同时，还极力争取国外宗教势力和极端分子插手介入，分裂活动愈发猖獗。

4.临危受命，围剿恐怖分子

普京出任俄罗斯联邦政府总理时，正处于车臣恐怖分子猖狂之际，对于普京而言这正是一次显露身手的好机会。当年，车臣恐怖分子在达吉斯坦和莫斯科、伏尔加顿斯克以及布伊纳克斯克等地制造了一系列骇人听闻的恐怖事件，普京闻听此消息，怒发冲冠，一向镇定的他从牙缝里挤出了一句话："我们必须将打击恐怖分子的工作进行到底，即便是逃进了厕所，我们也要将他们溺死在马桶里！"

可以说，普京能够在俄罗斯政坛长期屹立不倒，与他在人们心目中所树立的"反恐坚强斗士"的形象有着很大关系。普京毫不犹豫地承担起剿灭车臣武装力量的重任，并决定再一次发动车臣战争，命令俄军一定要用重拳打击车臣的叛匪。这一招果然产生了效力，俄罗斯民众的某些舆论也发生了改变，普京的名望在他们的心目中迅速攀升。普京并没有辜负当年叶利钦的嘱托，他唯一能做的就是用政绩来证明自己的实力。

1999 年 8 月中旬，俄罗斯国家杜马召开会议，会议讨论是否正式任命普京为俄罗斯联邦政府总理。会议上，普京就如何处理车臣问题再一次发表声明："俄罗斯领土完整是一个不容讨论的问题，而且也不可能需要和每一个侵害领土完整者进行讨价还价。"在普京成为总理的第二天，他便发表讲话说："政府将坚决地、彻底地打击车臣的匪帮。"接着，普京又亲自统领俄罗斯联邦军队，迅速展开了对车臣恐怖分子的大规模围剿行动。

根据普京的战略部署，俄罗斯军队出动飞机和大炮，对盘踞在达吉斯坦的车臣非法武装分子进行了极为猛烈的轰炸。8 月 18 日，俄罗斯军队完全控制了哈拉米山口这一有着重要意义的军事要塞，从而切断了车臣恐怖分子进入达吉斯坦的咽喉要道。

9 月 16 日，大规模围剿恐怖分子的军事行动拉开了帷幕，俄罗斯军队做好了一切应战准备。9 月 23 日，俄罗斯总统叶利钦签署了最高命令，决定在北高加索山区进行反恐特别行动。第二次车臣战争打响了。

10月1日，俄军装甲部队在轰隆的炮火声中兵分三路，分别从达吉斯坦、印古什、斯塔夫罗波尔进入到车臣境内，以此构成三面夹击之势。这是俄军自1997年完全撤离车臣之后，首次前往北高加索共和国。

10月6日，俄罗斯内务部和国防部的机动部队，圆满完成了在车臣境内建立安全区的任务。这次战争总计投入10万兵力，包括宇航部队、空降部队，以及山地特种部队，诸兵种一起联合起来，并肩作战。此外，联邦大军还在车臣的周围建立起了隔离带，并动用了苏－24战斗机、米－24武装直升飞机以及激光制导炸弹等高科技武器，向车臣恐怖分子的据点进行大规模、远距离、非接触性的沉重打击，以求从根本上消灭非法武装的有生力量。

10月16日，反恐武装战斗到了第二个阶段。此阶段的主要任务是，全面、系统地封锁车臣非法武装的集散地，争取将战果扩展到最大。10天之后，将近10万名俄罗斯军人从东、西、北三个方向向格罗兹尼聚拢，很快就将整个城市层层围住，进一步加强了钳形攻势，直逼格罗兹尼。

12月7日，普京发表了声明，车臣除了交出好战领袖之外，其余别无选择，俄罗斯不会向车臣提供任何的政治解决之道。

俄军在战场的节节胜利，赢得了车臣全体民众的一致拥护。许多车臣居民向士兵们献出了自己珍藏的武器和弹药，并表示，十分愿意与俄罗斯军队一道，同车臣恐怖分子作斗争。在围攻格罗兹尼的战斗过程中，前市长甘塔米罗夫领导着车臣的民兵也发挥了非常重要的作用。由于当地民众熟悉那里的地形，他们总是第一个发现非法武装的藏身之处，在及时报告给攻城指挥部之后，俄罗斯空军会立即出动武装直升飞机对其进行打击。12月25日深夜，俄罗斯军队对格罗兹尼发动了总攻。在甘塔米罗夫的引导下，1500名车臣居民配合着俄罗斯特警、内务部部队、特种快速反应部队，从东、东北、西北3个方向进入了格罗兹尼。

Chapter 5

钦定接班人：

从国家总理到总统候选人

　　叶利钦当了十年的俄罗斯总统，前后数次更换总理，没有一位总理的任期可以超过三年，最短的则只有三个月。但他选择普京为自己的接班人，是经过详细考察和深思熟虑的。事实证明，叶利钦的选择是正确的。

　　叶利钦看重普京，就是因为他在普京身上看到了自己所没有的那种气质，而那种气质正符合俄罗斯当前的发展。

　　叶利钦说，其实在很久之前他便选中了普京，并对其展开了一系列深入调查，同时还花费了很多时间研究过普京为人处世的方式，以及性格与应变能力等等，他甚至对普京在圣彼得堡的一举一动都了如指掌。通过观察，叶利钦发现，普京具备的不仅仅是聪明睿智的头脑，还具备处变不惊的素质，以及端正的品行。因此，叶利钦毫不犹豫地选定普京为自己的接班人。

　　而普京也不负众望，出色地完成了由总理到总统的权力过渡。

1. 博弈议会选举

当普京正在以全副精力处理达吉斯坦战事及车臣恐怖分子时，俄罗斯国家杜马的选举也正如火如荼地进行着。

早在 1999 年 8 月 20 日，也就是普京就任俄罗斯联邦总理的那一天，他就曾在克里姆林宫对记者表示，自己将角逐 2000 年的总统竞选。

在俄罗斯，国家杜马的选举被视为总统选举前的一次预演。在俄罗斯联邦，立法机关是联邦议会，而联邦议会则由联邦委员会（议会上院）和国家杜马（议会下院）组成。联邦委员会总共拥有 178 个席位，主要由俄罗斯联邦的 89 个主体各派 2 名代表组成。国家杜马则由 450 名代表组成，其中有 50% 的议员是通过 225 个选区选举产生，而另外 225 人是通过政治团体竞选产生的。因此，俄罗斯国家杜马的选举是各民主党派和政治团体进行角逐的"角斗场"。

当时，在杜马选举中最有实力而且影响较大的政治团体主要包括 3 个组织。

第一是于 1999 年 8 月 4 日成立的"祖国—全俄罗斯"联盟。这个联盟主要是由"祖国运动"、"全俄罗斯运动"、农业党部分成员组织建设而成。该组织的势力力可以渗透到整个俄罗斯，几乎各个地区都有它的分支机构，所拥有的成员有 30 万之多。

1999 年 5 月，普里马科夫被叶利钦解除了总理职务，被解职后，他没有遭受噩运，反而身价大增，支持率不减反增，一时间成为了俄罗斯政坛的热议人物，各个派系争抢着拉拢普里马科夫加入自己的联盟。8 月 17 日，年过古稀的普里马科夫再一次站了出来，宣布自己要重返政治舞台，并且出任"祖国—全俄罗斯"的竞选联盟最高领袖。自从普里马科夫出山之后，"祖国—全俄罗斯"联盟的支持率一下子从 15% 增长到了 27%，一跃超过了长期领先的俄罗斯共产党。

其次就是俄罗斯共产党了。在这个组织里，总共拥有 55 万名共产党员，在全国 89 个联邦主体中，共拥有 2 万个基层组织，俄罗斯共产党的主要领导人是根纳季·久加诺夫。

第三是以亚夫林斯基政治团体为主导的"亚博卢"集团，该集团成立于 1990 年，其领导人为格里戈里·亚夫林斯基和前政府总理斯捷帕申，以及前驻美国大使弗拉基米尔·卢金。

以上这三个组织，基本上都是以反对叶利钦的统治为主。

在国家杜马中，拥护叶利钦的组织是"我们的家园—俄罗斯"，该组织成立于 1995 年 5 月 12 日，但是因为叶利钦在执政期间所倡导的"力量"联盟惨遭失败，致使这个联盟在选举过程中显得势单力薄。

所幸，国家杜马有将近一半的议员是通过地方选举产生出来的，而这些地方的官员有很多人是拥护叶利钦的。要想在这次选举过程中赢得最终的胜利，就要把国家的这些地方势力组织起来。为此，叶利钦特意让总统府的第一副主任沙布杜拉苏洛夫重新组建一个政治联盟，以求在总统选举和国家杜马选举的过程中挫败其他联盟的实力。沙布杜拉苏洛夫接到这项命令后，不敢怠慢，立即与数十名地方最高长官商议此事，最后他们联络到了 40 名地方官员，并成立了以紧急情况部部长谢尔盖·绍伊古为领导的"团结"联盟，也被称作为"熊"，一起角逐国家杜马和总统的大选。

绍伊古在"团结"联盟中也发挥了重要作用。在演说中，绍伊古宣布，"团结"联盟将与"我们的家园—俄罗斯"运动一道，参加国家杜马的选举，随后这两个组织就得到了 31 位地方行政长官的支持和拥护。

1999 年 12 月 19 日，俄罗斯联邦第三届国家杜马的选举正式开始。这一天，俄罗斯全体国民都在关注着这一事件的走向。因为拥有强大的资金支持、媒体关注、政府扶持，以及正确的竞选方针作为指导，在为期三天的激烈角逐中，"团结"联盟取得了令人瞩目的好成绩。

12 月 23 日，俄罗斯选举委员会公布了最终的国家杜马选举结果：19 日进行的国家杜马选举是合法并且有效的，其中 62% 的选民参加了投票，共选出了国家杜马 450 个席位中的 440 个席位，共计 6 个民主党派获得了超过 5% 的票数，最终得以进入国家杜马。

此时，成立仅仅两个月不到的"团结"联盟获得了 23.32% 支持率，与俄罗斯共产党相比，只相差了一个百分点，与单名制选区获得的 10 个席位加起来，总共获得 74 个席位。这样，"团结"联盟就成为了国家杜马的第二大议会党团代表。

这个出人意料的结果，等同于给叶利钦服下了一颗定心丸。这时，普京的脸上也绽放出了灿烂的微笑，此时的克里姆林宫沉浸在一片喜悦的氛围之中。

2. 克里姆林宫的惊雷

俄罗斯国家杜马的选举结束了，整个莫斯科又恢复了往日的平静。可就在 12 月 31 日，距离新千年的钟声还剩 12 个小时的时候，叶利钦再一次通过电视台向全体俄罗斯的民众发表了自己的讲话，而此次讲话的内容，如同是从克里姆林宫里传出的一声惊天动地的雷声。

电视屏幕中，68 岁的叶利钦脸色稍显苍白，但是他仍以缓慢而庄重的话语向大家说道："今天，是我最后一次以俄罗斯总统的身份与大家见面了。我已经考虑好，并且做出了最终的决定，在本世纪最后的一天，辞去总统的职务……根据宪法规定，我已经签署了在辞职时把俄罗斯的统治大权交给总理普京的命令。在未来的 3 个月时间里，普京将是这个国家的最高元首，3 个月后，总统大选还会如期举行。"

叶利钦在解释自己为何做出这样的决定时，说道："俄罗斯已经拥有了这样一个强有力的人物，他是一个具备总统素质的强人。如今，俄罗斯全体的国民已经将强国的希望寄托在了他的身上，在这种形势之下，我已经没有必要再执政下去了，我不能阻碍他，这并不是我的本意，也不是我的性格，虽然还有半年的任期，可我已经等不及了。"

就这样，叶利钦亲手将一支派克金笔、一个控制国家核武器的密码箱，以及连同拥有 1700 万平方公里的领土和 1.45 亿人口的"正处于百年来最困难时期"的俄罗斯交到了普京的手里。当时，叶利钦只对普京说了一句话："照顾好我们的俄罗斯。"

叶利钦之所以会这样做，是想给那些总统候选人一个措手不及。按照原有的计划，俄罗斯总统的正式选举是要在 2000 年 6 月份举行的，如果遇到总统因故辞职，按照宪法规定，要在 3 个月内进行新一轮的总统大选。如此一来，这些竞争对手们就很难在选举过程中做足准备了。

当时，竞选总统的人员除了普京之外，还有其他的 11 人，他们分别是：根纳季·久加诺夫、格里戈里·亚夫林斯基、阿曼·图列耶夫、尤·斯库拉托夫、康斯坦丁·季托夫、弗拉基米尔·日里诺夫斯基、阿列克谢·波德别列思金、斯坦尼斯拉夫·戈沃鲁辛、埃拉·潘飞诺娃、乌马尔·贾布莱洛夫和叶甫根尼·萨沃斯基亚诺夫。

俄罗斯的总统选举法规定，总统的候选人提名，应该通过选举集团或者是联盟，以及不少于数量在 100 人之上的公民倡议小组进行推荐。而总统候选人想要获得最终的参选资格，还要征集到 100 万选民的支持签名。鉴于此次总统大选是提前举行的，中央选举委员会临时决定，将此次选举征集签名的数量压缩到 50 万人。

在这些总统选举的候选人之中，普京是具有绝对优势的，俄罗斯民众已经亲眼目睹了他在出任俄罗斯总理的 4 个月以来，所做出的巨大成绩：取得车臣战争的巨大胜利、国家杜马选举顺利进行、国家政治经济形势稳定。这些成就俄罗斯民众通通看在眼里，记在心中。普京本人在民众心目中的威望正在不断攀升着，并且，他的个人财产及其来源，以及家庭人员收入情况的一些审核材料在递交中央选举委员会之后，委员们也确定普京是"诚实可信"的。

不过，普京有一点是比较"糟糕"的。因为他在短时间内就"飙升"了自己的职位，这让很多人还没及时地反应过来，甚至有的人还不知道普京究竟是

何许人也。想要获得更多的选票，普京必须要提高自己在民众当中的知名度，成功地将自己塑造为人民所期待和敬仰的英雄形象。

为了制定出符合普京本人的竞选策略，更好地完善自己的形象，普京为自己建立了一个智囊团。这些智囊团的成员，为了帮助普京在 3 月份的选举过程中稳操胜券，制定出了一连串的行动计划。这些计划的内容包括：研究和了解公众们的喜好，确保普京能够及时地对俄罗斯民众的主流意见做出反应和回馈；发扬爱国主义精神，建议普京在 2 月份颁布一项新的、严厉的军事法令，以向俄罗斯民众表明他强烈的爱国情怀；大开宣传机器，让全俄罗斯的新闻媒体在总体上保持对普京工作的认可态度，并对他的工作表示支持和赞同。

果然，智囊团的这些方法收到了奇效，大选形势发生了根本性的逆转。约什卡尔奥拉、达吉斯坦以及阿尔泰在内的许多地区，都以明确的态度表明，支持普京。在俄罗斯国家杜马中间，拥护普京的政治力量主要由"团结"联盟、"祖国—全俄罗斯"，反对普京的依旧是俄罗斯共产党和"亚博卢"集团这两个劲敌。

在选举的关键时刻，普京的恩师索布恰克也在为普京四方游说，呐喊助威。正在竞选形势一片大好之时，恩师索布恰克却不幸因心脏衰竭病逝，普京决定，参加于 2 月 24 日举行的索布恰克的葬礼。

这时，车臣恐怖分子头目巴萨耶夫得知普京将会参加恩师索布恰克葬礼的消息，立即通过互联网向全国各地散落的车臣恐怖分子发出消息，只要成功刺杀普京，就会获得 250 万美元的悬赏。巴萨耶夫还在互联网上说道："罪犯普京已经被判处了死刑，车臣人的血债要用普京的性命来偿还。"由于事发突然，所有部门都没有准备的余地，一时间圣彼得堡市、莫斯科警方、国家安全局、内务部一下子陷入了紧张状态，但是普京没有一点恐惧，依旧照常工作，并且如期参加了恩师索布恰克的葬礼。

普京就是这样一个从来不知道害怕的人。在用武力剿杀车臣恐怖分子的斗争中，普京亮出重拳，步步为营，一举击碎了车臣武装不可战胜的神话，在全国上下，迎来了一片欢呼和赞誉的声音。在外交上，他时刻以国家的利益为重，对于西方的强大势力，普京从来都是不卑不亢，毫不妥协，充分展示了俄罗斯人的一身正气和无坚不摧的傲骨。普京在担任俄罗斯代总统期间，全国的经济也有了很大的起色，一举扭转了国内生产总值多年来负增长的局面。短短数月的时间，普京在民众当中的支持率便从最初的 2% 暴涨到 50%，这个数字无论是看起来还是听起来，或者是说起来，都是非常激动人心的。

3. 征服国家杜马

俄罗斯在叶利钦执政期间，"自由民主"概念成为社会的主流思想。苏共失去国家领导地位之后，俄罗斯逐步形成了多党格局。当时，"政党热"不断升温，政坛党派越来越多，逐渐呈现出"你方唱罢我登场"的局面，虽然俄罗斯的经济处于衰退期，人民的生活水平也大不如以前，但俄罗斯的政治舞台却十分热闹。

叶利钦时代，总统与国家杜马一直是敌对关系。因为叶利钦在杜马没有话语权，所以叶利钦政府的一些政治决议很多时候都得不到顺利执行。

1995 年，以俄罗斯共产党为主的反对派赢得了议会选举的胜利。因此，议会几乎完全落入反对派手中，这就导致叶利钦签署的很多政令都被否决。1998 年，叶利钦提名基里延科为总理，但一连两次都没有通过，甚至叶利钦本人还数次遭到国家杜马弹劾的威胁。

1999 年，国家杜马中最具影响力的当属普里马科夫和卢日科夫。他们都是著名的政治领袖，领导着"祖国—全俄罗斯"联盟。有消息称，普里马科夫已经和共产党达成了相关协议。这种情况为叶利钦带来了极大的危机感。叶利钦在回忆录中写道："普里马科夫和卢日科夫在国家杜马选举中占据着绝对优势，这种情况将导致以后的总统选举失去应有的意义。因为如果他们占据了绝对优势席位，那么他们就可以通过合法方式任意修改宪法！这时，他们将拥有废除总统制的权力。无论如何，他们所占据的优势，将让对手们的反抗变得没有任何意义。"

当时的情况可谓是到了生死抉择的时刻，但就是这时，叶利钦将普京推到了风口浪尖上。而叶利钦的主要目的就是为了让普京顺利接班。所以，当务之急需要优先处理的就是在国家杜马选举中获得胜利。

1999 年 8 月 5 日，叶利钦与普京进行了一次深入谈话，在谈话过程中他们就关于杜马选举问题做了交流。叶利钦提到，"祖国—全俄罗斯"联盟的力量越来越强，这让他感到十分烦躁。普京则表示他会听从叶利钦的安排，出任俄罗斯总理，但是他对其他人在选举前做出的一些见不得光的动作十分厌烦。

因此，普京请教叶利钦："总统先生，杜马选举中我们的依靠力量是哪一方呢？"

叶利钦摇头，称自己也不清楚，但他提出了一个建议，让普京着手组建新的政党。因此，"团结运动"应运而生。这支政党由绍伊古和卡列宁共同领导。而叶利钦则建议普京本人将主要精力放在政府工作上。因此，当时选举运动的任务是由其他人帮助普京完成的。

1999 年 8 月 9 日，叶利钦在电视台高调宣布，任命普京为俄罗斯联邦的新总理，在讲话中，叶利钦对普京做出了高度赞扬，他说："普京具备总统接班人的所有气质，他有能力带领整个俄罗斯民族完成伟大复兴，重新夺回俄罗斯在国际上的话语权。"叶利钦的这份任命让很多人大惑不解，而他的讲话更是让一些俄罗斯政党的领袖气愤不已。

针对叶利钦的任命和讲话，时任莫斯科市长的卢日科夫认为是件过于"荒谬的事情"。涅姆佐夫也认为"叶利钦已经丧失了理智"。

对于叶利钦而言，除了可以在公开讲话中支持普京之外，他在杜马选举中几乎起不到任何作用。而他本人则宣布不准备参加竞选。"团结运动"的主要领导人绍伊古和卡列宁所作的准备也并不积极，最主要的是"团结运动"党内部没有什么知名的政治家和社会活动家，这成为了"团结运动"党在杜马选举中最大的败笔。

因此，对于刚刚成立的"团结运动"来说，他们既没有明确的组织机构，也没有统一的思想，最主要的是他们没有优秀的政治领袖，而唯一的依靠就是普京的支持。在一次媒体讲话中，普京公开宣布，他将会投"团结运动"政党的票。随后，普京还参加了"团结运动"的竞选。

然而，让人们异常震惊的是，"团结运动"在随后的杜马选举中获得了远超预期的成功。这不仅让那些不看好他们的政治家大跌眼镜，同时还让叶利钦十分惊讶，他认为"这是一个让人意外的惊喜"。

当然，任何选举都存在着一些小动作，在国家杜马选举中也不可避免，一些政党通过自己所掌握的资源来控制媒体，引导舆论走向，很多政党都对叶利钦政府"泼脏水"。一些反对派还曾试图搜集普京的个人资料，企图从中找到一些对普京选举不利的信息，但最终没有任何结果。普京在俄罗斯的威望逐步提升时，很多人开始离间他和叶利钦和的关系，一时间流言蜚语不断。后来，普京回忆说，当时的情况让他产生了种很强的危机感，他有些担心这些流言会影响到他在叶利钦心目中的形象和地位。但是，叶利钦不仅没有被这些流言影响到，反而用自己的直接行动表达出对普京的支持，他将更多的权力下放给普京，逐步放松对政府的控制。

最后，依靠普京在俄罗斯不断提升的威望，以及叶利钦的大力支持，使得"团结运动"党派在国家杜马选举中所占据的地位得到明显改善。俄罗斯国家杜马选举，共有225个席位，其中俄罗斯共产党通过比例制方式占据了67个席位，而支持普京的"团结运动"占据了64个席位，如果算上支持普京的右翼力量联盟手中的席位，那么俄罗斯共产党将失去控制议会的可能。

事实上，这种情况的出现已经在某些人的意料之中。普京出任总理后做出的一系列决定和动作，都引起了俄罗斯人民的高度关注，使得他的政府支持率得到迅速提升。早在1999年10月份，这种情况表现得就已经十分明显了。随着普京在俄罗斯人民心目中的威望的持续提升，"团结运动"在杜马选举的胜利也就不足为奇了。

这种情况的出现，彻底改变了俄罗斯政治力量的分布情况。曾经在国家杜马中占据着重要位置的"祖国—全俄罗斯"党也难掩"团结运动"党的锋芒，不得不退居到第二位，这使得普京在议会中的话语权得到极大改观。

4.亲自驾机视察车臣

　　普京之所以能够在短时间内赢得俄罗斯民众的一致认同，与他在政坛上出色的表现有着很大关系。普京在出任代总统之后，所做的第一件事就是亲自驾机视察车臣，在这个过程中，他成功地塑造了一个坚强伟岸的"爱国者"以及"反恐勇士"的形象。

　　普京此次的车臣之行，带着尤为强烈的神秘色彩。2000年3月18日，普京圆满结束了对奥罗涅什市的视察，并于21时15分到达了著名的旅游城市——索契。索契位于黑河之滨，早在两个月之前的新年，普京就曾来到过位于索契城郊的高山滑雪场。因此，大多数人认为，普京此次到索契的目的，无非是为了在紧张的总统选举过程中，换一换环境，给自己一个舒缓身心、忙里偷闲的机会，在此疗养些许时日之后，再加入到一周后的挑战当中。

　　3月20日，按照普京的行程，应该由旅游胜地索契返回到克里姆林宫，主持总理与各个部长的例行会议。但是普京并没有这样做，直到会议开始，部长们才发现，主持会议的人并不是普京，而是第一副总理米哈伊尔·卡西亚诺夫。这时，人们不禁怀疑，普京去哪儿了？

　　很快，有关方面传出了消息，普京已经离开了索契，到达了格罗兹尼。记者们随即向总统新闻局询问情况，而总统新闻局则未置可否。一直到电视屏幕上出现了普京身穿空军军服，并且从格罗兹尼的北方机场走下飞机的画面时，人们才最终知道了普京的行踪。原来，普京到车臣去视察了，而且这已经是第三次了。

　　大家回想普京第一次视察车臣的经历，依旧历历在目。那是1999年10月20日，当时普京的身份是俄罗斯联邦政府的代总理。当时，人们普遍猜测，俄罗斯军方将要策划对格罗兹尼的地面战争，正在这时，普京出人意料般地出现在了车臣北部，普京深情地对那里的民众说道："俄罗斯军队将会战斗到底，联邦政府会采用投票的形式确定车臣的地位问题，但是这个问题的最终确定，还要等到彻底地消灭那些匪帮才能完成。"

普京第二次视察车臣是在 1999 年 12 月 31 日。当天的午夜，俄罗斯电视台播放了代总统普京向民众们致新年问候的录像。其实，在节目播出的时候，普京早已和夫人柳德米拉赶到了战火纷飞的车臣，夫妻二人亲自慰问了在那里浴血奋战的俄罗斯官兵。

而普京第三次视察车臣是在极为严密的情况下进行的，甚至总统办公室的许多高级官员都不知道普京的这一行动。为了防止意外发生，普京在索契换乘了安全性能较高的"苏－27"式战斗机，总统的专机则从索契直接飞抵了克拉斯诺达尔市等候待命。与普京同机飞往车臣的是全俄罗斯最有名的飞行员——哈尔切夫斯基将军，他的飞行技术在世界都是很有名的。

在索契机场，普京脱下了笔挺的西装，换上了空军制服，一名军官则现场教会普京怎样使用飞机上的防护设备。登上飞机之后，普京热情地向送行的有关人员挥手致意，不一会儿的工夫，几架飞机就腾空而起了。大约是中午时分，普京一行人到达了格罗兹尼北方机场，并成功着陆。

当时的情景的确是让在场的所有人为之一惊：总统普京是亲自驾着"苏－27"式歼击机来的，而他的身边仅仅有一名陪护，也就是飞行员哈尔切夫斯基。飞机平稳着陆之后，普京身穿飞行服、戴着头盔，一个人从飞机的舷梯上跳了下来，并与欢迎他的人一一握手。普京还同前来迎接他的俄罗斯官员们说道："驾驶飞机的感觉真的很好，感兴趣的话你们也可以试一试！"

随后，普京又在官员们的陪同之下，乘坐着一架军用飞机视察了格罗兹尼。不言而喻，战后的车臣首府是极其荒凉的，很多建筑物在战争中遭到了严重的破坏。按照命令，普京乘坐的直升机在市区降落了一次，普京在实地视察了几处坍毁的楼房，随即来到了汉卡拉联邦军队的总指挥部，并出席了 331 空降兵团撤离出车臣的欢送仪式。仪式结束之后，普京召集了所在地区的指挥官，和他们共同商讨了车臣地区所面临的军事形势，以及下一步所要进行的工作。在格罗兹尼北方机场，普京再一次组织召开会议，共同商讨了车臣目前所面临的社会经济形势问题，还有接下来的重建任务。

对于是否有必要与车臣武装分子进行相关问题的谈判，普京表示，车臣武

装分子唯一的也是必须的选择就是放下武器，从山里面走出来，俄罗斯联邦政府与车臣恐怖分子唯一谈判的条件就是放下武器，如果他们被政府人员打死，错误并不在普京。在训练场上，普京热情地号召战士们呼喊"乌拉"的口号3次，也就是胜利、万岁的意思，士兵们情绪高涨，欢呼声简直是响彻云霄，不绝于耳，人们仿佛又回到了苏联时期军队辉煌的年代。

傍晚，普京对车臣的视察结束，乘坐着战斗机离开了格罗兹尼，随即到达了克拉斯诺达尔，并于当晚返回了莫斯科。普京此次的神秘行动和闪电般的节奏简直让俄罗斯民众惊叹不已。对此，有关分析人士认为，普京此次视察车臣，对于进一步明确俄罗斯主要领导人在有关车臣问题方面的态度，以及提高他在总统大选的支持率方面有着非常重要的意义。

5. 权力交接的巅峰时刻

2000年3月26日，俄罗斯联邦总统大选的日期如约而至。这次总统选举的结果正如同所有人预料的那样，普京最终以53%的支持率，成功登上了俄罗斯联邦总统的宝座。自苏联解体以来，普京是继叶利钦之后的第二任总统。自此，俄罗斯步入了"普京时代"。

5月7日，在盛大而庄严的仪式上，普京代表整个俄罗斯联邦，正式出任国家总统一职。

1991年，叶利钦第一次当选俄罗斯联邦总统时，并没有为他举行特别的就职仪式，只是在人民代表大会上进行了短暂的宣誓就职程序。相比之下，普京的就职仪式，可以说是俄罗斯有史以来第一次真正意义上的总统就职典礼。

仪式的时间定在了中午十二点举行。当天一大早，克里姆林宫就进入了森严的警戒状态，只有手里拿着克里姆林宫特别请柬的人才被允许进入。依照俄罗斯联邦宪法的规定，参加总统就职仪式的人员必须是国家政权机构的高官以及社会名流，可是，总统普京却偏要邀请两位没有任何官职的普通人见证他成为总统的光荣时刻。这两个人：一个是普京的一位中学老师，另一个则是他的柔道教练。

11时40分，在人们的热情期盼中，克里姆林宫的大门缓缓打开了，普京的车队驶入了红场，随即进入了克里姆林宫的大门。车停稳了，时年47岁的普京迅捷地跳下了车子，也许正是刚刚结束在索契度假的原因，普京容光焕发，气宇轩昂。在雄壮的军乐声中，普京稳健地踏在红毯上，迈着稳健的步伐独自穿过两个大厅，向安德烈耶夫大厅走去。就在这时，克里姆林宫的古钟指向了12点，俄罗斯联邦总统宣誓就职仪式正式开始。

首先，俄罗斯中央选举委员会主席亚历山大·韦什尼亚科夫向在场所有的来宾展示了普京当选为俄罗斯联邦总统的证明。随后，宪法法院院长马拉特·巴格莱邀请普京宣誓就职。普京虔诚地将右手放在了翻开的宪法之上，庄严地向在场嘉宾以及整个俄罗斯联邦宣誓："我宣誓，在履行俄罗斯联邦总统职权的过程中，我将始终尊重和保护公民的自由和人权，遵守和捍卫联邦政府的宪法，确保国家主权的独立和完整，诚实地为人民工作。"话音刚刚落下，全场立即给予了热烈的掌声。

这时，几名克里姆林宫的仪仗人员迈着整齐的正步走进了大厅，把俄罗斯联邦宪法和"祖国一级勋章"送了进来。这个勋章是总统权力的象征。仪式上，叶利钦庄严地把这枚勋章转交给了普京，这个程序表明了国家最高权力已经更迭，在勋章的后面，已经刻上了前俄罗斯总统叶利钦的名字，至于国家最高权力的另一个象征——核按钮，叶利钦早在3个月之前的辞职过程中就交到了普京的手里。

接下来，普京发表了一段简短而且非常感人的就职演讲，他说，自己将带领着全体俄罗斯民众一起，把国家建设成富强、文明、自由、繁荣的美好景象。

在普京出任总统的就职典礼上，前总统叶利钦也发表了讲话。虽然，民众一直以来都对他的身体状况很是担心，但从他的演讲中可以发现，这位老人的大脑依然很清楚。这次演讲也表明，叶利钦已经圆满完成了权力的交接，自己已经步入了历史。

在叶利钦时代,俄罗斯的政局一直不太稳固,经济也很混乱,人民的生活水平也在下降;而在国际方面,俄罗斯世界强国的地位也被削弱,在国内又面临着种族分裂主义和恐怖分子的双重威胁。在这种严峻的形势下,广大俄罗斯民众一直期盼着有一位态度强硬的国家领导人站出来,"扶大厦之将倾"。普京的出现,无疑满足了人们心底的愿望。经过竞选智囊团的包装设计,最后出现在民众面前的总统,是一个兼通柔道和滑雪的运动健将,同时还是一个"缺乏恐惧感"的地道硬汉。正是这一副活力十足、意志坚定的形象,让全俄罗斯的选民对普京形成了一致的认可。

普京在处理日常的政治事务过程中,具有广泛的灵活性。在妥善处理国家杜马各主要党派的关系时,他拿捏得很有分寸,在国家一系列重大问题的处理上,得到了他们广泛的合作与支持。普京并不等同于叶利钦,对于俄罗斯共产党这一左派政党,他并没有采取强硬的打压态度,而是拿出了一种宽容、理解、寻求合作的良好态度,并时不时地对俄罗斯共产党的领导人说出几句"咱们的语言"。

Chapter 6

烫手的山芋:

内忧外患的俄罗斯联邦

世纪之交，俄罗斯面临着内忧外患，其政治、经济以及国际形势都变得异常严峻。因此，叶利钦在连任总统之后，开始重拳出击，频繁地撤换总理，想要通过这种方式找到一个适合的接班人。他希望自己未竟之事可以由自己的接班人来完成。所以这个接班人必须具备很高的威望以及强有力的手腕，这样才能处理好俄罗斯的"烂摊子"。

普京的出现，让叶利钦眼前一亮，他看到了拯救俄罗斯出水火的希望。

但是，普京初任总统时，叶利钦留下的"烂摊子"实在棘手，政府陷入了信任危机，俄罗斯当时的政治体制已经不适合国家的实际情况，亟须做出改变。

政治上的混乱直接导致了经济上的危机，致使俄罗斯当时的经济停滞不前，甚至出现倒退现象。整体上来说，俄罗斯的制度已经不足以支撑经济的发展和进步，如果想让俄罗斯的经济尽快复苏，必须下重手，从根本上解决俄罗斯所面临的内忧外患。

面对千疮百孔的国家，普京根据实际情况，稳健过渡，逐一清理俄罗斯在政治、经济和外交当中的弊端。普京临危不乱的作风逐步赢得了人民的信任和支持，他采用各种令人眼花缭乱的手段，力挽狂澜，稳住了国家形势，最终将国家带到了正确的前行轨道上。

1. 从容应对西方国家的诘难

可以说，普京就任俄罗斯联邦总统之后，从叶利钦手中接过来的担子是非常沉重的，这个昔日的超级大国，现在正面临着千疮百孔、内忧外患的局面。此时的普京，眼前没有任何的"业绩"，全是一些不胜枚举的"问题"。正是这些问题，让普京成为了一个事不避难的英雄领袖人物，在那个特殊的时代他的确是一个很有建树的领导人。

自从俄罗斯军方对车臣发动军事行动的那一刻起，西方国家就对俄罗斯政府施行了各种压力。这些人似乎对车臣非法武装扰乱百姓生活、袭击俄罗斯军警、制造绑架事件、乱投炸弹等现象并不感兴趣，而是一味地指责俄罗斯军方"滥杀无辜"、"践踏人权"、实行"种族清洗"。西方的一些媒体，在报告车臣的相关新闻时，很少称他们为"匪徒"、"恐怖分子"、"非法武装"等字眼，而是用一些"战斗队员"、"起义者"等名号混淆视听。

第二次车臣战争爆发时，俄罗斯军方在战场上势如破竹，频频告捷，而一些西方国家就开始大肆渲染车臣战争的惨状，并不断对俄罗斯攻打车臣的行动进行责难。他们公布的消息称，俄军的强烈轰炸已经造成了车臣民众的大批伤亡，并且引发了"难民潮"，车臣境内哀鸿遍野，甚至出现了"人道主义灾难"。看见西方媒体如此偏颇的报道，车臣恐怖分子也借机而上，大造舆论，他们态度十分明确，就是企图将高加索问题实现国际化。西方国家的一些领导人，接二连三地发表一些讲话，态度强硬地要求俄罗斯军方停止对车臣战争的"种族清洗"，并呼吁俄罗斯政府与车臣非法武装分子重启谈判事宜。

2000 年，法国就曾因俄罗斯与车臣的新闻自由问题与俄罗斯吵闹得不可开交，双方可以说是争执不休，一直到该年 8 月普京在日本的冲绳会见了法国总统希拉克，两国的关系才开始逐渐改善。但是，2002 年普京在出访法国的记者招待会上，希拉克再一次将车臣问题拿到了方桌之上。希拉克表示，虽然车臣组织与拉登的基地组织存在着某种的联系，但是绝不能将车臣问题归结为恐怖主义。

面对希拉克的无礼，普京反而表现得很绅士，他优雅地对希拉克说道："每当我们说到阿富汗时，都会承认有一个犯罪组织在那里活动，塔利班犯罪的制度很好地支持了它。而那些塔利班的代表也曾在车臣地区进行过活动，车臣的犯罪制度也同样支持了他们。那么，这个犯罪制度与塔利班组织有什么区别？其实没有任何区别！如果非要进行区分的话，也只能说现在的这个制度更加血腥暴力罢了！因此，我们有十足的理由同这些人斗争。"

普京还表示，俄罗斯政府并不是不希望同车臣非法武装分子进行谈判，只是这些武装人员拒绝缴械投降，在这种情况下，和谈的渠道就被堵死了。普京也表示，虽然双方持续了两年半的战争，但彼此坐下来进行对话的时间仅仅有两个小时。也许这并不是问题的实质所在，最主要的是，车臣的那些分裂分子到底有没有诚意与俄罗斯政府进行面对面的和谈。

2001 年 9 月 7 日，普京针对车臣问题向外界发表了态度明确的讲话，他表示只要车臣分子承认俄罗斯联邦的宪法、遵守联邦的相应法规、无条件交出武器，并且交出所有"有血债"的匪徒，俄罗斯政府就同意与车臣武装人员进行谈判，但限定的时间只能在三个月之内，过了这个期限，一切和谈都将没有意义。

9 月 21 日，普京接受了德国记者专访，在谈话时，普京表示："实在是不应当得出这样一个结论，在莫斯科炸毁大楼的人都是一些争取自由的战士，而在其他国家，一旦出现搞这种活动的人就是恐怖分子，其实他们都应该是犯罪分子才对！"

也许，美国政府终于是被感动了，或者是进入 2002 年之后，随着反恐的进一步加强，以及倒"萨"的呼声越来越高，美国方面终于破天荒地承认车臣

武装分子为恐怖分子了！随后，很多西方国家也尾随在美国的后面，对俄罗斯政府，特别是对普京镇压车臣的行动给予了充分肯定。

10月23日，莫斯科人质事件发生之后，美、英、法、德等西方国家的一些首脑纷纷致电给俄罗斯政府，对这一事件表示了强烈的谴责。随后的10月30日，丹麦政府迫于俄罗斯政府的强大压力，正式拘捕了正在哥本哈根出席"世界车臣大会"的艾哈迈德·扎卡耶夫。

２.这个令人头痛的烂摊子

都说普京从叶利钦的手中接过来的是一个"烂摊子"，那么，这个"烂摊子"的具体情况又是怎样的呢？在普京继任总统后，除了要面对民族问题之外，让他头痛的还有国内的经济问题和腐败问题。

虽说当时俄罗斯的市场经济体制的框架已经基本确立，但社会生产力却没有得到充足的发展，整个俄罗斯长期处在经济危机、财政危机和社会政治危机的交替状态，国家的经济随时面临着崩溃的可能。最主要的问题有以下几点：

（1）国家的综合实力削弱

当时俄罗斯的经济之所以会出现落后局面，主要还是建国之初埋下的隐患。1992年，俄罗斯独立之后所制定出来的改革方针和相关政策总体上又是失误的，由于对当时的时局把握不充分，才导致了经济危机的进一步加深。众所周知，苏联解体之前，主要以农业和工业作为国民经济的主体，而到了俄罗斯时期，他们没有很好地将这两个部门的经济支撑起来，致使一系列数据明显下降，这些数据直观地看起来就足够惊心动魄了：从1992年到2000年的八年时间，俄罗斯的工业生产能力在大幅下降，降幅累计达到了46%，而农业生产水平的下降幅度也在40%之间。农业和工业的生产总值下降，直接加剧了俄罗斯经济危机的程度，甚至已经超过了1929年到1933年的资本主义经济大萧条时期。生产的长时间下降，自然会导致综合国力的衰弱，而物质基础的落后，便成为了俄罗斯经济复苏和继续发展的最大障碍。

（2）负债累累

由于经济的长期衰弱，俄罗斯国家的预算收入也一再疲软下滑，预算支出在难以完成比例压缩的情况下，国家预算年年出现赤字。预算赤字占国民生产总值的 10.7%。长期的预算赤字，让俄罗斯政府负债累累。国债的庞大数额，再加上丧失偿还债务的能力，1998 年俄罗斯的金融市场面临着极大危机。虽然政府着手干预，但也没能从根本上遏制住金融危机的步伐。于是，为了国家的生存，俄罗斯只能通过借外债暂时缓解国内的境况。

（3）严重的通胀压力

通货膨胀一直是困扰俄罗斯的经济难题之一。1992 年，俄罗斯的通胀率达到了 2500%。虽然后来出现了一些下降趋势，但是总体水平依然很高。一直到 1997 年才降至 11%。1998 年俄罗斯金融危机之后，通胀率再一次上升，达到了 84.4%；一年后回落到了 36.5%。最终，俄罗斯的消费品价格从 1992 年到 1999 年共计上涨了 6168 倍。

在通货膨胀的影响下，俄罗斯的货币必然面临贬值的境地。1992 年 7 月，俄罗斯开始实行经常项目下的卢布可兑换政策。由于通货膨胀、外汇枯竭、经济衰退等原因，卢布的汇率一直下跌，与此相对，俄罗斯民众的生活也陷入了糟糕状态。在普京上台之前，俄罗斯每月的人均收入仅有 30 美元，按照现在的比价，一天只有 26 卢布，折合人民币 9 元。而有些人，甚至连 26 卢布的收入都没有，仅仅是 10~15 卢布，靠这些钱生活的确很艰难。

在当时，虽然俄罗斯的燃料、国防等重工业十分发达，但是涉及到人民生活的轻工业却显得那么微不足道。俄罗斯生产效益最好的部门就是运输业、石油加工业以及采掘业，这些行业的工人占工人总数的 1%，为国家提供了 6% 的国内生产总值以及 22% 的国家预算收入和 16% 的出口产品。但这些部门的劳动生产率也仅仅相当于美国技术水平相对较高公司的 55%。

（4）极其困难的经济结构改造

众所周知，经济体制的完善是需要很长一段时间的，甚至整整一代人都要

为之辛苦地付出。而经济结构的改造，所面临的困难就更可想而知了。

俄罗斯从苏联手里继承来的经济结构是一个畸形的、不完整的经济结构。苏联解体以来，由于在多方因素的条件制约之下，俄罗斯的经济结构模式呈现出"二元"的发展方向，即结构的某些方面在改善的过程中，另一方面可能会立即陷入更为糟糕的状态。这其中最主要的原因就是重工业和轻工业的比例严重失衡，原料性的工业偏重，高新技术产能落后。

（5）体制转轨还没有彻底地完成

当时，俄罗斯经济正在转轨的阶段，也就是说苏联计划经济的陈规陋习还没有完全地破除，而新的市场经济体制还没能完全地确立。

俄罗斯在经过 8 年的经济转轨之后，市场经济体制的框架才得以确立下来。但是，这种新型的经济体制并不意味着是纯粹意义上的现代文明的市场经济，而是建立在资本的原始积累之上，疯狂野蛮的市场经济。这种经济体制并不完善，在这种不成熟的体制之下，俄罗斯的市场上存在着很多问题。

从微观层面分析俄罗斯的经济体制，政府只不过是在小私有化方面做出了些许的成效，而在大私有化方面还是很不成功的。

经济上存在的这些问题，让普京很是头疼。因为，在这种形势下，如果政府稍有不慎，哪怕是出现半点纰漏，就很有可能出现新一轮的经济危机，从而导致国家经济的崩溃。

普京对本国复杂的经济形势有着充分的认识，在《世纪之交的俄罗斯》一文中，普京深刻地论述了经济治国的策略以及长远的经济发展战略，但是对于如何解决目前俄罗斯的经济状况，普京本人却只字未提。因为，只要稍微懂得经济方面知识的人都会明白，就当时俄罗斯的经济状况而言，根本想不出完美的经济治理方案。因此，很多人不敢轻易触碰这根神经，只要有人稍加尝试，指责和批评就会铺天盖地而来。

当时的俄罗斯官场腐败盛行，这种腐败的风气正与市场经济同步发展。可以说，腐败的现象存在于俄罗斯的各个部门，渗透于经济、文化、政治诸多领域。

俄罗斯向市场经济的过渡可以说是一刀切的过程，速度之快让人没有丝毫的心理准备，正是因为在改革初期，人们没有相关的经验，一些腐败分子就借机钻了空子。之前，很多的垄断单位，或者是有活力、有前途的经济部门或者是事业单位，突然间就变成了总公司或者是公司，而有些人从原来的部长、局长一下子变成了董事长、总经理、经理，这些单位或个人，就这样借着国有资产赚取了高额利润。为确保自己的财富和地位，成为了国家的蛀虫，大肆搜刮国有财产，中饱私囊。

私有化转变一下子成了权势阶层垄断国有资产的最好时机。这时的厂长、经理们抓准了时机，低价从职工的手里买进股票。按照证券私有化时的规定，厂长还可以获得额外的 5% 的本企业股票。厂长都如此，可想而知那些局长、部长们呢？最让人瞠目结舌的就是石油天然气部门，那里的最高领导居然靠企业"自愿"送股票，私下里聚拢了高达十几个亿的财富。更可耻的是那些金融工业集团，与政府高官相互勾结，通过压低招标和拍卖的价格来掠夺国家资产。

在俄罗斯私有化的过程中，只要是在权力机关，有多大权就有多少钱。银行、海关、税务、工商管理、公交、市政、司法、基建等部门，"给钱就通过，无钱就刁难"已经成为习以为常的事情，这种散发着腐臭的现象，随处可见。

中下层的腐败程度都已经到达了如此地步，那么政府高层又是一个怎样的情况呢？可以说，其严重程度可以用"触目惊心"来形容。从 1997 年 10 月到 2000 年 3 月，在这两年半的时间里，俄罗斯至少有 42 亿至 100 亿美元的黑钱被"清洗"。这些资金，假如没有高层人士的运作，是不会那么容易"变了颜色"的，这些钱都是通过纽约银行的账户进入银行的，而且大部分款项所使用的名字都是贝内环球公司。通过资料可以得知，这个公司主要是由黑手党领导人谢苗·莫吉列维奇控制的，而账户上的钱则是通过银行的一位经理娜塔莎·卡加洛夫斯基手下的一个部门处理的。她的丈夫康斯坦丁·卡加洛夫斯基是一位资深的经济改革者，而且还担任着俄罗斯常驻国际货币基金组织代表。

20 世纪最后一年，也就是 1999 年，俄罗斯发生了一桩骇人听闻的"洗钱案"，不仅涉及金额巨大，而且这次"洗钱案"牵扯到了许多国家高级官员以及大公司和大银行的高层人士，此案件一经曝光，震惊了世界。美国得到这一

消息之后，立即组织司法部门和财政部门对此案件进行立案侦查，最终确认，确实有数百亿美元已经通过纽约银行的账户成功"洗钱"。

"洗钱"是通过一些错综复杂的关系，并依托一些公司转手办理，如果想要追根溯源的话，甚至可以追溯到俄罗斯领导的最上层。

俄罗斯政府第一副总理兼财政部长丘拜斯等 5 名政府高官，他们一直以推行私有化而名声在外，其中有三人先后担任了国有资产管理委员会的主席，而丘拜斯本人，则被称为"私有化之父"。在这期间，他被外界爆出了"高稿酬"的丑闻。

他们 5 个人一起写了一本书，书的名字叫做《俄罗斯私有化史》。此书所赚取的稿费高达 45 万美元，平分后每人 9 万美元。该书的印张有 9 个，每行字的价值达到了 72 美元，它的价值甚至超过了诺贝尔奖金。这时，有人不禁要问，为何出版者要付出如此高的稿酬呢？原来，这本书的背后隐藏着一笔国有企业股份拍卖的暗地交易。俄罗斯国有电信公司、诺丽里斯克镍业公司在拍卖自己的股份时，奥涅克西姆银行会在这个过程中参加竞拍，而该银行的行长，与丘拜斯的关系很密切。于是，通过抬高稿酬的办法，一举赢得了上述两个公司的股份拍卖。这一丑闻一经披露，全国民众一片哗然。

可以说，俄罗斯的腐败风气简直是愈演愈烈，初任总统的普京究竟有没有能力刹住这种歪风邪气呢？恐怕在当时的俄罗斯，几乎没有几个人能够对这个问题做出一个确切的回答。

但是，就有一个人相信，俄罗斯的这种歪风邪气即将被刹住，这个人不是别人，正是普京自己。

3. 库尔斯克号潜艇的悲鸣

由于经济体制改革的失误，轰轰烈烈的苏联社会主义惨遭失败，国家武装力量的战斗能力也由此大幅下降。普京上台之后，决心建立起一个强大的现代化武装力量，以重振军威，让俄罗斯再一次强大起来。为此，普京着力加强俄罗斯的海军建设。2000 年 7 月，普京在公开演说中表示，如果俄罗斯"想在世界新秩序中扮演更重要的角色"，必须具有重新建立国家舰队的实力。同时，普京还在波罗的海的波罗的斯克港口举行了一年一度的盛大阅兵仪式。

不久，俄罗斯海军总司令弗拉基米尔·库罗耶多夫宣布："为了充分鼓舞俄罗斯海军的气势，俄罗斯军方将派遣'库兹涅佐夫海军元帅'号航母以及另外几艘战舰、核潜艇，前往地中海区域进行战略部署和军事演习。"此次军事演习，是自苏联解体以来，俄罗斯首次进行的大规模海上军事行动。每个人都在预料，事情的开端一定是美好的，而且是富有宏伟蓝图的。然而，就在这美好的期望之下，不该发生的悲剧还是发生了。

2000 年 8 月 12 日下午 3 时左右，在此次任务中担任水下演习指挥艇，装备精良的俄罗斯核潜艇"库尔斯克"号在北冰洋水域巴伦支海发现了"敌情"，随即下潜，准备对"目标"进行攻击。下午 3 时至 6 时，俄罗斯北方舰队司令长官维亚切斯拉夫·波波夫海军上将，接到舰长根纳季·利亚钦关于发现"敌军目标"，并准备发起进攻的报告，波波夫立即同意了利亚钦的请求。然而，正在"库尔斯克号"核潜艇人员准备发射鱼雷时，易燃物质过氧化氢一下子从鱼雷的一个微小裂缝中泄露了出来，鱼雷装置瞬间发生了爆炸，一时间潜艇隔舱中的温度达到了 3000 摄氏度。第一次爆炸刚刚结束，两分钟后，潜艇内的其他鱼雷也被高温引爆，"库尔斯克"号核潜艇就这样不幸沉没了。

"库尔斯克"号是俄罗斯海军现在服役的第四代核潜艇，能够在水深300~600 米的深海中连续执行任务 120 天，是目前俄罗斯最新式，也是最高性能的核潜艇之一。它的排水量可以达到 13900 吨，长度 154 米，通过两个核反应堆提供动力，潜水时的最高航速可以达到 28 节，浮出水面的航速也有 15节。"库尔斯克"号可以同时发射 24 枚巡航导弹，而这些巡航导弹被北约称为"沉船导弹"。每枚导弹的重量为 7 吨，射程超过 500 公里，其威慑力足以把一艘航母以及航母所伴随的十艘护航舰直接击沉。因而该核潜艇在军事上被誉为"航母的终结者"。

8 月 12 日晚或者是 13 日早晨，临近的舰只以及潜艇隐隐约约听到从"库

尔斯克"号潜艇上传来的爆炸声，所有人都没有注意，只是以为"库尔斯克"号在发射鱼雷。

8月13日11时至16时，深水营救装置"警钟"号微型潜艇，突然发现"库尔斯克"号潜艇已经沉入了海底，并且接收到了潜艇之内敲击艇壁的信号。"警钟"号潜艇接到这些消息之后，立即浮出水面，向波波夫报告了所勘测到的这些结果。勘测结果发现，"库尔斯克"号发射报警求救信号的装置遭到了严重的损毁。一个小时之后，负责潜艇设计的人员紧急赶到了事发地点。18时至第二天0时，海军总司令库罗耶多夫做出了初步判定：核潜艇进水舱极有可能发生了人员伤亡，由于舱体进水，潜艇已经不能自行浮出水面了。他立即下达命令，要尽一切可能，抢救潜艇所有的人员。

8月14日8时至11时，库罗耶多夫向普京汇报了这一消息。当时，普京正在黑海度假，第一次以国家总统的身份面对这一突发事件，普京还是显得有些手足无措。他没有结束自己在索契的度假，只是对俄罗斯民众说明了事件的相关经过。随后，普京就遭到了各方面不同程度的批评和议论。

潜艇的内部是由可以相互隔绝的密封舱构成，所以通常情况下，在事故发生之时很少有人员的伤亡，潜艇里的人员可以把自己所在的舰艇进行密封，然后坐等外面的救援。一般情况下，核动力潜艇每次出海执行任务时，可以连续在水下维持6个月的时间，并且可以依靠自身的设备自己制造氧气。可是，当时的"库尔斯克"号的动力已经熄火，他们只能依靠储备的氧气维持生命，潜艇内所储备的氧气主要是液态氧和再生药板造氧。这些氧气可以维持2~3个星期。

8月15日，俄罗斯政府成立了事故调查委员会，该委员会主要由副总理伊里亚·克列巴诺夫、海军总司令库罗耶多夫负责。当天，北方舰队司令波波夫亲自前往事发地点指挥营救工作。在海难发生的区域，已经有20多艘事故救援船只和水面战舰，以及若干潜艇排开营救阵势。一些曾经参与设计和建造的科研人员也急匆匆地从圣彼得堡赶了过来，这时，水下的救援人员也已经做好了救援之前的所有准备。

但是，天公似乎并不配合此次救援工作的展开，就在救援工作刚刚开始不久，海上突然刮起了强烈风暴，瞬间海浪就达到了3米多高，许多参加救援工作的船只被折断了锚。尽管面对如此恶劣的救援环境，救援人员依旧认真执行救援命令。但是，由于当时的风浪太大，救援人员根本无法完成与"库尔斯克"号潜艇紧急救生舱口的对接，他们之前所有的努力瞬间化作了泡影。

其实普京一直在认真关注救援工作的进展，但因为此次演习涉及军事秘密，所以不适合发表公开演讲。8月16日，普京再也坐不住了，首次针对核潜艇被困一事公开表明了自己的态度。普京承认："目前，'库尔斯克'号潜艇的处境非常危险，为了成功解救那些被困的船员，我们已经做出了很大努力。"同时，普京还许诺，一定要把"库尔斯克"号打捞出来。

由于援救工作的艰巨，普京不得不请求支援。"库尔斯克"号是俄罗斯海军新型主力战略的核潜艇，涉及俄罗斯海军最核心的机密，假如俄罗斯对外，也就是向北约寻求帮助，就等于将自己的国家机密向潜在的对手泄露了。尽管与北约"冷战敌对"的状态已经解除，尽管"人命关天"，但是，如果站在军人的尊严和国家安全的角度进行思考，这无疑是一种"最痛苦的抉择"。

8月17日，英国LR5救援潜艇，以及挪威的救援人员分别乘船赶往了巴伦支海，经过两天两夜的航行，英国救援潜艇LR5和挪威的救援人员，赶到了指定海域。

8月21日，挪威潜水人员经过艰难的努力，终于成功地打开了"库尔斯克"号核潜艇应急舱的内外两个封闭舱门。人们最为担心的情况还是发生了，潜水员实在不敢相信他们眼前的一幕，潜水艇的隔离舱里早已充满了水，被困在其中的118名船员无一幸免，全部遇难，抢救"库尔斯克"号的任务也就这样结束了。之后挪威方面继续帮助俄罗斯打捞遇难者的遗体。

4.虔诚的道歉与反思

"库尔斯克"号沉没以及所有船员遇难的消息公布以后，俄罗斯民众表示，他们对政府的信任程度有所降低。对此，普京选择了积极面对的态度，并着手

解决接下来的问题。

2000 年 8 月 22 日清晨，普京和随行人员来到了"库尔斯克"号舰长根纳季·利亚钦的家中，对他的妻子利亚钦娜表示了慰问，就在那间破破烂烂的房屋里，普京与利亚钦娜进行了长达一个小时的交谈。

普京握着利亚钦娜的手，眼含着热泪，说道："根纳季·利亚钦是俄罗斯联邦的大英雄，所有俄罗斯民众都会记住他的……同时，你还要化悲痛为力量，并且把你们的孩子照顾好。想不到，俄罗斯国家的英雄居然居住在这么简陋的房子里，如果你有什么困难，一定要对我们提出来，政府会帮助你解决困难的。"

利亚钦娜泣不成声地对普京说道："根纳季·利亚钦是为国捐躯的，虽然我们一家人非常痛苦，但是我们同样为他感到光荣和自豪。谢谢总统的关照，我们会想尽一切办法克服困难的。"

随后，普京一行又来到了"军官之家"。得知普京总统要来，所有的遇难者家属都赶了过来。仅仅有 650 个座位的"军官之家"大厅，一时间涌进了1000 多人，普京亲切地和那些遇难家属交谈，并耐心地回答着他们所提出来的问题。

在所有遇难家属的哭声中，普京看起来并不像是一个总统，而是一个感同身受的普通民众。普京十分悲伤地对他们说："首先，我对所有遇难家属表示最衷心的慰问，那些牺牲的艇员们都是俄罗斯联邦的英雄，作为总统，我为他们的义举感到骄傲和自豪。虽然他们牺牲了，但是他们的英雄气概，永远活在我们每个人的心中。"普京又接着说："我并没有意识到，舰艇居然处在如此可怕的情况之下。这是一场巨大的灾难，国家会想尽一切办法处理善后事宜，所有牺牲的船员家属，所提出来的要求，政府一定会尽量满足，我代表国家和个人再一次对你们表示慰问和致敬，因为父母为这个国家培养了英雄的儿子，妻子拥有了英雄的丈夫，孩子拥有了英雄的父亲。他们虽然牺牲了，但是他们的灵魂一直与我们同在，他们的精神将会得到永生。"

8 月 23 日，普京接受了俄罗斯电视台的独家专访，回答了 10 天以来令整个社会躁动不安的所有问题。普京在谈话中承担了事故的所有责任，他说：

"尽管我坐上总统的位置仅有 100 多天，但我还是应当对这次事故负全部责任，我承认我是有过失的。我是与军队同在、舰队同在，人民同在的。我们有责任振兴起国家的军队和舰队，还要让我们整个国家和民族富强起来。"稍稍停顿之后，普京用坚定的语气对全国的观众说道："俄罗斯永远拥有未来，对此，我始终深信不疑。"

通过普京的举动，我们不难看出，普京是当之无愧的政坛高手。实际上，"库尔斯克"号沉没之后，普京所做的任何解释都是徒劳的，只能是越抹越黑。全国人民把这件事所有的过错都归结在了普京身上，所以，聪明睿智的普京明白不如主动把所有的过错都揽过来，先把后事处理好，等大家都冷静下来时，就会发现错怪了普京，从而会更加支持他。

2001 年 7 月 18 日，正式打捞"库尔斯克"号核潜艇的工作展开了。有的人不禁要问，为什么俄罗斯要强忍着悲痛，花费时间和金钱打捞这个庞然大物呢？普京表示，俄罗斯之所以会打捞"库尔斯克"号核潜艇，主要是出于军事层面和保护海洋生态环境的考虑。同时，这也是对遇难的官兵家属应尽的一项义务。"库尔斯克"号沉没之后，当时只有 12 名遇难者的遗体被打捞了上来。俄罗斯政府为他们举行了十分隆重的遗体安葬仪式，部分民众的情绪稍微得到了稳定。现在，把舰艇上其他 106 名官兵的遗体打捞上来，并进行安葬，是对其他死难者家属最大的安慰，也是对全体民众的安慰。

此次的打捞行动是俄罗斯潜水人员与挪威潜水人员联合展开的。俄罗斯潜水人员于 7 月 25 日首次进入已经沉入北冰洋海底的核潜艇，并发现了 4 名遇难者的遗体。7 月 26 日上午，首具遗体的身份被确认出来。打捞者们在死者的身上发现了一张字条，该字条记录，当时潜艇内部至少有 23 名船员没有死亡。一直到 10 月 8 日，"巨人" 4 号大型驳船从巴伦支海底将"库尔斯克"号核潜艇打捞了出来，并停泊在了位于科拉湾畔罗斯利亚科沃镇的船坞中。同年 12 月，北方舰队司令波波夫，以及参谋长米哈伊尔·莫察克中将被解职，派到了别处。

"库尔斯克"号事件由此画上了句号，但是对俄罗斯政府和普京本人的影响是十分巨大的。

第一，俄罗斯核潜艇沉没事件沉重地打击了普京，让他一心希望重振海军的夙愿受到重挫。第二，"库尔斯克"号的沉没充分暴露出了俄罗斯军方存在的一系列问题，让普京认清了俄军的现实情况。第三，此次事件再一次提醒普京，想要重振军事，必须以强有力的经济作为依托。由于缺乏军费，在 10 多年间，俄罗斯核潜艇的数目较之以往已经减少了三分之一。根据俄罗斯军方的高层透露，用于维修军舰的资金只有所需数额的 10%。此外，一些海军军官还指出，俄罗斯不少海军舰艇从没有进行过定期的检修，大多数人对舰艇是否能够安全航行存在着质疑。至于其他的原因还包括，俄罗斯缺少兵源，士兵在训练的过程中也没有任何的积极性，军官无法按期拿到工资，躲避服兵役，以及军队内部时常发生军官欺负士兵事件等丑闻，让俄罗斯军队的形象大大受损。最后，俄罗斯在此之前，每年的军费开支仅仅有 50 亿美元，与美国的 2800 亿美元相比较的话，实在是少得可怜！

5. 又一个"八·一九"事件

在普京正式出任总统之后，俄罗斯内忧外患不断，并且发生了数起军事事件。在普京执政的第三年，也就是 2002 年，俄罗斯发生了两起坠机事件，这使得普京的执政能力面临着严峻考验。

2002 年 8 月 19 日，位于俄罗斯车臣共和国首府地区的坎卡拉军事基地中，两名正在执勤的士兵像往常一样在直升机场边执勤，突然听到一阵十分刺耳的直升机的轰鸣声，声音由远及近。随后，"米－26"直升机庞大的身影出现在士兵们的眼前。但不知出于什么原因，这个充满神秘的大家伙突然像一只折断翅膀的大鸟一样，径直冲向坎卡拉雷区。

俄罗斯军队的指挥所就设立在坎卡拉军事基地，如俄联邦武装部队司令部、特警部队司令部等等。因此，此地的防卫一直都处于高度紧张状态。这里不仅有全副武装的士兵，还有擅长追踪的军犬以及十分先进的侦查设备。除此之外，基地四周，在那些密密麻麻的灌木丛和蒿草之中，已经被士兵们提前布置成了不可逾越的生命禁区——雷区。整个雷区纵深达到 8 千米，在这个说大不大说小不小的区域内，埋藏了近万枚地雷，有反单兵地雷、饵雷、绊雷等等，毫不夸张地说，哪怕是一只苍蝇，都休想从这片雷区飞过。

此时，基地的救援人员只能痛苦地看着自己的战友在满地残骸的雷区之内拼命呼救，他们却束手无策，虽然近在咫尺，但他们依然没有办法赶往事发区域营救自己的战友。因为他们不清楚具体的埋雷位置，再加上事故现场浓烟滚滚，能见度极低，所以没有任何人敢直接闯入这布满地雷的生命禁区。

正在战地人员束手无策时，基地的工兵以及从事弹药研究的专家及时出现在事发现场，并以最快的速度清理出来一条安全通道。如此一来，原地待命的救援人员才有机会将那些幸免于难的战友从依然处在燃烧之中的残骸中救了出来，并及时将他们送往军队的从属医院进行抢救和治疗。同时，基地司令部还从医院中抽调大量军医赶往事发现场，进行现场救援，对一些受伤较重的士兵采取急救措施。

事后，俄罗斯众多新闻媒体纷纷报道，此次空难是俄军空军自建立起到现在最为严重的一次。这次空难前后造成 114 人死亡，生还的仅有 33 人。

这架"米－26"重型直升机是从印古什共和国军事基地起飞到别处执行任务的。当天天气非常好，晴空万里，能见度非常高，也没有任何降落障碍。而且，"米－26"直升机在当时属于世界一流直升机行列，被其他国家称为"光环"号直升机。

"米－26"直升机的旋翼由 8 片矩形桨叶组成，尾桨也有 5 片桨叶，起落架也属于当时直升机行列中最先进的。它总共拥有两台动力装置，使用的是D－136 涡轮发动机，这款发动机是由乌克兰扎波罗热"进步"机器制造局设计研发的，功率非常大。其最大的飞行速度为每小时 295 千米，在通常情况下，它的巡航速度也可以达到 255 千米每小时，它最高可以飞升到 4600 米，可以在 1000~1800 米的高空进行悬停，单次航行距离达到了 800 千米。"米－26"直升机在不进行负载的情况下，机身重量为 28.2 吨，而最大起飞重量可以提高一倍，达到了惊人的 56 吨，这款直升机可以一次性运送 20 吨货物或者近百名

全副武装的士兵。

那么，如此大的空中"巨无霸"怎么会在万里晴空的情况下突然坠毁呢？

俄罗斯联邦国防部发言人尼古拉·杰里亚宾发表了这样的声明，他说："事件发生时，'米－26'的驾驶员报告说，直升机上的一个引擎突然着火，并请求降落，而在迫降的过程中，直升机不慎跌入雷区，才酿成了这次空前的空中灾难。"

普京在最短的时间内就得到了这一消息的报告，他立即通知有关部门，一定要随时向他报告此次事件的最新情况。此外，普京还表示，联邦政府将尽快成立一个调查委员会，并以最快的速度赶往车臣，对这起灾难彻查到底，给俄罗斯人民一个满意的答复。

车臣非法武装恐怖分子听到这个消息简直是高兴极了，并对外界宣称，他们正是这次空难的制造者。随后，他们还在网上贴出了一张直升飞机起火的照片，同时还附上了文字说明："依靠'针'式地空导弹的威能，我们竟然成功击落了一架'米－26'重型直升机。此次行动，绝对是反抗'占领军'的一次辉煌胜利。"他们还在网站上形象地宣布，执行此次任务的是一个名叫"猎杀伏击小组"的队伍，这个组织一直在格罗兹尼附近侦查俄军飞行任务的一举一动，等摸清俄方的飞行规律之后，他们才找准时机进入了坎卡拉军事基地的雷区密林，等满载俄罗斯情报官兵的重型直升机准备降落时，他们即刻发射了一枚"针"式地空导弹，一举击中了目标。

随后，普京通过俄罗斯媒体强烈谴责了车臣武装分子的这种极端行为，并宣布"米－26"直升机事发后的第三天，也就是8月22日为俄罗斯哀悼日，每年的这个时候，俄罗斯都要举国哀悼"八·一九"事件的遇难者。

同时，普京直接与国防部长伊万诺夫进行了面谈，并要求对方将当时的情况进行详细汇报，同时对这起事件展开详细且深入的调查。俄罗斯的众多媒体都对两人的谈话做了专项报道。当天伊万诺夫对普京的汇报比以往任何时间都要长。

在这次谈话中，普京表情十分沉重，他严厉质问国防部长："国防部已经明令禁止使用'米－26'重型直升机运送士兵，但为什么还会出现这种情况？"

这次事件发生后，车臣武装分子并没有顾忌普京政府的严厉警告，并于 8 月 31 日，再次通过地面炮火击毁俄军方的一架"米－24"鳄鱼式武装直升机，导致直升机上的数名士兵直接丧命。随后，车臣武装分子直接发表声明，承认这起飞机坠落事件是他们所为。

被击落飞机的事件再次发生，让普京下定决心打击车臣武装分子。在这起坠机事件发生后不久，普京就下令对车臣武装分子展开了军事行动，直接击毙了 50 多名车臣武装分子。

6. 不遗余力地打击政敌

1996 年 8 月，普京受朋友邀请前往莫斯科谋求出路，随后他得到了总统事务局副局长的职位，并从此开始了顺畅的仕途之路。

1999 年，普京被叶利钦任命为联邦安全局局长，真正进入了权力核心。普京掌控之下的联邦安全局是打击政敌的主要力量，同时也负责维持社会和政府机构的稳定。2000 年 1 月，普京就任俄罗斯代总统一职后，告诫身边的政客："以前，我们都认为自己在政治上没有敌人，最后我们为此付出了沉重代价！"普京的很多同僚都认同他的观点："国外势力，通常都是通过国内持不同政见的势力，来制造混乱，削弱我国的整体实力。"

由于普京刚刚接手国家最高权力，因此他首先要做的就是恢复国家经济局势的正常运行，并巩固俄罗斯在国际上的政治地位，降低其他势力在国内的影响力，其中最主要的就是清除政敌们的影响力。这项工作是普京在联邦安全局同僚们的帮助下完成的。

屡屡跟普京政府对抗的两大寡头别列佐夫斯基和古辛斯基都被普京赶出了俄罗斯，他们名下的多项产业均被收归国有。而在俄罗斯一手遮天的另一寡头霍多尔科夫斯基比较顽固，他不顾俄罗斯政府的一再警告，依然我行我素地与

普京政府作对，并且拒绝离开俄罗斯。最后，俄罗斯当局将其逮捕，霍多尔科夫斯基被判刑入狱。

为了巩固自己的政治地位，普京采取各种方式大力打击自己的政敌，比如，他亲自任命众多具备一定自主权力的特使，清除那些"不守规矩"的地方官员，让他们直接失去了灰色收入以及一些无形权力。

在普京看来，那些讨好西方国家的人和反对自己政治意向的人是国家的敌人。因此，普京对这些人从不手软，而且联邦安全局也从未向任何敌人妥协过。持有自由思想、受到西方国家赞助并认为西方价值的利远大于弊的团体组织或个人，被普京列入了国家敌人的行列。

由国际象棋大师卡斯帕罗夫领导的联合公民阵线组织就是普京政府的反对党之一。卡斯帕罗夫曾经和超级计算机"深蓝"进行了国际象棋对战，因此名噪一时。20世纪90年代，卡斯帕罗夫开始涉足政治领域，积极地参与一些政治运动。随后，他建立起了一个名为"另一个俄罗斯"的反对党派；2006年到2009年，他们在俄罗斯的多个城市举行游行活动，但基本上全部被政府当局镇压了。政府当局对他们的游行示威活动感到恐惧，认为他们的这种行为很有可能会发展成为"颜色革命"，也就是和平抗议运动。要知道，这种"颜色革命"曾经推翻了多个国家的合法政府，比如乌克兰、格鲁吉亚等等。政府当局认为，这些抗议活动必然离不开西方国家的支持。

而卡斯帕罗夫在仅仅只有几千名支持者的情况下，就直接以对抗俄罗斯政府的反对党领袖的形象出现在了西方媒体上，他不停地接受各大媒体的采访，并在诸多知名报纸发表相关文章。在俄罗斯联邦安全局看来，卡斯帕罗夫的行为以及言论成为了不可饶恕的罪行。普京认为，卡斯帕罗夫终究会被西方国家利用，来推翻俄罗斯的政权。

普京一直在头疼如何应对及处理卡斯帕罗夫和"另一个俄罗斯"党。这时，联邦安全局便发挥出了至关重要的作用。其在"另一个俄罗斯"党内安插了诸多眼线，负责搜集卡斯帕罗夫的诸多罪证。在证据确凿之后，政府当局命令联邦安全局逮捕卡斯帕罗夫，并以影响公共秩序的罪名对其进行了相应处罚。随后，在律师帮助下，卡斯帕罗夫被无罪开释。但是没过多久，他再次组织反政府游行，于是再次被联邦安全局逮捕。

对此，"另一个俄罗斯"党内人士表示："我坚信，在我们组织中不会出现叛徒，我们的成员不会将组织内的机密泄露出去，除非有联邦安全局的特工混进来，由他们将组织内的机密提供给联邦安全局。"

俄罗斯的法律没有赋予联邦安全局这种权力，但在联邦安全局看来，他们执行的是防止国家分裂的任务，必要时可以采取任何手段。普京对他们的工作非常赞同，并作出了这样的评价："他们都是愤世嫉俗的热血青年，在他们眼中，个人和国家的命运是紧密相连的。"虽然联邦安全局的行为在很多情况下并不合法，但他们忠诚于自己的上司，忠诚于自己的祖国，忠诚于自己的人民。

叶利钦时代，俄罗斯政局动荡，经济混乱，人民的生活得不到有效保障，俄罗斯在国际上的地位更是直线下降，俄罗斯人民期望出现一位具有强硬政治手腕的领袖，领导俄罗斯取得突破性的发展和进步，让俄罗斯重新屹立在世界之巅。

普京的出现正好满足了俄罗斯人民的这一愿望，他顺应时代的浪潮，又经过竞选智囊团的精心打造和包装，以一种无所不能的硬汉形象征服了叶利钦，征服了俄罗斯的大多数人，同时也征服了一个时代。

在这动乱的时代，勇者生存，弱者面临的只能是淘汰。普京为了让俄罗斯获得更好的发展，努力维持自己的硬汉形象，不辞辛苦地练习柔道，不遗余力地打击持不同政见者，在应对一系列国家和国际问题时，也是态度极其强硬，决不妥协。正是这种形象让普京赢得了俄罗斯千千万万选民的支持，而普京所做的一切努力也没有白费，他让俄罗斯在国际上的地位得到了迅猛提升。

Chapter 7

铁血新总统：

给叛乱势力带来噩梦

为了确保国家安全，普京铁血镇压叛乱势力，坚决执行反恐政策，积极地与恐怖分子对抗到底，绝不与之妥协。为了更出色地完成反恐任务，普京还制定出了一系列反恐新举措，试图通过这些措施，多管齐下，在俄罗斯境内和境外展开对恐怖势力的清除行动。

叛乱和恐怖事件均威胁着国家安全，很有可能会给国家带来分裂危机。因此，任何国家都不会放任叛乱势力和恐怖势力在国内发展下去。普京也是如此，他采取强有力的手段，与恐怖势力在多方位展开殊死搏斗。可以说，为了保证俄罗斯的长期稳定与俄罗斯人民的人身安全，普京不惜任何代价地与恐怖分子作斗争，利用身边所有的力量打击恐怖势力，减少对方在俄罗斯的恐怖活动。

在维护国家安全和民族大义的问题上，普京坚守原则，绝不手软。恐怖袭击愈演愈烈，但这些都没有将其吓倒，而是更加坚定了他的反恐决心。他向恐怖势力连出重拳，誓与对方血战到底。

1. 与车臣武装分子的再次对抗

面对车臣武装分子的不断挑衅，普京毅然发出了"绝不与恐怖分子做交易，将反恐进行到底"的呼声。他以这种铁腕手段宣布自己的决定，让俄罗斯人民感受到了国家领导人与恐怖分子坚决的斗争之心，同时也让整个俄罗斯民族感受到了他执着的精神以及爱国热情。

普京的这种爱国热情深深地感染了俄罗斯的每一个人，尤其是军队的士兵，他们逐渐将决不妥协、永不放弃、为国为民的精神作为自己矢志不渝的坚守。在 2000 年发生的车臣事件中，这种爱国情结得到了最好的诠释。

2000 年 3 月，在车臣武装分子聚集的乌鲁斯克尔特地区，为了阻止车臣叛匪突围，近百名俄罗斯士兵与 2000 多名车臣武装分子展开激战。这场战斗历时三天三夜，不到百名的俄罗斯士兵为了完成任务死战不退，直到打完最后一颗子弹。

这场战斗的具体经过是这样的：

2000 年 2 月 28 日，俄罗斯政府得到可靠消息，由车臣武装分子的头目之一哈塔布带领的 2000 多名车臣武装分子在乌鲁斯克尔特地区重新集结，并且准备在此冲破俄军包围，前往达吉斯坦作战。俄军司令部对车臣武装分子的突围路线做了详细分析，得出结论：这一股车臣武装分子必然会从乌鲁斯克尔特附近的一处峡谷处突围。于是，在此地提前布置了军事防御，空降了一个 90 人的加强连，并下达了死命令，这支连队必须在规定时间内守住阵地，不放任何一名车臣武装分子过去。

2月29日上午，这支俄军连队占领了乌鲁斯克尔特附近的两处制高点，截断了车臣武装分子的退路。随后，车臣武装头目哈塔布利用1500多人的兵力对俄军加强连镇守的阵地发起了攻击。这支连队在面对人数多于自己数十倍的敌人时毫不畏惧，依靠地势以及手中先进的火力配给，与对方展开了殊死搏斗。战况异常惨烈，一经交战，双方就出现了巨大伤亡。仅29日当天，俄军加强连就有31人为国捐躯。

第二天，在哈塔布的命令下，车臣武装分子再次对俄军阵地发起了冲锋，经过激战，再次被俄军击退，但俄军也付出了26名士兵的生命。

第三天，也就是3月2日，经过两天的激战，坚守阵地的俄军仅剩下33人，并且个个身上带伤。车臣武装头目哈塔布看到这种情况，企图诱降"负隅顽抗"的俄军士兵，但直接被俄军拒绝。于是，车臣武装分子恼羞成怒，发起了远超前两次的猛烈冲击。俄军再次与对方激烈交火。

直至战斗结束，俄军士兵依然没有让对方任何一人从他们的阵地上突围出去。但是，为了阻止车臣武装分子的突围，俄军的这支加强连付出的代价也是十分沉重的。等到援军到来时，这支连队仅剩6人，并且都是身负重伤。其中，俄军连队的所有军官全部阵亡，包括此次战斗的指挥官叶夫秋欣中校。

俄军的反恐行动已经展开多年，而此次战斗却是俄军在反恐战斗中伤亡最严重的一次。

俄罗斯众多媒体对这次战斗进行了相关报道。此次战斗，这支连队为俄军士兵打出了威风，他们每一个人表现得都十分英勇，为了完成任务，所有人都将自己的生死置之度外。其中，一名叫罗曼诺夫的指挥官在受伤之后，依然坚持指挥，但不幸的是，随后他又被流弹炸断了双腿，可是他仅仅用布条将自己的断腿缠绕几下，忍着剧痛再次投入战斗，一直坚持到生命的最后一刻。另外，有一名叫弗拉德金的士兵在战斗过程中被车臣武装分子包围。于是对方将全部怒火都放在了他的身上，将其毒打一顿。车臣武装分子以为他死了，便直接将其随意扔在了路边。但让人意想不到的是，弗拉德金很快便恢复了意识，起身之后，他直接拿起自己的机枪，不顾自己的伤势，硬是从后面追上了敌人，直接将敌方的几名车臣武装分子打死，救下了两名因受伤被俘的战友。

战斗结束后，弗拉德金以战斗英雄的形象站在了授勋台上，接受了普京颁发的"俄罗斯英雄"勋章。

通过这次激战，俄军总共消灭了车臣武装分子400多名，为俄军主力包围这伙车臣叛匪赢得了充裕的时间。随后，俄军军方高层在接受记者采访时说："如果这股车臣叛匪从乌鲁斯克尔特成功突围出去，那么俄军主力将会陷入被动局面，最后很可能会失去对这股叛匪的控制，车臣这个地区的局势也会变得更加复杂。"

这次战斗，俄军士兵所取得的战绩无疑是十分辉煌的，但最让人瞩目的不止是这些，而是在战斗过程中，俄军士兵捍卫国家不畏死亡的英雄本色。同时，通过这次战斗，车臣武装分子带来的血腥和残酷也让俄罗斯人民有了更加直观的感受，让他们深深地体会到了恐怖分子的恐怖之处。

这次英勇的战斗事迹被相关人士写进了报告文学《连队消失在天际》，随后又被拍成了电影《风暴之门》，一经播出便受到了全世界军人的一致注目，并在军界引起一场空前的"英雄热"。

电影《风暴之门》设计的主题让人记忆犹新："当风暴来临之时，部队的任务就是将其遏制在门外！"

2000年3月，整个俄罗斯大地都被白雪所覆盖，虽然天气异常寒冷，但是俄罗斯人民却没有心情安坐在家中，他们都在流泪，为那些逝去的勇士默默祈祷。

3月14日，这支俄军连队的驻地——普斯科夫市市政府宣布："今后，每年的这个时候，都是本市的追悼日，为那些逝去的勇士祈祷，以告慰他们的英灵。"

随后，普京在电视中发表讲话："逝去的勇士们，你们是整个俄罗斯民族的英雄！所有的俄罗斯人民都为拥有你们这样的战士而感到骄傲和自豪！愿你们的英灵与俄罗斯民族同在……"不久，普京亲自批示将在此战中英勇殉国的指挥官叶夫秋欣中校的同胞弟弟，在俄罗斯北海战队服役的伊戈尔·叶夫秋欣少校调入空降兵陆战队，同时授权对方主持重建那支"消失在天际"的英雄连队。

2. 绝不与恐怖分子做交易

车臣地区的战事结束后，车臣武装分子的恐怖袭击活动还一直在进行着，而且都是拿"亲俄"的当地居民开刀，利用极为血腥和残酷的手段对付他们。

2002 年 11 月 10 日，俄罗斯—欧盟峰会在布鲁塞尔正式举行，会上，西方记者很不礼貌地问到了"车臣反抗与人权"问题，普京强硬回击："如果你想加入恐怖分子的团伙组织，那么我会请你来莫斯科做个简单的包皮手术，因为我们的专家十分擅长做这项工作，必然可以成功解决你所遇到的问题。"此后，"割包皮"成为普京强势反恐的经典代名词，也成为他对西方所作所为做出的激烈回音。

接连不断的恐怖袭击表明，尽管车臣境内的战事已经基本结束，但反恐斗争还将继续上演。

2002 年 12 月 27 日，车臣武装分子制造的"人体炸弹"在格罗兹尼市政府大楼引爆，此次事件直接导致 80 余人殒命。

2003 年 3 月 1 日，车臣组成的临时政府领导人卡德罗夫在前往政府办公的路上遭遇车臣武装分子的袭击，随行的护卫人员在战斗中死亡 7 人，车臣叛匪中也有 1 人丧生。

2003 年 4 月 17 日，时任自由俄罗斯党主席的谢尔盖·尤申科夫在回家的途中遭到恐怖分子袭击，不幸遇难。这是近年来，第二位自由俄罗斯党的领袖人物遭到刺杀。2002 年，该党的前任主席戈洛夫廖夫也在回家途中遇刺身亡。那天傍晚，尤申科夫完成自己的工作，乘车回家。但当他刚刚下车，正准备走入自己家中时，一名手持装有消音器手枪的恐怖分子突然出现，对着尤申科夫一阵乱射，在他倒地之后，恐怖分子弃枪逃跑。尤申科夫的司机在感觉到异常之后立即下车，却发现尤申科夫浑身鲜血，身上多处中弹。于是司机立即向最近的医院求救，但救护人员还没赶到，尤申科夫就已经因伤势过重，不治身亡了。

2003 年 5 月 9 日，车臣政府正在筹备阅兵仪式，以此来庆祝车臣战争的胜利。但在举行阅兵仪式的体育馆附近发生了一起爆炸事件，有一名警察当场被炸死，两名俄罗斯士兵身受重伤，阅兵活动不得不被取消。

2003 年 5 月 12 日，一处车臣地方政府的办公大楼发生爆炸事件，有 52 人当场死亡，300 余人受伤。这天的上午 10 时左右，一辆满载炸药的卡车直接冲进了纳德捷列其内依地区的政府大院，车上两名自杀性的袭击者引爆了车上将近 1.5 吨的炸药，政府大楼直接被炸塌半边，外面的路面也被炸出一个直径超过 15 米、深度将近 7 米的大坑。

2003 年 5 月 14 日，车臣地区的第二大城市古杰尔梅斯附近的一处村庄发生大爆炸，直接导致 30 余人死亡，150 多人受伤。

5 月 14 日下午，沙斯罕－尤尔特村举行了一场宗教活动。来自车臣地区的将近 15 万穆斯林民众聚集在一起做礼拜，车臣政府的一位领导人卡德罗夫也亲临现场。3 时许，全体参会人员刚刚做完礼拜，突然在人群中响起了爆炸声，很多人应声倒下，现场一片混乱。爆炸声刚刚响起，卡德罗夫的警卫便直接将他扑倒在地上，最终卡德罗夫没有受到任何损伤，他的警卫却重伤不治，当场身亡。随后，在清理现场时，发现总共有 4 名警卫被炸死。

爆炸发生后，不到三个小时，警方便查明了这起事件的真实情况。引发这起爆炸的是一名中年妇女。她伪装成记者来到现场，并携带炸药混到离演讲台很近的地方，趁着大家不注意的时候，便直接引爆了身上的炸药，这名妇女在瞬间被炸成碎片，现场下起一阵血雨。

2003 年 6 月 5 日，车臣地区的一处俄方空军基地，一名身上携带烈性炸药的年轻女子在途经一辆运送数十名俄方航空机械维修师的车辆时，瞬间扑向了汽车的车厢，并引爆了身上的炸药。这起爆炸事件导致俄方当场死亡 15 人，其余人也受到不同程度的伤害。

2003 年 7 月 5 日，"羽翼"摇滚音乐节在莫斯科如期举行，当时现场聚集了将近 3 万名观众，但在音乐节进行到一半时，却在人群中间发生了大爆炸，导致 17 人死亡，将近 40 人受伤。

2004 年 2 月 6 日，莫斯科的一处地铁站发生剧烈爆炸事件。这一天，恐怖分子携带将近 5 公斤的烈性炸药，在地铁启动之后随即引爆。虽然这些炸药总量并不算多，但地铁穿行的隧道是封闭的，这就导致爆炸的威力呈几何式增加，致使爆炸的余波波及到了距离爆炸中心很远的乘客，很多人并没有受到任何外伤却被活活震死。处于爆炸事发点的车厢直接被炸得四分五裂，残肢断体飞散在车厢内外，甚至飞溅到四周的隧道壁上。地铁隧道俨然一副人间地狱的惨相，隧道内浓烟滚滚，哭喊声不绝于耳。事后，据俄罗斯相关部门统计，共有 40 人丧生在此次爆炸事件中，并且还有 100 多人身受重伤，150 多人受到轻伤。

2004 年 9 月，一伙恐怖分子突然出现在北奥塞梯共和国的一所学校内。他们挟持了学校里的学生、老师以及所有的工作人员，并在学校的主体建筑内安装了定时炸弹。随后俄罗斯政府与恐怖分子进行了深入谈判，但最后未达成有效协议。于是，普京命令当地警方强行解救人质，不料，负隅顽抗的恐怖分子在走投无路之下直接引爆了炸弹，学校人员伤亡惨重。据统计，此次爆炸事件，导致 331 人死亡，包括 180 多名学生，受伤者更多，达到了 500 多人。

针对多起恐怖袭击事件，很多人认为，由于普京的强硬态度，才造成了一系列恐怖爆炸案的发生。在一次新闻发布会上，有记者问了这样一个问题："俄罗斯政府考虑过与车臣叛匪进行谈判吗？"

普京有些气愤地反问道："你们考虑过跟本·拉登谈判吗？你们怎么不将拉登请到白宫，坐下来好好谈谈，问清楚对方想要什么，然后满足他的要求，再护送他离开？"

普京接着说："你们认为本·拉登是十恶不赦的魔鬼，不和对方做交易。那么俄罗斯为什么就要跟残害儿童的畜生谈判呢？任何人都没有资格站在道德的制高点说教我们，逼迫我们跟疯狂杀戮的恐怖分子谈判！"

3. 震惊世界的别斯兰人质事件

普京自执政之后展开了一系列反恐行动，并取得了很好的效果，且赢得了俄罗斯人民的交口称赞，但在展开反恐行动时却付出了惨痛代价。

2004 年 9 月 1 日，北奥塞梯共和国别斯兰第一中学遭遇了一场让整个俄罗斯民族血泪交加的恐怖劫持。

按照孩子们的回忆，当时是新学期开学第一天，他们很兴奋，家长们都来参加了这次开学典礼。

校园广播里，不时地传出一首老歌。因为学校总是播放这首歌曲，所以很多数孩子都对它十分熟悉。但在音乐还没有结束时，也就是开学典礼还在进行中，一些学生便发现了异常现象：一伙身穿迷彩服饰的蒙面人快速穿过了学校旁的铁路，并向着校内跑来。他们手里拿着机枪和各种炸弹，起初，学生们以为是某些人的恶作剧，纷纷哈哈大笑。但身处操场的老师和大人们很快发现了情况不对。

这伙人来到操场之后，提着手中的枪支四散开来，迅速占领了操场的各个方位。看到这种阵势，孩子们被吓得哭出声来，请求恐怖分子对他们网开一面。但对方毫无人性地在操场周围架设了数道封锁线，以防止有人趁乱逃脱，然后将全体师生和家长赶到了学校的体育馆中。

尽管人们知道情况不妙，十分惊恐，但也只能顺从，在武力的威胁下，屈服地趴在地上。只有极个别人趁乱逃出了此地，最终逃到了安全地带。不到 15 岁的萨尔就是其中的一员，据他回忆，他的同伴卡兹在即将冲到安全地带的一瞬间停了下来，因为他突然想起他的妹妹还在学校，于是，他又回到操场，与妹妹会合，但最后他和妹妹都没能活着走出校门。

当天，同萨尔一起逃出来的还有几个孩子，其中一个名叫伊万诺维雅的女孩回忆，他们几个孩子在一位女老师的带领下，躲进了学校的锅炉房。而随后在恐怖分子检查学校房屋时，发现了他们，可恐怖分子无论如何也打不开那里的房门，最后恼羞成怒，向锅炉房扔了数枚手榴弹，但手榴弹没有爆炸，所以这些孩子们才幸免于难。

事后，据相关部门透露，当时被恐怖分子劫持的人质超过了 1200 名。而整个别斯兰的总人口才 3 万多，这意味着被挟持的人质里面有这个城市绝大多数人的亲属。

劫持事件发生后，当地警方很快派出警力赶到现场，他们尽自己最大努力解救未被劫匪发现的人，在解救人质的过程中，还与对方展开了激烈交火，并出现了人质伤亡事故。

情况逐步升级，警方和俄罗斯的安全部门对学校的各个进出口进行了严密封锁，劫匪们意识到情况不妙，于是纷纷躲进了学校的建筑物中。之后，俄罗斯政府派出特种部队参与到这次解救人质的行动中，并沿着别斯兰中学周围的制高点布置了狙击手，以应对突发情况。

这时，别斯兰市民也闻讯赶来，他们都随身携带着武器，并各自在手臂上绑着一条红绳，与劫匪区别开来。整个别斯兰市总人口才有 35000 人，赶来救援的人却达到了 5000 余人，可见市民们对劫持事件的重视。

在外面响起枪声的时候，学校内的劫匪将体育馆中的男女分开，让他们各站一边。他们还开枪射杀了几名男老师。随后，他们又在体育馆四周的墙壁下埋设炸弹。同时，在体育馆内的篮球架上架设电线，并在篮球筐上绑上炸弹，平均每隔三米就有一枚炸弹。体育馆的入口处更是多重布置，体育馆内的空地上还放着几只大箱子，里面装的全是炸弹。

9 月 1 日上午 11 时左右，劫匪向外界扔出了一张纸条，上面列出了各项要求：车臣境内的俄军必须全部撤出，释放那些被抓捕的车臣武装分子。他们还要求北奥塞梯总统扎索霍夫、印古什总统贾济科夫以及一名儿科医生赶到现场。

此时的体育馆关押着一千多人，因此十分拥挤，再加上当时的天气特别闷热，所以很多人都感到呼吸变得越来越困难，很多孩子开始脱去外套，以适应这里的高温环境。有些孩子因为流汗过多，导致身体严重缺水，在饥渴难耐的情况下，开始喝自己的尿液，一些孩子甚至吃掉手中的玫瑰花来充饥。劫匪是

一群毫无人性可言的恐怖分子，他们逼迫着孩子们围坐在炸药周围，几名劫匪手里握着引线，并时不时地威胁他们，如果劫匪中有任何人受到伤害，那么就会在孩子们的身上讨回来，并在必要时让他们其中的一些人陪葬。如果外面的士兵胆敢强行闯入，那么劫匪们就会引爆炸药，跟他们同归于尽。

为了保证人质们的安全，俄罗斯政府开始与劫匪展开谈判，同时，研究解救人质的方案。但是谈判过程并不顺利，劫匪们甚至直接射杀了 20 名人质，然后将他们的尸体从沿街的建筑里抛出校外，以此来给俄罗斯政府施压。

中午，经过多次谈判，俄特种部队终于从劫匪手中解救出约有 50 名儿童。

9 月 1 日 13 时左右，普京从度假地索契紧急返回莫斯科，并取消了原定的所有工作计划，直接在机场召开了紧急救援会议。

"政府一定要和平解决此事，保证人质们的安全！千万别引发更大的冲突。"别斯兰市的人民哀声请求政府。面对众多被扣押的人质，尤其是里面还有如此多的儿童，普京感受到了空前的压力，因为一旦事情处理不好，就有可能危机到孩子们的生命，这是他决不能接受的。因此，普京对别斯兰人民做出了庄重承诺，政府会将人质安全放在首位，并将坚持这一条件与劫匪进行谈判。

下午，劫匪再次释放了 15 名儿童，但是他们直接站在沿街的建筑物中向外界进行了喊话，声称：如果他们当中有任何一名武装人员被政府军打死，那么他们就会立即杀掉 50 名儿童陪葬；如果任何一名武装人员被打伤，那么他们将杀掉 20 名儿童泄愤。

9 月 2 日凌晨，在校外参加紧急救援的罗莎莉医生与劫匪进行了通话。当天下午，劫匪接受印古什前任总统奥舍夫的调解，再次有 26 名妇女和儿童被释放出来。当即，现场的官方指挥员表示，绝不会动用武力，强行解救人质。

这 26 名人质重新获得自由，无疑让别斯兰人看到了一丝亲人脱困的希望，但也让人们在选择时面临着更大痛苦。一位妇女在离开体育馆前曾面临着煎熬抉择，她有两个孩子被困体育馆，但劫匪只让她带走一位，并且不能用她来交换另一位的自由。这让她极其痛苦，但又不得不做出选择，最后，她狠心地将自己还不到 15 岁的女儿留在了现场，她的女儿和其他孩子一脸的惊恐绝望，但她只能装作没看到，带着自己 8 岁的儿子留着泪水离开了。有一位名叫卡列尼夫的老人，他找回了自己的女儿，但悬着的心依然没有放下，因为他不到 10 岁的小孙子还被困在体育馆中，迟迟得不到解救。

9 月 3 日，谈判人员与劫匪的联络数次中断。劫匪趁着这个时机，向校外发射了数枚火箭弹，俄警方一名靠近学校的警察被炸成重伤。随后，一名劫匪对外喊话："如果政府军强行解救人质，我们会立即引爆炸弹，将体育馆内的人质全部炸成碎片。"

9 月 3 日下午 1 时左右，经过谈判，劫匪允许政府方面派人到学校收尸。于是，一支紧急救援队进入学校，向外搬运尸体。但是，劫匪绑在篮球架上的炸弹突然掉落在地，引起了爆炸，现场瞬时变得一片混乱。受到惊吓的人质开始四处逃窜，劫匪在发现场面失去控制之后，纷纷向人质开枪扫射，校外包围劫匪的特种部队在听到爆炸声后，当即展开了强攻，开始趁机冲进学校解救人质。

巨大的爆炸声击碎了别斯兰人心中的最后一丝希望，一位老人双眼满含热泪，因为她知道，自己最担心的事情还是发生了。所有留在学校外的孩子家长在听到声响之后，纷纷痛苦地哭喊起来，他们清楚，孩子们的生命已经没有了保障，劫匪必然会大开杀戒。

数百名 3 天没有吃东西的儿童惊恐地尖叫着，但回应他们的只有劫匪从枪中射出的子弹，还有惨烈的爆炸声。瞬间，体育馆的地板上便铺满了别斯兰孩童的尸体，甚至有很多都已经是断体残肢，体育馆四周的墙壁上被鲜血粉刷了一遍，都成了红色。

这时，大量赤身裸体的孩子开始从体育馆向外跑，但大部分人背部中枪后直接倒在了体育馆外被鲜血染红了的草坪上。有一位叫列夫凯拉的孩子成功地逃了出来，可他却失去了妈妈和妹妹。列夫凯拉成为最先成功逃脱的一批人质之一。经历了三天失散的亲人们开始享受灾后重逢的喜悦，但更多的父母承受的只能是无尽的痛苦，看着他们再也睁不开眼睛的孩子，伤痛欲绝的心情可想而知。别斯兰在这一刻有枪声，有爆破声，有重逢的喜悦，也有阴阳两隔的哀恸。

下午2时许，在普京的命令下，俄军的直升机参与了战斗，包围在外的装甲车也开始正面攻进学校。同时，大量的救援队伍从各地纷纷涌向别斯兰，参与到救护工作中来。现场一切可以调用的车辆都被调动起来，载着伤者火速赶往医院。据身处案发现场的人们回忆，由于长时间没有进食，当时很多孩子被抬出来时，他们的身体都已经扁了下去。

随后，普京火速赶到现场，当场下令部队封锁整个北奥塞梯的边界，严防任何与这次劫持人质有关的人员越境逃跑。后来，普京又赶到了别斯兰市最大的医院，亲自慰问了所有受伤人员。并严肃地说道："整个俄罗斯民族都与你们一样悲伤。这次恐怖事件远超以往，这起事件的性质也与以往完全不同，因为这次事件针对的是孩子！"

当天，普京通过电视向全国发表讲话，他说："这起劫持人质事件，是恐怖分子对整个俄罗斯民族的挑战；俄罗斯面临的并不是孤立的恐怖袭击事件，而是国际恐怖主义的威胁。国际反恐经验表明，尽管强硬的手段不足以彻底消灭恐怖事件的发生，但如果我们向恐怖分子妥协只会引发更多的恐怖事件。所以，俄罗斯首先应该做的就是建立完善的安全机制，这样才能在发生恐怖事件时在最短的时间内作出反应，并找到最合适的解决办法。"

据俄罗斯相关部门的数据统计，这起劫持人质事件总共导致331名人质遇难，其中有186名儿童，同时还有700多人受伤。

随后，据一名劫匪供认，此次恐怖事件是车臣恐怖分子中的重要头目巴萨耶夫策划的。

别斯兰人质事件后，俄罗斯人民对普京的支持率降到了其上台以来的最低点。

但从长期反恐战略来看，妥协完全就是饮鸩止渴，只会让恐怖分子变得更猖獗。因此，在此次事件之后，普京强调说，政府根本就没有将武力解决放在预备方案中，之所以会这么做，完全是当时的形势所迫。但不难想象，在当时的情况下，普京的确没有更多的选择。

4. 铁血总统的反恐新举措

一系列恐怖袭击事件彻底激怒了俄罗斯人，更坚定了普京扫除恐怖势力的决心。在别斯兰人质事件之后，普京政府通过强硬的手腕，出台了一系列反恐新举措：

（1）清楚地看清当下的国际形势，坦诚政府在安全方面的失误，贪污腐败将执法机关变得不堪重任，国家安全方面的防务形同虚设，此时，必须建立起相应的反危机管理机制。

（2）采用先发制人的手段，在全世界范围内展开反恐行动，尽全力打击恐怖主义，发布千万美元的悬赏任务——捉拿车臣叛匪的几个主要头目。

（3）立下军令状，要求政府在两星期之内制定出相应的改善机制，提高国家的安全系数，解除国家所面临的危机形势；提出可行性建议，建立有效的处理危机的指挥系统；制定严格的出入境审查机制，防止恐怖分子偷渡进俄罗斯境内。

（4）亡羊补牢，建立起有效的控制系统。制定可行性反危机行动计划，严厉惩治贪污腐败，加强与国际反恐势力的合作。

（5）铲除恐怖主义的生存土壤，成立北高加索联邦特别委员会，所有反恐事宜和社会安全事务全部交由这个委员会全权负责，提高当地人民的生活水平，通过釜底抽薪的方式，破坏极端主义的生存空间。

2004 年 9 月，俄罗斯政府召开了特别新闻发布会，期间，普京宣布解除北奥塞梯共和国安全局局长安德列耶夫等人的职位。在此之前，北奥塞梯共和国的当届政府已经宣布解散。普京亲自对北奥塞梯共和国的人事进行了重大调整，经过一系列动作，最后，普京制定出五项反恐策略，企图通过这种方式取得反恐斗争的主动权。

第一，建立可高效机动作战的高加索反恐部队。

要想让高加索反恐部队发挥最大作用，首先要建立起高效的反恐指挥系

统，这样才能将整个高加索地区的优势力量集中利用。目前，俄罗斯高加索的数个联邦国家已经成立了相应的管理机构，反恐部队的组建工作已经全面展开。

第二，紧抓人口管理。

俄罗斯立法机构对人口管理方面的法律法规进行了相应修改，逐步完善了居民的移民、居住登记、交通工具的管理措施等方面的规定。新法规将重点工作放在了限制人员的流动方面。俄罗斯政府将加强这方面的控制，以此来防止恐怖分子的流窜。

第三，全面改革强力部门。

俄罗斯境内所有地方性内务部门全部划归到联邦内务部统一管理。在别斯兰人质事件中，由于俄罗斯内务部人员操作上不作为的表现，造成了惨案的发生，并产生了极其恶劣的影响，普京对这样的事情极为不满，因此对内务部进行了全面调整。

第四，切断恐怖势力的资金来源。

车臣恐怖分子每年都可以从境外得到大量的赞助资金，这些资金超过上亿美元。为了阻止这一现象的继续发生，俄罗斯政府正在采用一切可以利用的手段向有关势力或国家施加压力。据相关媒体报道，一些势力和政府已经明确做出决定，严令禁止境内的任何机构和组织向车臣恐怖势力提供任何方面的支持。

第五，加强对恐怖势力的境外打击力度。

除了向其他国家施加压力之外，俄罗斯也积极准备自己动手，展开对恐怖分子的境外打击。俄罗斯军方高层宣布，俄罗斯军方准备对车臣恐怖势力的境外基地进行毁灭性打击。

事实证明，俄罗斯政府采取的一系列反恐新举措已经取得了一些成效，车臣恐怖组织的一些重要头目先后被击毙。到了 2005 年，俄罗斯境内发生的恐怖事件数量明显减少，同时恐怖活动的侦破率也呈直线性提升，高加索地区独联体境内的治安形势明显好转。据相关部门统计，2005 年，俄罗斯总共发生了 203 起恐怖事件，与 2004 年相比明显好转，并且有一多半被侦破。2005 年，俄罗斯相关部门总共提前察觉并有效预防了 250 多起恐怖案件的发生。除此之外，非法武装分子主动向俄罗斯政府投诚的人数也在逐渐增多。

当然，反恐并不是一朝一夕可以完成的。之前，俄罗斯官方高层曾发表过这样的言论："反恐是一项充满复杂性的任务，它艰巨得不可一蹴而就的。因此，俄罗斯在清除恐怖势力方面还有很多地方需要完善，并且也还有很多工作没有完成。"

尽管西方的舆论并不看好普京的反恐新举措，并且存在诸多非议，但在俄罗斯境内，由于第二次车臣战争的全面胜利，普京在俄罗斯人民心目中的地位直线上升，一举奠定了普京的执政地位。通过普京所进行的一系列动作，俄罗斯人民有理由相信，普京不仅可以妥善处理侵扰国家安全的恐怖主义问题，还可以利用他的铁血手段理顺全国的管理秩序，为俄罗斯带来自苏联解体后最辉煌的繁荣景象，让俄罗斯人民以自己作为一个俄罗斯人而感到骄傲和自豪。

5. 反恐利剑："阿尔法"和"信号旗"特种部队

俄罗斯虽然是军事大国，也是政治大国，并且在国际上的地位也非常高，不过却一直遭受着恐怖分子的骚扰。恐怖主义的侵袭让俄罗斯民众惶惶不安，给普京政府的工作带来了很大压力。

因此，对恐怖分子的打击是普京政府工作的很重要的一部分，而想要打击恐怖分子，必须建立起强有力的打击队伍，只有这样才可以让恐怖分子有所收敛。普京在处理一系列恐怖事件的过程中，都调派了俄罗斯的王牌特种部队"阿尔法"和"信号旗"。可以说，正是这两支部队的参与，使普京的很多反恐措施得到了顺利执行，并且在处理恐怖事件时，有效降低了平民的伤亡情况。

在处理恐怖事件过程中，"阿尔法"和"信号旗"可以在最短时间内干净利落地解决恐怖分子，并最大限度地保证人质的生命安全，因此这两支特种部队深得俄罗斯人民的信任，同时也被普京高度赞誉，他认为，这两支部队就是

俄罗斯的反恐利剑。

"阿尔法"和"信号旗"这两支特种部队在建立之初就有着不同分工："阿尔法"主要负责的是反恐活动，即在俄罗斯境内同恐怖主义作斗争，保障俄罗斯人民的生命安全；而"信号旗"的主要工作是保卫国家首脑的安全和反恐，有时也会在境外执行特殊任务，比如保护俄罗斯驻他国大使馆的安全等等。

"阿尔法"特种部队已经存在多年，它的发源史可以追溯到 1974 年。它最初属于苏联克格勃 A 小组，直到 1991 年苏联解体后才改称为"阿尔法"特种部队，属于俄罗斯国家安全局的编制。

"阿尔法"特种部队的成员总共有 700 多位，分为一支不到 300 人的精锐部队和几支效用不一的特遣小分队。这支特种部队的成员都拥有不凡的身手，并且各有所长，其中既有百发百中的神枪手、心理素质超强的爆破手，也有操作熟练的无线电报员、万能钥匙的解密专家，还有在山壁上如履平地的高手等等。除此之外，所有"阿尔法"成员都能熟练驾驶汽车、飞机以及各种现代化工具，他们对擒拿格斗、跳伞越野等也十分擅长。

自组建以来，"阿尔法"特种部队无论是在苏联时期，还是在俄罗斯时期，都在反恐斗争中做出了重要贡献。1981 年，数名恐怖分子持枪挟持了近 30 名学生；1983 年，数名恐怖分子持枪劫持了一架苏联客机等等，在这些突发事件中，"阿尔法"发挥出了重要作用。

1993 年，俄罗斯的一架民航飞机在飞往莫斯科的途中被一位中年男子劫持。"阿尔法"迅速出击，在夜色的掩护下，成功地从客机底部货仓进入客舱，制服劫机者。

1997 年，俄罗斯的一架客机再次被恐怖分子劫持，"阿尔法"特种部队闻讯出击，经过短兵相接，恐怖分子被全部制服，飞机上的乘客无一人受伤。随后，"阿尔法"再次挫败一起恐怖事件，成功解救出被挟持的瑞典外交官。

20 世纪末，车臣战争爆发，"阿尔法"特种部队在此期间屡建奇功。

1995 年 6 月 14 日，车臣恐怖分子头目之一的巴萨耶夫亲率 200 多名车臣武装分子，潜入俄罗斯南部城市布琼诺夫斯克，包围了该市的政府工作大楼，劫持了近千名工作人员，并提出条件：俄罗斯政府需停止对格罗兹尼的攻击。

随后，"阿尔法"特遣队被派往车臣战场。此次任务非常危险，可以说是"阿尔法"特种部队与车臣武装分子的正面遭遇战。因此"阿尔法"所面临的情况十分危急，想要完成歼敌任务太过艰难，这支特遣队甚至已经做好了壮烈殉国的准备，不过最后关头俄罗斯政府采取了和平谈判的手段，才让数十名"阿尔法"成员免遭厄运。

1996年1月，车臣恐怖分子的另一头目拉杜耶夫亲自率领600多名车臣武装分子潜入基兹利亚尔市，劫持了上千名普通市民和医护工作人员。在这次恐怖事件中，"阿尔法"特种部队临危受命，担任强攻突击队，专门负责对人质的解救工作。经过与车臣武装分子的殊死搏斗，中途虽然造成数十名人质死亡，但最终还是成功救出了大部分人质，并歼灭和俘虏了恐怖分子的大量有生力量。

2002年，莫斯科人质事件中，在恐怖分子开始残害人质后，"阿尔法"特种部队立即采取了行动，一举歼灭50余名恐怖分子，成功救出近千名人质。虽然他们在行动中因为某些失误导致100多名人质殒命而受到俄罗斯人民的责难，但他们所采取的这次行动无疑是成功的，并为俄罗斯的反恐行动又添新战绩。

2005年，一天清晨，一批恐怖分子突袭了达吉斯坦首府马哈奇卡拉市的一处民居，并劫持了一名小女孩，恐怖分子在这所民居内负隅顽抗，甚至在双方谈判期间，趁俄罗斯官方不备，突然开枪打死了两名特种兵。傍晚，借助夜色的掩护，"阿尔法"特种部队参与了战斗，与恐怖分子展开激烈交战，最终，"阿尔法"特种部队击毙了大部分恐怖分子，其中包括恐怖分子的头目之一阿卡耶夫。但是，俄罗斯特种部队也遭受了一定伤亡，其中有一名上校指挥官和一名"阿尔法"特种兵不幸牺牲。

如今，"阿尔法"特种部队的编制已经缩减到250人，入选者的年龄基本都在25岁左右，这些士兵通常情况下在35岁时会正式退役，他们在特种部队服役的时间大概只有十年左右，但其中的五年要用来参加各项训练。除了接受日常训练之外，"阿尔法"特种部队的成员还要学习犯罪心理学、谈判技巧等方面的训练。

"阿尔法"特种部队挑选成员的条件十分严苛，其要求每位入选的特种兵都要具备空降兵的身体条件。年龄一般都在 25 岁到 27 岁之间，因为这个时期的人无论是在思想上还是身体素质上都已经日臻完善。另外，还有一项很重要的标准，那就是入选成员必须接受过高等教育。"阿尔法"特种部队的成员主要来自俄罗斯的各个部队院校。俄罗斯军方对"阿尔法"成员提出了这样的要求：你们不仅是执行特殊任务的强手，还应该是知识型人才，无论在任何环境中，你们都可以生存下去，并进行独立思考，根据自己的分析做出合理的决策。因此，在挑选成员时，"阿尔法"高层会对面试者进行各方面的测试，以评估测试者的实际综合情况。

如果参选者性格怪僻，他就会失去入选资格。由于特种部队在执行的任务通常所处的环境都十分严峻，所以"阿尔法"成员之间必须要百分之百的信任身边的队友，因为这不仅关系着他们自身的安全，还关系到任务的完成与否。

入选"阿尔法"特种部队仅仅是第一步，接下来入选者必须进行长期艰苦卓绝的训练。这样才能保证他们在执行任务时少出纰漏。

正是因为有了这样的训练，再配备以世界上最先进的装备，俄罗斯才打造出了这样"无坚不摧"的反恐利器。在俄罗斯面临恐怖主义威胁时，"阿尔法"特种部队屡屡出击，打击恐怖分子的嚣张气焰，捍卫了俄罗斯人民的安全。

同"阿尔法"特种部队有着同样使命的还有 1981 年建立起来的"信号旗"特种部队。

"信号旗"特种部队原隶属于克格勃反间谍局。自成立起到现在经过多次改动，现隶属于俄罗斯联邦安全局。

"信号旗"成员的选拔方式也十分严苛，成员不仅在政治上要符合俄罗斯政府的要求，还要具备超强的爱国热情，更要忠于俄罗斯的最高领导人，业务素质、身体素质等也都要绝对过硬，同时还要熟悉某国的风土人情。在选拔成员时，相关部门会事先调查候选人的档案，了解清楚之后才会对其进行面试，面试合格者才能参加后面的训练和考试。在通过训练及考试合格之后，他们才能正式成为"信号旗"特种部队的一员。

目前，"信号旗"特种部队共有 350 余人，他们的主要任务就是保证国家首脑的安全、反颠覆性破坏等。"信号旗"特种部队还辖制着"韦嘉"特种分队，其任务主要是打击恐怖势力。该分队拥有反恐方面的专家，并且其队员也对核反应方面的知识颇为了解。

自组建以来，"信号旗"也立下了赫赫战功。1992年，莫斯科地铁站内出现不明武装分子，"信号旗"特种部队临危受命，仅用了不到1分钟的时间，便制服了歹徒，并成功缴获一百万美元的假币。1993年6月，数名恐怖分子劫持了俄罗斯的一艘核动力船，"信号旗"特种部队在接到命令后迅速赶到，几名特战队员采用特殊方式潜伏到船的两侧，并清除掉了对方在外围的警戒。随后，数十名空降兵从天而降，成功将恐怖分子制服。

尽管已经成立30多年了，也经历了无数次战斗，但"信号旗"特种部队的损失一直是很小的：苏联时期，曾在阿富汗战争中折损了一人；后在俄罗斯时期，又在车臣事件中战死3人；而在别斯兰事件中，"信号旗"遭受了自创建起来最严重的伤亡，直接损失了7人。

西方媒体曾发表过这样的评论："'信号旗'特种部队的作战能力与美国的'捷尔塔'和英国的CAC相比亦不逊色，甚至在某些特定领域的成就都超越了它们。""信号旗"特种部队和"阿尔法"特种部队一样，它的成员也都是"超级高手"，每个人都身怀绝技。

如今，根据国际形势的实际要求，俄罗斯特种部队已经发展出许多分支机构，组建起了可以执行特殊任务的行动队伍。它们永远处于备战状态，保卫着俄罗斯人民的人身安全和财产安全。

6.强势反恐的代价：生命屡受暗杀威胁

1999年8月，从普京出任俄罗斯政府总理，一直到就任总统之后，在处理车臣问题时，他的态度都一直十分强硬。他强硬发动了第二次车臣战争，同时还采取强硬手段，极力打击车臣非法武装势力。其所做的一切，自然招来了车

臣恐怖分子的超强恨意，因此他们除了积极地进行针对俄罗斯普通民众的恐怖活动之外，还积极策划对普京的暗杀行动。但直到今天，普京虽然屡次遭遇危险，但每次都能化险为夷。

2000年2月20日，普京的恩师索布恰克因病去世，相关部门将其葬礼安排在了2月24日。当时已经出任代总统的普京得知这一消息后心情十分悲痛，他说："索布恰克不仅是我的老师，还是我的政治领路人……"所以，虽然当时车臣恐怖势力头目巴萨耶夫已经在网上宣布了追杀普京的高额悬赏，但普京依然坚持亲自前往圣彼得堡，参加老师的葬礼。

当时，车臣恐怖势力已经安排了杀手，计划在索布恰克的葬礼上制造混乱，找准机会对普京下手。所幸的是，俄罗斯的情报部门及时发现了这一阴谋，并作出了周密安排。

索布恰克葬礼当天，圣彼得堡全市戒严，政府出动了大量警力在街上来回巡逻，对任何一处可疑点都进行了彻底清查。不仅如此，特种部队还在举行葬礼的大厅内进行了细密检查，并对出入葬礼的所有人员进行严格检查，甚至连记者的照相机都不放过，以防其中暗藏凶器。普京则在距离遗体告别仪式还有两个小时的时候，提前进入大厅，对索布恰克的遗体进行了告别。下午，普京又亲自到索布恰克的墓地参加了安葬仪式，为自己的恩师亲手撒下了第一把土。当时墓地周围到处都是普京的守卫人员，外围也被特种部队严密封锁。

据情报部门提供的消息称，当时恐怖分子已经按照制定好的暗杀计划展开了行动，但是在看到当时的守卫情况后，知道事不可为，便临时改变了计划。

2000年8月18日，普京前往雅尔塔出席独联体峰会时，再次险遭恐怖势力的暗杀。当时的雅尔塔属于乌克兰的领土范围。据乌克兰政府事后透露，当时他们参与并粉碎了一起刺杀普京的阴谋。乌克兰安全部门根据得到的相关线索，对几名车臣人进行了逮捕，经过审讯之后，将他们驱逐出了乌克兰边境。因此，这次暗杀计划直接失败。

然而，暗杀风波并没有如此完结。普京回到俄罗斯之后，9月11日晚，一辆轿车跟着总统车队行驶了很长时间，最后不顾交警的警告，直接加速冲了上来，直接撞翻了总统车队的一辆护卫轿车，险些波及到普京。危急关头，普京的护卫车辆将肇事者的车撞离了总统车队行驶的道路。俄罗斯安全局对此进行了详细调查，对拘捕的肇事人员进行了审讯，并对他们进行了酒精检测，但最后没有将调查结果对外公布。但大部分媒体推测，此次交通事故是针对普京所进行的暗杀行动。

2002 年 1 月 9 日，普京正式访问阿塞拜疆。但此前，阿塞拜疆的情报部门已经得到消息，不明恐怖分子将会在普京访问期间对其进行暗杀行动，在普京抵达阿塞拜疆的前 10 天，阿塞拜疆的安全部门已经发现有一批炸弹被偷运入境。于是，阿塞拜疆警方直接对可疑分子实施了抓捕，并收缴了大量爆炸物。经过审讯，得知对方名叫罗斯塔姆，属于阿富汗恐怖基地的成员，后与车臣恐怖势力取得了联系，做出了刺杀普京的计划。此人早在 1999 年底就来到了阿塞拜疆，并隐匿下来，准备伺机而动。但未曾想到，还没有展开行动，便已经落入了警方之手。普京再次逃过了一劫。2002 年 1 月，罗斯塔姆被判处 10 年有期徒刑。

2002 年 2 月 6 日，一名精神病男子驾车冲进了克里姆林宫，扬言欲杀普京，后被制服。

2002 年 11 月底，普京险遭炸弹袭击。普京日常工作都安排在克里姆林宫，不过他却住在莫斯科市的郊区。他每天下班回家，都会经过一段高速公路。然而，有一天，俄罗斯联邦安全部门却在这条高速路的附近发现了一些爆炸物。俄罗斯媒体称，俄安全部门在路旁的一处下水管道中找到了 3 箱烈性炸药。随后，这条高速路被严密封锁，普京的总统车队只能绕道回家。

2003 年 6 月 23 日，一位交警在圣彼得堡市和普斯科夫市的交通要道上发现了手工制作的爆炸装置，这个爆炸装置藏得十分隐秘，被恐怖分子放在了一处高架桥的桥身位置。而这条路正是当天普京的必经之路。随后，警方出动拆弹专家对这处爆炸装置进行了处理，因为处理及时，最后没有造成任何人员伤亡。

不久，在普京访问英国期间，再次遭到了阴谋暗杀，但这次暗杀在英国警方的参与下中途夭折了。2003 年 10 月 12 日，英国的反恐部队抓捕了两名俄罗斯籍的男子，经过调查，发现其中一位曾经在俄罗斯联邦安全局任职。据这两

名男子交代，他们曾与俄罗斯流亡国外的"超级寡头"别列佐夫斯基会面，商议暗杀普京。英国警方企图找出这两名男子与车臣恐怖分子之间的联系，但最后由于缺乏相关证据，不得不释放了他们。

2004年9月18日，俄罗斯联邦安全局侦破了一起针对普京的暗杀阴谋，在莫斯科市的交通要道上拆除了两处针对防爆汽车的爆炸装置，还抓捕了一名恐怖分子。据悉，恐怖分子安装爆炸装置的大街是通往克里姆林宫的必经之路，总统车队每天都要从此处经过，如果发生爆炸事件，势必会危及普京的安全。俄罗斯联邦安全局透露，被捕的男子受到他人雇佣，有人出1000美元让其将两辆装有炸弹的车辆停在通往克里姆林宫的主要干道上。

除了遭遇的几次未遂暗杀之外，普京还曾多次收到了匿名恐吓信，车臣叛军还发出了高额悬赏：但凡可以生擒普京的人，就可以得到车臣武装基地提供的两千万美金。

针对于恐怖分子的威胁，俄罗斯联邦安全总局做出了回应："我们一定会与恐怖势力周旋到底，并详细评估一切有威胁的因素，采用最好的方案确保总统的安全。"

7.总统身边的黑衣人

因为普京在处理国际问题时的强硬手腕，导致不少势力都对其恨之入骨，所以普京曾多次遭到暗杀，但最终都能化险为夷，这主要是因为俄罗斯精准的情报工作以及周密的保卫工作。俄罗斯政府对普京的安全保卫工作要远超叶利钦时期，而且随着恐怖势力的多次暗杀未遂，俄罗斯的安保部门逐步将安全保卫工作做得更加细致，务求不出现任何纰漏。

据俄罗斯媒体报道，如果普京需要去某地进行访问或者度假，那么在此之前的一个半月，安保部门就开始对当地进行周密的安全调研，摸清当地所有可以威胁到普京安全的因素，包括犯罪、宗教活动、自然灾害等等。然后，在普京前往当地的前一个月，俄罗斯的情报部门会对当地进行实地考察，跟当地的安保部门商讨护卫工作的主要流程以及相关细节，然后要求当地警方配合执行保卫计划。除此之外，情报人员还会对总统入住的地方进行详细检查，并对各种公共设施进行地毯式清检，从房间所使用的电线甚至是马桶都要进行全方位检查，不放过任何一处。技术人员还会携带相关设备来到总统准备到访之地，一方面检测空气中是否存在有害物质，食物的质量如何等；另一方面放置干扰信号的设备，防止恐怖分子通过遥控控制引发爆炸事故等等，俄罗斯安保部门会尽自己的最大努力确保总统普京的安全，以确保万无一失。

2001 年 6 月 19 日，普京在俄罗斯联邦保卫局成立五周年之际发表了讲话，他认为，联邦保卫局是保护他的最厚实的盾牌，是自己生命得以持续下去的可靠依仗。由此可以看出，普京对俄罗斯保卫部门的工作十分满意。

联邦保卫局的护卫人员装备精良，他们配备的手枪、通讯设备、飞行设备、车辆等都是世界上最先进的。普京的保镖们则配备着具备"沙漠之鹰"手枪杀伤力的"班蝰蛇"手枪，这种手枪可以在 50 米范围内击穿软体防弹背心。枪体表面十分光滑，可以保证保镖们的取出速度。

负责保卫普京安全的都是从特种兵中精选出来的精兵，个个身手非凡，仅仅一个总统护卫队便可以与一个装备精良的作战营相对抗。他们通常乘坐的都是军用吉普，装备的武器比联邦保卫局的还要先进，有步枪、冲锋枪、狙击枪、火箭筒、对空导弹系统等等。

普京就是情报人员出身，因此他十分清楚安全保卫工作的要点。在他看来，"树大招风"，如果想要隐藏目标，那么保护人员就必须不能太显眼，因此普京在挑选保镖时，提出了这样的要求：既要身材强壮又不能引人注目。他认为，负责保卫工作的人员最好可以成为"隐形人"，各方面不突出最好。

作为一国元首，普京的行动向来十分"诡秘"，他总是突然出现在人群中或者某个超市里，随后又出现在飞机上或者潜艇中，但所有的一切都是经过保镖们精心准备的，完全属于普京的即兴动作并不多，骑马正是普京为数不多的即兴动作之一。

一段时间，普京迷上了骑马，稍有空闲他便到马场去学习骑马。此后，总

统安全局在很长一段时间被一个问题困扰着，那就是普京在兴之所至时，总喜欢策马狂奔，根本就不理会初学者应该遵守的规则。每当这个时候，普京身边的"黑衣人"便会提心吊胆。所幸的是，普京的学习能力非常强，没过多长时间，他便掌握了骑马的要领，与职业骑手的马术相差无几。

有时候，普京会突然改变行程，这时，他身边的"黑衣人"便会手忙脚乱。但是，普京总是一脸轻松地说："怕死的不是普京，而是总统！"当然，大部分情况下，普京都是尊重保镖们的意见的，如果身边的护卫人员坚称有危险的话，那么他就会遵从他们的安排，这与他在克格勃的经历有着紧密联系。

普京身边的"黑衣人"对普京的安全保卫工作尽心尽力，对来访的他国领导人也同样尽职尽责。

一次，英国女王在访问俄罗斯时，来到了圣彼得堡游玩。到了河边，女王决定乘船巡河。为了安全起见，安保人员需提前对女王将要乘坐的游艇进行仔细全面的检查。可是当时才到5月份，河水非常冰冷。但普京身边的"黑衣人"没有任何犹豫，直接跳进了冰冷的水中，对游艇底部进行了全面检查，以确保万无一失，保障女王的生命安全。"黑衣人"的这种举动让英国女王的保镖们十分震惊，他们都对俄罗斯的安保措施以及安保人员的敬业精神所打动。

普京身边的黑衣人，早已引起了人们的普遍关注。据悉，他身边的保镖都会服用一定量的特殊药品，来提升自身的视觉、听觉等等。这种药品还能让他们具备"冬天不怕冷、夏天不怕热"的超级本领。但吃这种特殊药品，会过早地侵蚀保镖们的身体健康。因此，绝大多数保镖在35岁左右就得退役。

普京身边的"黑衣人"对待任何事物都十分严格和细致，致力于做到精益求精。比如，如果普京想要去朋友家做客，他的保镖就会提前一个月做安全准备工作。如果普京想要进行国事访问，安保的准备时间就会更长。但他们从来没有过任何抱怨，反而将自己的工作看得十分重要，并为此感到骄傲和自豪。他们在保护普京时，总是尽心尽力，舍生忘死，以自己的生命践行着自己的职责。

Chapter 8

猛药治痼疾：

痛击寡头的霹雳手段

所谓的俄罗斯"寡头"，是指在 20 世纪 90 年代私有化的过程中，一夜暴富的资本家们。在 1996 年 3 月的某一天，叶利钦秘密召集了 7 个金融寡头会谈，会谈过后，双方达成了一项协议：这些银行家提供大量的资金，确保叶利钦顺利连任。而叶利钦相应地会继续维护寡头们的政治和经济利益。于是，"七个寡头"成为俄罗斯政治经济领域的一个代名词。

随后，俄罗斯的各行各业都被寡头们控制。俄罗斯前总理盖达尔甚至对外表示，这些寡头们能够随意地更换政府人选，肆无忌惮。普京上台后，寡头们成为其政治道路上的主要阻力。为了控制这些寡头，上任伊始，普京对外宣布：保护寡头们的财产，但要合法经营，依法纳税，不得干预政治。谁一旦破坏了双方之间的平衡，谁将会付出惨重的代价。可是，已经富可敌国的寡头们怎么可能轻易投降，于是他们与普京展开了一场殊死搏斗。

如今，"七个寡头"的命运各不一样。有的早已入狱，有的破产，有的流亡他国，有的逐渐收敛……"七个寡头"势力的消灭，为普京的政治道路扫清了障碍，使其得以带领俄罗斯人民重塑大国雄风。

1. 惩治腐败，没有碰不得的人

2006 年 5 月，俄罗斯正是春暖花开的季节，"五一节"和"胜利日"使整个俄罗斯洋溢在欢乐的氛围中。然而，对于俄罗斯的政要们来说，过去的 5 月，是严冬腊月，难熬无比。由俄罗斯总统普京一手策划的反腐"浪潮"，正在迅速地席卷俄罗斯大地。寒风所过之处，高官纷纷下马，他们的贪腐黑幕也被渐渐拉开。

在内务部、联邦安全局、总检察院、俄罗斯联邦委员会以及海关总署等部门中，17 名高官被查处。随着俄罗斯经济的增长，在"教育、农业、住房、保健"四大规划的开展之下，反腐败成为普京维护社会安定团结，实现政权平稳过渡的重要手段。普京向外界宣称，惩治腐败，没有碰不得的人。

在俄罗斯联邦会议上，普京提出，俄罗斯的威望不应该建立在漫无边际的纵容之上，而是要通过坚决执行法律，让整个社会处于公平安定的秩序中。普京甚至直接说道："目前，腐败是我们发展道路上一个主要的障碍。对于官员和商业人士来说，社会责任感是他们的行为准则。为此，他们应该谨记，俄罗斯人民才是国家富足与繁荣的源泉。对于整个国家而言，反腐败必须建立在实际的行动上，而不是空洞的口号。"

仅仅两天过后，由普京一手策划的"反腐败清洗"震惊了莫斯科和国际社会。

在 5 月 12 日当天，17 名高官被普京解除职务。在 17 名高官中，包括反恐局和宪法保卫局的两名高管、反毒品和走私局副局长，以及两名海关总署副署长、两位高级检察官和六名高级警官。

然而，这仅仅只是开始。十一天过后，检察院批捕了涅涅茨自治区行政长官巴里诺夫；6月2日，联邦安全局的特工当场抓捕了联邦委员会成员恰赫马，并在其家中搜查出30万美元的巨资。后来，恰赫马被指受贿150万美金。6月3日，格勒市市长伊先科被查处，涉嫌非法经商和滥用职权。据调查，其资产达到惊人的2亿美元，几乎等同于该市一年的财政预算，这引起了俄罗斯全国上下的愤慨。经过搜查，伊先科拥有多处豪宅，甚至还拥有一架私人飞机、一艘豪华游艇、两辆防弹车以及宝马越野车。伊先科的腐败程度，甚至达到了石油大亨的级别。6月6日，涅涅茨自治区议长科申被立案侦查，遭到多项罪名起诉。

比起过去的腐败行动，这一次由普京亲自指挥的反腐败行动，具有三个特点：范围广、力度强、涉及层面高。连被视为"雷区"的内务部、联邦安全局，都难以幸免，甚至是反腐败的重点。在过去，这些"强力部门"是反腐的主力，几乎所有的反腐行动都由他们完成。然而，经过调查，这些部门的腐败行为更令人触目惊心。在很多人看来，联邦安全局的反腐败行动是令人吃惊的。人们万万没有想到，联邦安全局的多位高管竟然也是反腐败的惩治对象，这简直让人大跌眼镜。

普京曾经指出，海关同商业领域保持着令人作呕的关系，在经济上为非作歹，损害了国家利益。海关总署也承认，其贪腐不是简单的个别事件，而是整体性的崩塌。自2005年起，在530件的海关案件中，腐败问题达到一半以上。俄罗斯媒体指出，在毒品走私、灰色清关问题上，海关是天然通道。于是，海关系统成为此次反腐败行动的重点部门。

在俄罗斯社会中，腐败一直是影响经济发展的顽疾。早在沙皇时代，腐败就已经司空见惯。在果戈理的笔下，贪官污吏的形象栩栩如生。据莫斯科市长波波夫所说，在苏联时期，苏军军官犯下的腐败罪行已经比比皆是。苏联解体之后，俄罗斯的腐败行为更是十分猖獗，愈演愈烈，成为制约社会发展的重要因素。

普京甚至指出，在俄罗斯的领土上，腐败阶层已然形成了众多黑社会团

伙。因此，俄罗斯的腐败，早已不是简单的行贿受贿问题，而是涉及众多行业的操控。紧接着，各式各样的犯罪团伙逐步滋生，控制着国有企业和私有企业。

早在上任前，普京就意识到，腐败是俄罗斯社会经济发展的"毒瘤"，是横亘在俄罗斯人民面前的天敌。于是，权力的更替成为腐败阶层的内部沿袭，让俄罗斯人民对国家失去信心。

对于猖獗的腐败行为，普京忧心忡忡，他曾多次表示将坚决惩治各类腐败违法行为。早在第一个任期内，普京就率先举起反腐败大旗，以表示自己的政治决心。在国情咨文中，普京发出严厉警告，强调对于行政改革以及铲除贪污腐败行动的决心。从2003年起，普京就开始了为期一年的反腐败行为，初步清算了大批贪污腐败的官员。紧接着，普京指示有关部门，建立一套政府机构的反腐败专项整治制度。2004年，成立了反腐败委员会，由普京亲自领导。在这个委员会中，主要致力于研究腐败问题的根源，制定相关的法律。

在普京的眼里，反腐败不是短期的敲山震虎，而是长期性、系统性的行动。2006年，俄罗斯政府加入了《联合国反腐败公约》，借此传达普京政府对于打击腐败行为的决心。紧接着，俄罗斯国家杜马出台了一项规定，要求议员、部长和总统等官员的财产都要在银行备案，而这一规定已经成为对国家公职人员的基本要求。

在一系列的反腐败行动中，普京赢得了俄罗斯人民的一片喝彩。普京认为，反腐败是一个长期性的问题，不是一朝一夕所能解决的。普京在国情咨文中指出，要把腐败分子永远地清除出政权机关。

在腐败问题中，俄罗斯的寡头是其中的重要组成部分。在反腐败斗争中，普京与寡头之间进行着一场暗地里的较量。这些寡头，普遍掌控着巨大的金融资本，控制着俄罗斯的经济命脉，是国家政权的垄断者，形成了蔚为庞大的垄断资本家集团。俄罗斯的寡头问题，始于叶利钦。当时，形成了霍多尔科夫斯基、别列佐夫斯基、古辛斯基、维诺格拉多夫、斯摩棱斯基、弗里德曼、马尔金为首的"七大寡头"。在这些寡头的控制下，俄罗斯的银行、石油天然气公司以及新闻媒体，几乎涉及所有的政治、经济等方面。他们与叶利钦保持着密切联系，成为国家政治决策的制定者。

当普京上台后，首先指向了"呼风唤雨"的寡头们。还在代总统时，普京就解除了叶利钦女儿季亚琴科的总统顾问职务。这一惊人的举动，引起了寡头们的巨大震动。

正式当选总统之后，普京与寡头们分道扬镳。在很多场合，普京明确指出，将会结束俄罗斯的寡头政治时代，重新树立俄罗斯国家杜马的形象。

为了打击寡头，普京从经济问题着手，重点惩治他们的违法经济行为。在当选总统后的半年时间内，"七大寡头"中的首领别列佐夫斯基和古辛斯基首先遭到惩治。2003年，普京一举解决了霍多尔科夫斯基。

随后，其他的寡头或是被关押，或是逃窜至英国、以色列。于是，俄罗斯的七大寡头或是破产，或是隐退，逐渐退出俄罗斯的政治和经济领域。

⒉向"传媒大亨"古辛斯基下手

在答谢宴上，叶利钦对古辛斯基说道："钱多不要紧，但不要从政。"可是，古辛斯基并没有听从叶利钦的劝告。

在寡头的操纵之下，俄罗斯的贫富差距愈发严重，其成为了制约经济社会发展的重要阻力。"七大寡头"的存在，不仅引起了民愤，还威胁到俄罗斯的政局稳定。

对于普京来说，摆脱寡头的控制，是其执政过程中的首要任务。否则，他只能是一个政治上的傀儡。因此，普京执政的第一个任务就是：清除叶利钦时代的"遗产"，扫清政治障碍。

2000年，当普京第一次担任总统时，就与寡头们达成了一个默契：寡头们可以享有所获得的一切财富，但是不能再干预政治，且要依法纳税。然而，寡头们将普京的政治警告当作耳旁风，继续有恃无恐地干预政治，并且有愈演愈烈的趋势。

对于普京来说，必须要清除潜在的政治威胁。于是，他开始亮剑，把矛头

指向了富可敌国的寡头们。对于寡头们来说，在资本积累的过程中，所犯下的罪行是他们一生的致命弱点。

为了惩治寡头，普京率先将火力对准了"七大寡头"之一——俄罗斯"传媒大亨"古辛斯基。

2000 年 6 月 13 日，古辛斯基被俄罗斯检察院拘捕，指控其涉嫌诈骗和盗窃。披露的证据显示，在 1996 年，古辛斯基以 25 万旧卢布的超低价收购了国家电视公司 70% 的股份。签订合同之后的第 12 天，在该频道的负责人的个人账户上，意外出现了 100 万美元。根据这个信息，俄罗斯检察院起诉其涉嫌侵吞国家财产。被捕后，古辛斯基被关押在布德尔卡监狱，那是俄罗斯条件最差的监狱。

随着古辛斯基事件的爆发，俄罗斯国内政坛掀起了轩然大波。多名寡头在古辛斯基被捕之后，先后受到检察院传讯。此时，普京与俄罗斯寡头们的一场殊死博弈正式拉开了帷幕。

之所以先选择古辛斯基下手，普京有杀鸡儆猴的考虑，他希望那些蠢蠢欲动的寡头们能引以为戒，就此罢手，听从政府的领导。

1989 年，古辛斯基的桥公司涉及金融领域。1992 年，他将注意力转向媒体，创立了桥媒体集团。出身普通的古辛斯基，非常希望就此享有巨大的社会号召力，于是，开始创建一个庞大的媒体帝国，并对俄罗斯的舆论形成控制，进而左右俄罗斯的政局。

在古辛斯基的涉政中，最为突出的就是干预叶利钦的政治遗嘱。当时，经过一系列的政治和经济危机后，叶利钦把时任总理的普京作为总统继承人。在 1999 年的俄罗斯国家杜马选举以及 2000 年的总统选举中，古辛斯基充分利用掌握的资源，支持普里马科夫和卢日科夫竞选总统，与普京形成抗争之势。就这样，古辛斯基旗下的媒体集团，对叶利钦开始进行猛烈的抨击，甚至阻挠普京的执政之路。在普京当选总统之前，古辛斯基成为其执政过程中的主要阻力。

根据叶利钦的回忆，正是寡头间的斗争，使得俄罗斯陷入了政治和经济危机。而这些危机，使俄罗斯的经济遭受了重挫，并已危害到了俄罗斯社会的稳定。

1999 年，普京出任总理之后，发起了第二次车臣战争。这次战争，主要为了打击俄罗斯境内的分裂主义势力，维护政局稳定。

然而，随着民众对普京支持率的上升，古辛斯基重新挥起舆论大旗，对普京一手策划的第二次车臣战争进行丑化，企图掀起俄罗斯国内的反战浪潮。在古辛斯基掌控的媒体报道中，充斥着大量暴力与血腥的场面，他试图用这种方式激起民众的反战情绪。

古辛斯基对政府进行强烈的抨击，指责普京在车臣问题上的所作所为。接着，他又对多次的恐怖袭击进行大幅报道，对政府大肆诽谤。而这些，也成为了国际社会攻击俄罗斯政府的主要证据。一时间，在车臣问题上，俄罗斯政府陷入了被动。在 2000 年之前，古辛斯基旗下的媒体覆盖率，与政府的媒体覆盖率已形成抗衡之势。

当普京成功当选总统之后，古辛斯基依然担任着反对派的急先锋，对普京的改革措施进行大肆抨击，宣称普京企图"复辟专制制度"，甚至"压制言论自由"。为了形成对普京政府的围堵，古辛斯基劝说西方社会对俄罗斯政府实行打压。在西方社会中，古辛斯基一度被评为"新闻自由主义者"。

对于古辛斯基的不依不饶，普京政府十分不满，因此，把他定为肃寡行动的头号目标，并迅速采取对付他的行动。首先，普京利用掌握的资料，让检察院控告桥公司涉嫌金融诈骗。

其实，早在一年之前，普京就开始了对古辛斯基的打击。在 1999 年，时任总统办公厅主任的沃洛申曾经对古辛斯基说道："我们可以为你偿还贷款，并且再给你一亿美元，但你必须移居国外。"在普京竞选总统期间，俄罗斯政府向古辛斯基施压，要求其偿还千万美元的贷款。

2000 年，普京政府开始正式对古辛斯基下手，对桥公司进行了搜查。6 月 16 日，仅仅扣押三天之后，古辛斯基被取保候审。在审讯古辛斯基的同时，普京也开始了对其他寡头的打击。

然而，对于普京的打压，寡头们并没有束手就擒，而是等待反击的机会。2000 年 8 月 12 日，爆发了"库尔斯克号"沉船事件，这让寡头们看到了一丝曙光。于是，他们利用媒体，对事件进行大肆地宣扬和歪曲，让原本就复杂的

形势变得更加扑朔迷离。

面对寡头们的步步相逼，普京没有气馁，而是选择直面斗争。他非常清楚，如果不能打击寡头们的嚣张气焰，整个俄罗斯政局将会陷入动荡，其后果不堪设想。

2000 年 10 月 20 日，面对众多媒体，普京再次表态："他们希望维持现状，显然是不可能的！对于国家和人民来说，百害而无一利。"普京甚至发出警告："在国家的手里，紧握着一根警棍。只要牢牢地握住警棍，任何人都阻挡不了我们。一旦被激怒，我们必将毫不犹豫！对于俄罗斯来说，决不允许任何人要挟国家！"

在普京的强硬态度下，俄罗斯联邦检察院展开了最后行动。2000 年 11 月 13 日，俄罗斯联邦检察院对古辛斯基正式起诉。11 月 14 日，检察院宣布了对古辛斯基的通缉令。12 月 12 日，在西班牙，古辛斯基被缉拿归案。

随后，俄罗斯检察院开始对古辛斯基进行刑事调查。另外一个方面，有关部门开始了对古辛斯基公司及其财产的清算。

古辛斯基的落网只是一个开始。对于普京来说，与寡头们的斗争才正式拉开帷幕。

3. 被轰出俄罗斯的头号寡头

别列佐夫斯基，俄罗斯前首富，一天，他正坐在伦敦的一家办公室内。

突然，外面响起了一阵急促的脚步声，越来越近。这时，助手打开了办公室的大门，焦急地说道：

"普京来了！"

听到助手的话，伏案工作的别列佐夫斯基机警地抬起了头，问道：

"在哪个走廊？"

助手答道："就在外面。"

"就一个人？"别列佐夫斯基略显慌张，脸色灰暗。

"他的特工们也在。"助手无力地说道。

听了这句话，别列佐夫斯基脸色僵硬，有点抓狂地说道：

"你为什么要带他们到这里？快！把文件都烧毁！"一边说着，一边向窗边靠近。

就在别列佐夫斯基即将跳窗的一刹那，助手伸手拉住了他，说道：

"等一等！今天是 4 月 1 日！我只想开一个玩笑。对不起，先生！"

当然，这只是在俄罗斯广为流传的段子。对于俄罗斯人来说，寡头是他们的眼中钉肉中刺。在这个段子里，别列佐夫斯基几乎成了惊弓之鸟，而这也足以说明他与普京之间的关系。

在普京的肃寡行动中，集媒体、金融、政治为一身的前俄罗斯首富别列佐夫斯基，成为了继古辛斯基之后的第二个目标。

从上面的段子中可以看出，别列佐夫斯基与普京之间的关系是水火不容的。其实，作为"七大寡头"中的标志性人物，在普京的"登顶"过程中，别列佐夫斯基也是有力的促成者，是伙伴关系。不过，随着普京当选总统，由于政治立场的对立，两人之间的伙伴关系开始破裂，并日益变得尖锐对立。

在叶利钦时代，别列佐夫斯基已成为对政治影响最大的寡头。在俄罗斯金融危机以及寡头内讧之后，他的实力得到了进一步的增强，成为整个寡头集团的代表人物。随着叶利钦政治影响力的萎缩，他的个人影响力却在逐步提升，甚至有"国王的缔造者"之称。早在叶利钦解除切尔诺梅尔金的总理职务之前，别列佐夫斯基就对外宣称，政府将会出现重大变动。对于即将进行的 2000年总统选举，他对每一位候选人都指点一番。言谈举止间，对每一位候选人都充满了鄙夷。

在普京当选为总理之前，叶利钦更换了五位总理，而别列佐夫斯基便是其背后的操纵者。基里延科和普里马科夫政府的垮台，与他就有着密切联系。甚至于，普京得以当选总统，与他也有着深厚联系。

在普京顺利执政后，别列佐夫斯基企图继续对政治进行肆无忌惮的干预。对此，普京政府进行了顽强的反抗。在一次记者招待会上，别列佐夫斯基对外

宣称，他每天都同普京进行电话联系，他们关系十分亲密。他甚至狂妄地说道，缺少寡头的支持，普京政府一无是处。可以说，那个时候，别列佐夫斯基丝毫没有把普京放在眼里。

显然，别列佐夫斯基低估了普京的实力。正是他的步步相逼，才使得自己成为了普京肃寡行动的重要目标。不久，税务总局宣布对别列佐夫斯基旗下的伏尔加汽车公司进行调查，指控其逃税漏税。

作为"七大寡头"的中坚力量，别列佐夫斯基对普京并没有选择退让，而是积极寻找着合适的机会进行反击。针对普京政府的车臣政策以及一系列的改革措施，他进行了强有力的反击，试图在与普京的博弈中占据主动地位。2000年，是别列佐夫斯基与普京关系激化最为严重的一年。

5月30日，在一次公开的场合，别列佐夫斯基对普京的政治改革进行了猛烈的抨击。他说普京的政治改革将会摧毁俄罗斯的民主制度。在随后的国家杜马大会上，他当场辞去议员职务，并宣称将会创建反对党。在记者会上，他还狂妄地说道，他不想让俄罗斯在他的手上变成一个集权制的国家。至此，别列佐夫斯基与普京之间的矛盾已经十分明朗化。

最初，别列佐夫斯基是普京的支持者，他希望将普京作为自己政治上的伙伴。但是，克格勃出身的普京，非常不习惯别人在背后指手画脚。而让别列佐夫斯基也为之惊讶的是，普京一上台，便表示将与寡头们分裂。更让他不能接受的是，在克里姆林宫中，普京公然要求寡头们不要干预政治。其实，早在竞选初期，普京就向俄罗斯人民许诺，将会消灭俄罗斯的寡头阶级。一向雷厉风行的普京，执政后便发布了一系列的铁腕政策，让寡头们苦不堪言。

2000年，别列佐夫斯基逃亡法国，后来定居英国。在英国，他继续同普京政府对抗。2001年，俄罗斯政府指控其涉嫌洗钱和欺诈，并向英国政府提出引渡其回国的要求。在遭到英国政府的拒绝之后，俄罗斯与英国的关系一度十分紧张。在英国期间，别列佐夫斯基被推举为反普派的领袖，从事各种活动。他多次对外宣称，将要推翻普京政府，指责普京扭转了苏联解体后的自由化进程。对于第二次车臣战争，他表示了明确的反对，并与流亡的车臣领袖结盟。

在英国期间，对于普京政府的指控，别列佐夫斯基仗着与叶利钦的特殊关系，明确表示拒绝回国受审。在一次公开活动中，他对外披露了一条消息，他曾经利用洗钱帮助普京竞选，组建了"团结运动"。显然，此时的别列佐夫斯基已经下了鱼死网破的决心——不惜牺牲自身的名誉，也要与普京斗争到底。对于普京的政治前景，他直接说道："不会超过一年！"但在经历了"库尔斯克号"核潜艇沉没事件之后，普京的威望已经得到提高。因此，别列佐夫斯基的言论，并没有给普京带来多大威胁。

在叶利钦的庇护下，普京对别列佐夫斯基在英国避难的行为给予了默认。对于普京来说，这未必不是一个好的选择。作为"教父"级的寡头，被驱逐出国门，从此消失在俄罗斯政坛上，也是起到了震慑性的作用。

2013年3月23日，在伦敦的一栋豪宅里，别列佐夫斯基被发现已经死亡。他的一生，曾一度极其辉煌，被称为"普京的头号敌人"，俄罗斯寡头政治的代表性人物。

4.尤科斯大亨引火烧身

在普京的肃寡行动中，尤科斯大亨霍多尔科夫斯基事件是第三号目标。

2005年5月31日，旷日持久的尤科斯案正式宣判，尤科斯大亨霍多尔科夫斯基被判处9年监禁。这一事件最后的结果表明，在与寡头的博弈中，普京取得了标志性的胜利。

"七大寡头"的代表性人物别列佐夫斯基曾经说过，每位政治家都有自己的身价，但都被他收买了。不过让寡头们意想不到的是，决定一生的豪赌最终赌输了。在普京就任总统之后，别列佐夫斯基成为第一个被驱逐的寡头。

当尤科斯石油公司等国有资产落入霍多尔科夫斯基等寡头之手时，俄罗斯人民陷入了水身火热的生活中。在苏联解体之后，社会保障体系的崩溃，使得俄罗斯人民的生活变得日益困难。特别是叶利钦主导的私有化行动，更是被称为"合法的抢劫行动"，权贵与寡头们沆瀣一气，掠夺国有资产。

2000 年，心灰意冷的俄罗斯人将普京推举为总统。在俄罗斯民众看来，这位克格勃的官员，与戴着"民主与自由化"帽子的政客有着显著不同。

而普京也十分清楚，寡头是民众们最为忿恨的对象。因此，在施政演讲中，普京就表示一定让人民过上好日子，把惩治寡头作为政府的主要目标。因此，可以说普京与霍多尔科夫斯基之间的较量，最直接的原因就是他对于铲除寡头的决心。尽管普京向寡头们承诺，假使他们继续合法经营，国家会保护他们的私有财产。但可惜的是，寡头们没有将这一警告当回事，而是继续为所欲为，不断挑战普京的政治底线。

在"七大寡头"纷纷倒下时，首富霍多尔科夫斯基策划了决定其一生的赌注——挑战普京的权威。而恰好在这个时候，普京政府也看中了尤科斯上百亿的资产。于是，一场令世界瞩目的大战爆发了。对决者普京与霍多尔科夫斯基，一个是俄罗斯最有权力的人，一个是俄罗斯最富有的人。其实，自普京上台开始，这场较量就已经展开。当然，最后权力战胜了金钱，霍多尔科夫斯基成为阶下囚。

当时，在"七大寡头"中，古辛斯基与别列佐夫斯基遭受重创，被迫流亡海外。作为他们的盟友，霍多尔科夫斯基整日不得安宁。经过了长时间的思考后，他决定摸一摸老虎的屁股，对普京进行反击。

2003 年，霍多尔科夫斯基抓住政府陷入贪污丑闻的机会，对普京政府进行公开抨击。在媒体上，他大放厥词，企图颠覆民众对政府的认知。同年，俄罗斯宣布开征燃料税，这为霍多尔科夫斯基又增加了对抗普京的筹码。在公开场合中，霍多尔科夫斯基多次表示对反对党的支持。他甚至还表示，在意识形态上，与反对派更加接近。因此，自己会对他们提供必要的资金支持。

对于霍多尔科夫斯基来说，尤科斯是源源不断的摇钱树。1995 年，霍多尔科夫斯基以 3 亿美元的低价收购了尤科斯 80% 的股份。仅仅两年过后，尤科斯的市值就突破了 90 亿美元。2003 年，尤科斯与西伯利亚石油公司合并，尤科斯一举成为俄罗斯第一，世界第四的石油公司。尤科斯有近 20 万名员工，原有产量与出口量占据俄罗斯总量的 10% 和 18%。俄罗斯最大的石油公司掌握在私人手中，这是普京对霍多尔科夫斯基下手的最重要原因。

猛药治痼疾：痛击寡头的霹雳手段

更让普京政府无法接受的是，霍多尔科夫斯基试图将尤科斯公司40%的股份出售给美国埃克森公司。这一举动，威胁到了俄罗斯国家的整体石油战略利益。倘若这一协议达成，美国将会控制俄罗斯的能源体系。所以，普京绝对不会允许这种事情发生。

作为俄罗斯首富的霍多尔科夫斯基，并不满足于这些成就，步入政坛才是他的最终目的。因此，他不断在议会中扩大自己的影响力。另外，他还花费巨资帮助反对党。更让普京无法忍受的是，在2002年的议会下院中，霍多尔科夫斯基竟然直接对其代表进行遥控，组织法律的通过。

当普京从杜马主席口中得知这一消息时，十分愤怒。对于强硬的普京来说，可以容许异见分子的存在，但是不能威胁到他的地位。卧榻之侧岂容他人鼾睡！而在随后的总统和杜马选举中，霍多尔科夫斯基又直接对普京进行政治攻击。

2003年9月，霍多尔科夫斯基收购了著名的《莫斯科新闻时报》。他开始起用很多与普京政见相左的人。甚至传言，他将会与普京竞选总统。原来，霍多尔科夫斯基就一直密谋将俄罗斯转变为议会政治体系。在这种体系之下，作为犹太人的他，可以有权力参选总统。为此，他开始积极地运作改变原有的政治体系，为自己的权力梦想添砖加瓦。

在普京看来，霍多尔科夫斯基的首富身份倒不是威胁，而是他雄心勃勃的政治抱负。事实上，普京对霍多尔科夫斯基已经表现出了足够的宽容。在正式逮捕他之前，普京从很多方面对他进行了警告。在普京看来，寡头不能干政是底线，这绝不能触碰。

2003年，俄罗斯有关部门传讯了霍多尔科夫斯基，借此对他进行警告。然而，霍多尔科夫斯基并没有屈从普京的威慑，而是继续我行我素，并随后开始大肆攻击普京政府，其攻击之势同以往相比，有过之而无不及。这一次的公开与普京叫板，是霍多尔科夫斯基试图做的最后挣扎。

2003年10月25日，俄罗斯检察院正式拘捕了霍多尔科夫斯基。消息传出后，引起了俄罗斯各界人士的反对。同样作为寡头的盟友，几乎所有的财团都表示反对，许多政治力量也借此表达自己的诉求。一时间，抓捕霍多尔科夫斯

基的行动，似乎让普京政府陷入了被动。

10 月 27 日，普京发表公开谈话，表示："在法律面前，任何人都是平等的，没有特权。"普京同时表示，拘捕霍多尔科夫斯基是按照正常的法律程序进行的，符合俄罗斯宪法规定。在紧接着的 11 月国家杜马选举中，普京的党派获得了压倒性胜利，这为普京提供了足够的支撑。

2005 年，随着霍多尔科夫斯基的判刑，尤科斯事件以普京大获全胜而宣告结束。对于普京来说，尤科斯事件绝对是其肃寡行动中的标志性事件，其奠定了整个肃寡行动的基调。

在尤科斯事件中，政权与财阀之间相互斗争，由单纯的经济问题，裂变为政治问题。尤科斯事件的发生，正好处在俄罗斯总统选举与杜马选举的关键时期，对俄罗斯政局造成了巨大影响。最终，在政治与经济问题的裹挟下，以霍多尔科夫斯基的落败，普京的完胜而宣告结束。

尤科斯事件对于普京来说，是同叶利钦时代的彻底决裂。借此，普京彻底打击了雄心勃勃的寡头们，恢复了俄罗斯政局的稳定。在整个事件的进行过程中，也充分凸显了普京铁腕、强硬的政治形象。

5. 以儆效尤，继续为我所用

在整个肃寡行动中，普京的主要策略是：以儆效尤，震慑那些蠢蠢欲动的寡头们。因此，其目标并不是要对他们进行彻底打击，而是采取打击与安抚并重的手段，使他们臣服于政府的领导。

上台伊始，普京就对寡头们进行警告，在法律范围内，寡头们可以进行合法经营，但拒绝他们参与政治。然而，富可敌国的寡头们却不肯轻易低头，并试图扳倒强硬的普京。为此，普京以经济问题为突破点，惩治那些代表性人物，重新夺回了国家对政治经济的控制权。

在权威不断受到挑衅之下，普京先发制人，给了寡头们当头一棒，迅速浇灭了他们的嚣张气焰。特别是"七大寡头"的陨落，为俄罗斯财阀们提供了教训，迫使他们不得不顺从于普京政府的领导。

在与寡头们的斗争中，普京意识到了国家控制国民经济命脉的重要性。只有国家控制经济命脉，才能和归顺的寡头们保持共存关系。以尤科斯事件为突破口，普京重新夺回了具有战略意义的全能行业控制权，进而可以掌控住国民经济的命脉，掌握住政治主导权。

其实，与寡头们保持共赢的合作关系才是普京的目的。因此，上任伊始，他就率先释放出友好的信息，劝告寡头们回头是岸，并明确表示，对于叶利钦时代私有化进程中的违法行为，可以既往不咎。只要寡头们与政治脱离关系，他就可以与寡头们保持紧密的合作关系。但可惜的是，一些寡头们低估了普京。

在整个肃寡行动中，承认寡头们的财产合法性是普京的战略性胜利。在这样的承诺之下，寡头们可以继续从事商业经营，只要不干政，绝不会受到政府的为难。

对于普京来说，寡头们的利用价值是相当巨大的。在俄罗斯的政治、经济等社会生活的方方面面，到处充斥着寡头们的身影。对于国民经济，这些寡头们同样具有很大的影响，是可以为普京所用的伙伴。在重塑俄罗斯的大国雄风过程中，这些寡头们依然可以展现出更大的能量。

因此，恩威并重是普京对于寡头采用的有效手段——在不干政的前提之下，安抚好其余的寡头，支持他们的商业发展，给予更多的自主权。对于俄罗斯来说，强力的政治是必要的，但是稳定的经济发展也是不可或缺的。所以，普加乔夫、杰里帕斯卡成为了普京可以依靠的伙伴。在普京看来，只要消除他们的政治影响，在经济建设上，他们将会是非常积极的开拓者。

一系列的肃寡行动之后，俄罗斯依然存在着较大规模的资本力量。从一定的角度来说，政治与经济是难以彻底分开的。因此对于普京而言，寻找一个合适的契合点，适应政治与经济的共同发展是非常合适的。

实际上，随着"七大寡头"等旧寡头的消亡，新寡头正在逐步崛起。从资本运作的角度来说，他们依然可以对政府施加一定的影响。当然，这种影响必须维持在一定的范围之内，而且要更加委婉。所以，对于这些新寡头而言，保

持低调才是他们生存的法宝。而对于普京来说，只要他们合法经营，与政治保持一定的距离，政府始终会对他们保持友好的态度。

在普京的大国战略中，新寡头的存在具有更多的积极意义。因此，寡头们在"双赢"的战略举措下，可以与政府保持较多的合作。随着俄罗斯经济的发展，在政策、贷款等方面，政府都可以给予寡头们更多的优惠，使他们在经济领域具有更多的贡献。

对于普京来说，支持新寡头的发展，可以有效维护俄罗斯国内产业的核心地位。新寡头们形成的一股强势的力量，也就是对外国企业形成了一定的阻抗，这对于保护俄罗斯的民族产业具有积极的作用。

寡头阶层的消除，为普京扫清了政治道路的障碍，使其可以从容不迫地施展自己的政治抱负，重振俄罗斯的大国雄风。

Chapter 9

双翼外交:

谋求东西方的平衡

在普京上台之时,面临着国际国内的双重压力,俄罗斯的政治、经济、军事等领域正经受着严峻的考验。为了重塑俄罗斯的大国雄风,普京必须要作出改变。于是,普京开始稳步推进俄罗斯的政治、经济和军事改革。在应对车臣分裂势力以及恐怖主义方面,他采取了更加强硬的铁腕政策,对车臣分裂势力予以强力打击,以维护国家统一和领土完整。在对外关系上,普京以叶利钦时代的"双头鹰外交"为基础,重新调整俄罗斯的外交策略。为了平衡东西方之间的关系,以及巩固独联体的地位,普京制订了更为务实的"双翼外交"政策。

在"双翼外交"中,俄罗斯更加重视东西方之间的平衡,并且主动向西方国家示好。普京十分清楚,只有融入西方世界中,才能为俄罗斯的发展带来了更多的契机。在平衡东西方的同时,他也更加重视与独联体之间的关系。作为俄罗斯的后院,独联体的稳定与团结,具有极其重要的战略意义。

1. 用柔道推动外交

2012 年 8 月 2 日，在英国首相卡梅伦的陪同下，俄罗斯总统普京来到了伦敦奥运会男子柔道的决赛现场。最终，在普京的见证下，俄罗斯选手凯布拉耶夫获得了金牌。

在普京来伦敦之前，英国的摇滚明星表达了对他的抗议。但是，普京还是开始了计划中的英国之旅。作为柔道"黑带"选手，普京此行的另一个目的，就是观看奥运会的柔道比赛。

在普京的见证下，俄罗斯选手获得了 100 公斤级的柔道金牌。非常巧合的是，在其拜访英国的当天，俄罗斯就收获了三枚金牌，并且都是柔道金牌。

在媒体曝光的照片当中，记录了普京在伦敦的几个瞬间：在柔道决赛的看台上，普京与卡梅伦谈笑甚欢，不时窃窃私语；普京充满激情地为选手喝彩呐喊，鼓掌欢呼。当凯布拉耶夫获得金牌之后，他跳入场地，与这位新科冠军以及俄罗斯柔道队合影；在俄罗斯电视台的播放视频中，普京甚至身佩黑带，与柔道队员们切磋。

在一系列的政治热身之后，普京与卡梅伦一起了观看了柔道比赛。在国际社会看来，普京的伦敦之行，柔道显得比政治更为重要。俄罗斯媒体直接称道，普京此次的英国之行是"柔道外交"。

在会晤过后，普京对外表示，在叙利亚问题上，双方花费了大量的时间，并且试图寻找切实可行的解决方案。普京同时还说道，在日后的俄英经贸等合作上，双方具有非常广阔的合作空间。对于叙利亚问题，卡梅伦则表示，在这个问题上，双方存在着严重分歧。根据媒体的猜测，与矛盾重重的叙利亚问题相比，普京应该更加愿意与卡梅伦谈论柔道。

柔道，尽管是一项激烈的搏击术，但是具有柔之道，以技巧和策略而著称。

在会晤前，关于叙利亚问题，英国民众希望卡梅伦能够说服普京。但是，普京在这个问题上一直保持强硬态度。

对于普京的此次出行，俄罗斯民众认为是一场"柔道外交"。从事实来看，也的确具有"柔道外交"的色彩。

自 2005 年伦敦八国集团峰会过后，在长达七年的时间中，普京都没有踏上过大不列颠领土。在这七年里，发生了一系列事件，使得两国关系渐渐破裂。2006 年，前俄罗斯特工利特维年科在英国意外死亡。事件发生后，英国当局指责是俄罗斯密谋暗杀了这位英籍特工。对于英国的指责，普京针锋相对，说道："在政治挑衅中，谋杀的恐怖行为是令人不安的。"此后，两国关系跌至冰点。

简单的会谈之后，英国首相卡梅伦对英俄之间的关系表示乐观。俄罗斯国内媒体对于两国未来的关系发展也很看好，媒体纷纷预测，随着俄英关系的解冻，两国关系将会得到进一步发展。当然，作为新一届的俄罗斯政府，此次的英国之行所要表达的外交意向更为浓厚。

在体育运动中，普京最为欣赏柔道。即使工作再繁忙，他也一直没有间断过对柔道的练习。在普京眼里，柔道的礼仪等细节，能够较好地体现人的基本教养。当然，他并没有把柔道看作一种单纯的体育项目，而是认为它蕴含着深刻的哲理，具有高尚的尊重精神。普京曾经是一名专业的柔道运动员，获得过市一级的柔道比赛冠军。

在担任总统之后，普京把柔道作为处理国际关系的重要方式。在处理外交问题上，普京政府的举动也暗含着深刻的柔道哲理，而这也让他在外交事务上取得了显著效果。

在参加一次八国峰会时，历时三天的讨论让元首们焦头烂额。然而，在柔道赛场上，普京仍然爆发出无限的热情。来到柔道赛场上，普京脱掉了鞋子和外衣，显得精神抖擞。在与日本柔道士的切磋中，双方各自被摔倒在地。普京

曾经对年轻的柔道爱好者说过，柔道能够增强人的凝聚感，体现人与人之间基本的尊重原则，能够认识到自身的价值。当然，柔道不仅可以健身，还是处理国际关系的有效手段。后来，在处理俄日关系上，柔道就起到了很好的作用。

有一次，普京在访问日本时，就曾前往东京柔道馆参观。作为柔道黑带选手，他获得了东道主的掌声和鲜花。在那一次，他还与一位只有十岁的小女孩进行切磋，在切磋中，普京还被这位小女孩摔倒在地。不过，围观者还是在柔道比试中看到了普京的机智，给了他热烈的掌声。

对于普京的行为，评论人士称，这是一次非常巧妙的安排，给足了日本人面子。在北方四岛问题上，俄罗斯一直牢牢地占据主动，而这次败给一位日本小女孩，被认为他是还了日本的一个人情。几乎没有人会认为普京不是一个小女孩的对手，那只是他精心的安排而已。在小小的柔道赛场上，作为俄罗斯总统，普京要显示出自己的态度，这也体现了基本的柔道精神。后来，人们在看到那些比试的照片时，没有人认为那是普京的失态，而更加坚信他是一位强硬中带着柔情的俄罗斯硬汉，为他的个人外交魅力更增添了一抹亮丽的色彩。

普京不但善于利用柔道推动俄罗斯的外交，其更加擅长外交柔道。2005年，他与时任美国总统的布什进行了会晤。在会晤前，布什对于俄罗斯的民主进程进行了批评，指责普京政府对俄罗斯民主的倒退负有责任。在会谈期间，布什大谈民主，对普京进行一番教育。甚至还宣称，将在前苏联加盟共和国推行民主。可以说，布什当时所表现出的态度，完全是置普京于不顾。面对布什的步步紧逼，普京非常平静，没有直接对其进行反驳。而是在一种非常含蓄的氛围中表达出了自己的观点。

对于当时的俄罗斯来说，俄美关系具有重要的战略意义，因此，普京的退让完全是一种策略。

在普京看来，当务之急是发展俄罗斯的经济，恢复强大的国力。因此，他认为，在个别问题上，不能与美国针锋相对，要适时地退让，以争取最宽松的外部环境。

从2000年担任总统开始，普京一直实行战略收缩政策。在很多国际性问题上，都保持忍让态度，他试图与西方国家保持友好的关系。在他看来，想要发展俄罗斯经济，必须保持同西方国家的友好往来，这样才能够最大程度地争取搭配经济、贸易的好处。因为，那个时候，俄罗斯经济十分疲软，宽松的外部环境对自己至关重要。

纵观普京政府的外交政策，以空间换时间是其主要的战略举措。在格鲁吉亚、乌克兰等问题上，他始终保持隐忍的态度。即使在面对布什的批评时，他也仍然可以平静地对待。对于当时的俄罗斯来说，避免美国的民主制裁才是最为紧要的。因此，性格强硬的普京，不得不暂时收敛自己的傲气。

普京清楚地认识到，在当时的社会形势下，柔道式的外交政策才是切实可行的。只要能够维护俄罗斯的核心利益，适当的隐忍也是未尝不可的。

2. "双翼外交" 的新构想

随着"库尔斯克"事件的淡出，普京更加注重推行平衡、务实的"双翼外交"策略，希望可以自由地游走于东西方之间。九月初，在出访日本之后，普京参加了联合国千年首脑会议，并且与克林顿进行了高峰会晤。仅仅几天之后，在莫斯科，普京又接见了越南总理潘文凯。10月份，普京接连访问印度和法国。那个时候，俄罗斯国内灾难频发。但是，普京始终在努力实施更为稳妥的"双翼外交"策略。

成功当选总统之后，在政治、经济体制上，普京进行了大幅度的改革。特别是在对外关系上，他更加注重平衡东西方的关系，奉行"双翼外交"政策。在这种外交战略的规划之下，东方和西方宛如俄罗斯的两翼。普京认为两翼齐飞之时，俄罗斯的外交关系才会实现跨越式的发展，俄罗斯才能更加自如地驰骋在国际舞台上。

"双翼外交"的口号是普京在继承叶利钦时代"双头鹰外交"的基础上提出来的。苏联解体之后，俄罗斯独立初期，为了获得西方世界的信任，叶利钦将外交关系全面倾向西方，奉行"一边倒"的政策。其希望以妥协和退让的方

式，获得更多的利益，但事实却是非常残酷的。

对于西方国家来说，冷战虽已结束，但依然对俄罗斯保持一定的戒心。西方国家希望可以继续削弱俄罗斯的政治和经济实力。在这样的背景之下，俄罗斯不但失去了西方国家的信任，在东方国家中的影响也日渐式微。在自身利益受损的同时，俄罗斯的大国形象也在瞬间崩塌。

左右权衡之下，叶利钦改变了"一边倒"的外交战略，开始实施兼顾东西方的"双头鹰外交"。于是，他主动同中国等东方国家接触，试图让俄罗斯走出外交困境。"双头鹰外交"的实施，确实让叶利钦政府在东西方之间取得了一个平衡关系。但是，随着俄罗斯国内政局的动荡，以及国际形势的逐步恶化，"双头鹰外交"的弊端开始显现，致使俄罗斯的外交关系再次陷入低迷。

兼顾俄罗斯的现实与长远利益，普京上台后，开始实施"双翼外交"策略。作为横跨欧亚大陆的国家，现实逼迫着俄罗斯必须面对欧洲和亚洲，并且要努力维护好周边国家的环境。同时，以往的历史表明，想要恢复俄罗斯的大国地位，独立的外交政策是必不可少的。在以往的外交关系中，虽然俄罗斯希望与西方国家交好，但西方国家并不买账。现实向其提出了更高的要求，因此不对抗、不结盟的外交政策成为普京的首选。

与"双头鹰外交"相比，"双翼外交"在处理国家关系上更为主动积极。随着"双翼外交"的持续推进，俄罗斯的经济得到了稳步回升，国内的政治环境也更加稳定。与以往复杂的国内形势相比，俄罗斯国内的政治势力已趋向一致，都对"双翼外交"的平衡政策予以支持。在叶利钦时代，俄罗斯的外交政策多变，让国家社会摸不清门道。因此，国际社会也希望俄罗斯奉行更加稳定、务实的外交政策。在普京的"双翼外交"之下，世界各国都对俄罗斯抛出了橄榄枝，希望可以与之建立正常的外交关系，以加大交流与合作。

与以往对抗的外交关系相比，普京希望可以修复与西方的关系，对西方实行更加友好的外交政策。因此，他将重点放在西欧，希望借此打开俄罗斯的外交局面。随着普京不断地访问英国、德国、西班牙，一股甚为浓厚的"普京热"开始显现。

之所以将俄罗斯的外交重点率先选择西欧，具有极为重要的战略意义。在车臣问题上，以美国为首的西方国家对俄罗斯进行了孤立。因此，消除彼此间的误会和隔阂是当务之急。西欧国家经济实力雄厚，扩大相互间的经济交流与合作，对俄罗斯具有重要的现实意义。对普京来说，尽快走出疲软的经济困境，提高人民生活水平才是最为关键的。另外，美国在欧洲具有很大的影响力，与欧洲保持友好关系，可以扩大俄罗斯在欧洲事务中的发言权。在欧盟逐渐强大的背景之下，普京希望可以加大与欧盟成员国之间的合作，深化彼此间的经济交流，促成双边关系的持续稳步推进。

对于西方国家来说，蓬勃的俄罗斯市场是他们极为看重的。因此，当普京政府率先释放出友好的信息之后，西方国家并没有犹豫。以英国、德国、意大利为首的西方国家，率先同俄罗斯进行接触，展开大量的经济交流与合作。随着经济贸易关系的推进，西方国家对俄罗斯的芥蒂逐渐解除。对于普京来说，实现与欧洲外交关系的突破是向世界展示其执政能力的重要手段。

随着俄罗斯与欧洲关系的拉近，美国也开始重新审视这位老对手。在预定的俄美领导人会晤上，双方就开展和维护两国关系达成了战略性的共识。在经济、能源、反恐等问题上，俄罗斯与美国进行了具有建设性的谈判。当然，两国之间的隔阂还是存在的。对于美国倡导的修改《反导条约》，俄罗斯始终保持着自己的态度。尽管美国花费了大量口舌，但普京依然毫不松口。不过，在新形势下，俄罗斯与美国以交流与合作作为主导方向，尽量避免再次发生摩擦，以让两国关系能回到正常的轨道上。

当然，在实施西进计划的同时，普京仍然十分重视对东方的政策。确实，西方是普京优先发展的方向，比东方更为迫切。但是，在俄罗斯的对外关系中，东方仍然是非常重要的一方面。在东方，俄罗斯具有更为重要的现实与长远考虑。从战略意义上来说，在处理俄罗斯的对外关系中，东方能够有效地平衡西方，为俄罗斯的对外战略取得更多的主动权。

对于普京来说，中国仍然是其东方战略的重点。在普京的东方战略中，中国具有支柱性的意义，优先地位十分明显。在随后的访华过程中，普京提倡发展两国战略合作伙伴关系，加深彼此经济、贸易、能源、高科技等方面的交流与合作。作为相邻的两个大国，俄罗斯与中国在国际事务中具有许多共同的利

益诉求，这为两国关系的发展奠定了良好的基础。在国际关系中，俄罗斯与中国的合作，对于倡导建设多极化的世界格局具有战略性的意义，可以有效对抗美国以及西方世界。作为亚太地区的大国，俄罗斯与中国对该地区具有重要的影响。因此，普京十分重视同中国的合作，将此作为平衡对外关系的重要手段。

除了中国，印度、日本、韩国、朝鲜也是普京东方外交中的重点。在维持对华关系的同时，与亚洲各国保持密切往来，有利于平衡普京的亚洲外交战略。其中，普京特别重视与印度的外交关系。在政治、军事和贸易等领域，两国的交流与合作日益密切。在普京的倡导下，双方正式建立战略伙伴关系。

普京还加强了同日本的交流与合作。尽管在很多问题上两国存在一定的矛盾，但是并不妨碍两国关系的发展。与朝鲜关系的修复，也是普京平衡亚洲外交关系的重要举措。在很多国际性问题上，与朝鲜的合作，能够让普京取得更多战略性的成果。在说服朝鲜放弃导弹研制计划之后，普京赢得了国际社会的称赞。在八国首脑峰会中，普京成为焦点性人物，具备了与美国抗衡的筹码。

对于普京来说，"双翼外交"的战略性意义是非常突出的。首先，普京打破了西方国家对俄罗斯的封锁，双方建立了更加友好的合作关系。其次，随着东方外交战略的实施，得以恢复俄罗斯在亚洲国家的影响。最后，在维护和巩固俄罗斯利益的同时，俄罗斯在东西方之间也形成了非常良好的平衡关系。

普京的政治构想是，为俄罗斯建立稳定的外部环境，使本国的经济发展有一个更加良好的国内外氛围。在保持东西方关系平衡的同时，俄罗斯在国际事务中发挥出了更加显著的作用，为重塑俄罗斯的大国地位奠定了良好的基础。

3. 俄罗斯与美国：对抗与合作并存

作为曾经的世界超级大国，俄罗斯与美国的关系对于世界的和平与稳定具有战略性的意义。在普京的外交战略中，加强同美国的交流与合作，成为其执政之路上至关重要的一方面。

冷战结束之后，两国关系依然停滞不前，这对于重建世界新格局有着重要的影响。对于普京来说，重建两国关系需要一个良机。2001 年 9 月 11 日，美国的五角大楼与世贸中心遭到基地组织的恐怖袭击，对整个世界造成了震动性的影响。

当"9·11"事件发生后，普京第一时间致电白宫，表示对美国政府以及人民的同情。当时，普京是"9·11"事件后第一个向美国致电慰问的外国元首。对于刚刚就任总统的普京来说，这一次致电的战略意义是非常突出的。借由"9·11"事件，可以表露出普京的政治愿望，他首先伸出向美国交好的橄榄枝。

对于普京的示好，布什总统说，正如普京所说的那样，美国与俄罗斯不再是彼此的敌人。紧接着，普京再次给予回应，表达了对于美国人民的同情，并且再次说出一句战略意味十足的话：

"对于美国人民的遭遇，俄罗斯人民感同身受。"

"9·11"事件的发生，对于冷战之后的国际政治格局造成了颠覆性的影响，成为 21 世纪世界形势的转折点。此后，美国政府大幅调整全球安全战略，不再把俄罗斯当成最大的潜在对手。对于普京来说，这是一次难得的机遇。正是这个事件的发生，让普京的"双翼外交"得以实施。普京清楚，想要巩固自己的政治地位，需要这种突破性的举动。

在当选总统之后，普京调整俄罗斯的国家战略，将发展国内经济作为最主要的任务。那个时候，俄罗斯同美国相比还存在着较大的差距。因此，重建与美国的外交关系，有利于促进俄罗斯的政治和经济发展。

为此，普京开始大幅度调整俄罗斯的外交战略，向世界展示其执政的决心。在 21 世纪初，普京多次阐述俄罗斯的外交战略。其中，最为重要的是，在俄罗斯的国际定位中，地区性的大国成为普京的现实考虑。对于普京来说，避免国际社会的孤立是非常重要的，他试图以此为俄罗斯的经济发展创造良好的外部环境。在阐述外交关系时，普京表示会力争消除与美国关系的障碍，重新恢复与美国的合作基础。谈到具体的策略，普京表示将会努力促进双方的多领域、多层次交流，形成常态性的局面。普京特别指出，在政治、经济、军事

等方面，尽量不出现停顿、中止等情况，努力为俄罗斯的发展创造更为有利的国际氛围。

对于普京来说，2001 年是一个契机。2001 年，普京上任仅一年，而布什刚刚上任。对两位年轻的领导人来说，都需要做一些实事来巩固自己的政治地位。2001 年的六、七月份，普京与布什进行了两次元首级的会晤，打破了两国关系的僵局，使得俄美之间的外交关系得以改善。

"9·11"事件之后，反恐问题成为国际社会的主流。在这个问题上，俄罗斯与美国存在着较为广阔的合作空间。在普京的倡导下，俄罗斯与美国建立了长期的反恐合作伙伴关系，共同致力于打击各类国际反恐活动。对于普京来说，与美国的合作，具有极为重要的战略意义。

首先，打破了美国对俄罗斯的孤立和封锁，使得自俄罗斯独立以来的国际环境有了改善。俄罗斯想要发展经济，宽松的外部环境是非常重要的。其次，在合作的背景之下，俄罗斯的国际地位将会得到认可，使其得以在国际事务中发挥更大的作用。最后，对于车臣问题的解决是非常有利的。"9·11"事件之后，美国决定打击和报复阿富汗的塔利班势力。在这个问题上，俄美两国具有很多的共同利益。

对于刚刚上任的普京来说，面对世界新形势，发展国内经济成为其最主要的目标。为此，在很多问题上，他都能适度地加以退让，在战略上进行一定的妥协。在中亚、《反弹道导弹条约》（即《反导条约》）以及裁减战略核力量等问题上，普京一反常态，采取了非常温和的态度，他之所以这样，就是为了避免造成两国关系的再次僵化。

普京上台后，延续了叶利钦时代的对美外交战略，反对美国的单极霸权。在许多国际性问题上，普京都试图阻止美国的霸权计划。其中，关于导弹防御的问题，俄罗斯与美国的摩擦最多。对于美国提出将会在俄罗斯周边国家部署导弹防御系统的想法，普京表示了反对，并以退出裁减核力量条约作为威胁。

在《反弹道导弹条约》上，普京的立场非常坚定，不允许美国进行修改。与此同时，普京展开积极的外交活动，联合中国、古巴、朝鲜、加拿大等国，反对美国提出的修改《反弹道导弹条约》计划。

"9·11"事件之后，尽管普京在整体上对美国有所让步，但在关键问题上依然不松口，双方对抗一直存在着。对于美国在阿富汗反恐的问题上，普京采取了合作的态度。鉴于美国在中亚政治影响力的增大，在阿富汗战后重组问题上，普京与布什之间的矛盾与分歧也十分突出。当然，最严重的问题出现在伊拉克。关于是否对伊拉克动武的问题，普京与布什之间的分歧最为严重。尽管普京同意与美国加强反恐合作，但这种关系的牢固性依然十分有限。

在北约东扩的问题上，普京寸步不让。最终，双方的矛盾无法调和，此前的反恐战略伙伴关系也彻底破裂。

在普京的首届任期内，以发展俄罗斯的国内经济为主，采取了更为务实平衡的外交政策。总的来说，俄罗斯与美国之间既有合作，也有对抗，呈现出更为复杂的国际政治关系，对世界形势造成了深远的影响。

4. 俄罗斯与中国：发展与突破

早在叶利钦时代，俄罗斯就采取了对华友好的外交政策。普京上台之后，在对华友好的战略方面，有了更多的突破。在"双翼外交"之下，普京把东方作为重要的一方面。而在东方，中国又是不可忽视的一股力量。于是，发展与中国的睦邻友好关系，成为普京政府的外交重点。

2000年7月5日，普京与江泽民主席在塔吉克斯坦进行了首次会晤。在谈到中俄两国的关系时，江泽民说道："随着两国交往的日益密切，双方的战略合作水平正在不断提高。无论是对于世界，还是两国来说，在很多问题上，都具有共同的责任和利益。特别是在21世纪的国际政治新格局中，中俄两国具有广泛的合作前景，肩负着维护世界和平与稳定的重任。"

随后，刚刚上任的普京访问中国。在访华期间，双方签订了具有战略意义的《中俄北京宣言》。这份宣言表明，把建立21世纪国际政治新格局作为当前两国面临的重要课题。中俄两国对外表示，反对任何形式的霸权主义强权政

治，维护和坚持国际法的基本原则。同时还声明，反对武力干涉别国内政，共同维护世界和平与稳定。在 21 世纪国际政治经济新秩序中，中俄两国努力推动世界格局朝着多极化的方向发展，反对"一超多极"。

次年 7 月，应俄罗斯总统普京的邀请，江泽民主席对俄罗斯进行国事访问。在会谈期间，两国元首关于在 21 世纪实施战略合作的方向达成了共识，并且签署了《中俄睦邻友好合作条约》。随后，中俄两国发表了《中俄元首莫斯科联合声明》。在这份声明中，强调了两国关系的重要性，把友好作为基本的原则，以法律的形式加以说明。在友好的磋商之下，两国同意将双方的关系提升至相互信任的战略合作伙伴关系。《中俄睦邻友好条约》的签订，标志着两国关系走上了一个新台阶，朝着更充实深入的方向发展。

2002 年，普京再次对中国进行国事访问。会谈期间，两国共同签订了《中俄联合声明》。声明表示，两国将继续拓展双边战略合作伙伴关系，在能源和反恐等世界性问题上加强沟通和交流。其中，重点突出了两国在经贸等领域的合作和交流。

在评价两国关系的时候，江泽民主要将其归结为以下几个方面：一是政治信任是两国建立友好合作关系的基础。二是高屋建瓴，面向未来。面对 21 世纪的国际政治经济新格局，两国从战略的眼光和高度来规划两国关系，促进相互交流和往来。三是在高层领域保持密切的人员往来，形成了常态化的交流机制。新机制的建立，有利于两国及时解决面临的突发问题。四是相互尊重和理解，维护和坚持共同利益。五是在上海合作组织的框架内，建立平等、合作、互信、互利的基本原则，共同维护周边地区的安全和稳定，为各自的经济发展提供良好的外部环境。

对于俄中两国的战略合作伙伴关系，普京是这样概括的：充分的政治互信、密切的经贸往来，良好的国际合作是建设两国关系的重要基石。

那个时候，普京为了发展国内经济，将外交的重心放在西方，并没有真正认识到对华关系的重要性。

2003 年，刚刚上任的胡锦涛主席，将第一次出国访问选为俄罗斯，充分证明两国关系的重要性。在会谈期间，两国元首都赞同继续巩固和加强战略合作伙伴关系。面对扑朔迷离的 21 世纪，两国把睦邻友好作为基本的行为准则。

2004 年，普京成功连任。此时，随着中国国际地位的提升以及综合国力增强，普京重新规划了两国的外交关系。此前，在能源合作问题上，双方存在着一些异议。但是，随着普京的二次上任，问题得到初步解决，两国关系开始高速发展。在政治、经济、文化、军事等领域，俄罗斯与中国建立了战略合作伙伴关系。随着中国经济的持续稳定发展，普京开始重视与中国的交流与合作，两国关系变得更为密切。

2004 年，在两国建交 55 周年之际，普京总统开始了第三次中国之旅。关于这次访问，两国对《中俄睦邻友好合作条约》进行了具体的规划。这次会谈，最重要的成果就是解决了困扰两国关系发展的边界问题。此后，数千公里的两国边界朝着和平、合作、友好的方向发展。边界的全部确定，为两国关系的发展扫清了障碍，为战略合作伙伴关系的巩固奠定了良好的基础。

同为联合国五大常任理事国，在很多国际和地区性问题上，俄罗斯都加强与中国的交流与沟通。2005 年，普京与胡锦涛主席举行了第四次高层会晤，并且发表了《中俄关于 21 世纪国际秩序的联合声明》。对于 21 世纪国际新秩序的建立，俄罗斯与中国存在着很多共同的观点，立场基本一致。作为相邻的国家，在战略性的问题上，两国就领土等双边问题展开了实质性的磋商。当年，俄罗斯国家杜马与中国人大合作委员会首次召开，标志着两国在议会问题上实现了常态化的合作机制。

在 21 世纪前十年，两国关系朝着友好、合作、平等的方向发展。中俄两国关系的稳定，促进了世界的和平与稳定。

5. 巩固后方稳定，避免外部事端

普京执政之后，有很多事情需要处理，而最紧迫的就是俄罗斯的外交事宜。普京无论是对西方还是对东方，都采取了大体上相同的外交政策——"双

翼外交"，而这种外交政策最主要的就是注重东西方之间的平衡，同时独联体内的平衡也是至关重要的一方面。对普京而言，独联体的稳定与团结，对于俄罗斯的政治、经济、军事、文化等方面的发展具备战略性地位。

苏联解体以来，俄罗斯曾数次在外交政策上做出重大调整，但收效甚微。苏联刚解体时，俄罗斯采取亲西路线，在外交上主张依附于西方，想通过这种方式融入到西方的社会中去，幻想着以妥协的方式得到西方国家的认可和青睐。但这仅是俄罗斯的一厢情愿而已，最后必然使自己遭受重创。当时，虽然冷战已经结束了，但西方对俄罗斯一直抱有敌意，并一直想方设法地去削弱俄罗斯的实力。这使得毫无防备的俄罗斯不仅没有融入西方，还让自己在东方的地位受到了严重威胁。

叶利钦执政时期，侧重于亲欧美，企图以此来赢得西方世界的经济援助，但是西方国家只动嘴，却不付出任何实际行动，最终导致俄罗斯不得不面临着巨大的改革变动。随后叶利钦改变了以前的外交方式，不再仅仅与欧美亲近，同样亲近东方。他想利用这种外交方式，重新在国家外交中确立俄罗斯的大国地位，为国内的改革带来新机遇。

在普京的执政纲领中，国家经济的发展无疑是排在首要位置的。但是，动荡的外部环境一直制约着俄罗斯经济的发展。独联体是否能够持续保持稳定，以及独联体国家是否可以做到互帮互助，对普京在国内和国际上所推行的一系列政策都有着十分重要的影响。

独联体国家与俄罗斯有着千丝万缕的联系，属于俄罗斯在政治、军事等方面的地缘战略区。因此，普京将很多精力都放在了处理独联体与俄罗斯的关系上，他认为，独联体国家应该共同对抗美国的军事渗透。

随着苏联的解体，俄罗斯的政治和经济形势出现恶化，综合国力大幅下滑。在外交方面，俄罗斯忽视了独联体国家的重要性，导致独联体国家脱离了俄罗斯的掌控。

在这个时机，美国加紧向独联体国家进行渗透，增加在该地区的影响力。对于美国来说，独联体国家具有重要的战略意义。作为俄罗斯的近邻，一旦美国控制了独联体国家，就能够对俄罗斯形成直接的军事威胁，并从多方面制约俄罗斯政治、经济和军事的发展。因此，美国乘虚而入，加紧对独联体国家的控制。

1999 年 4 月 20 日，独联体成员国乌兹别克斯坦、阿塞拜疆和格鲁吉亚宣布退出独联体。随后，以乌克兰、格鲁吉亚为首的五个国家，在美国的提议和支持下，建立了一个名为"古阿姆"的联盟组织，以此来反对俄罗斯的政治统治。为了控制这些国家，美国大肆采用经济手段予以笼络，试图对俄罗斯形成包围之势。

在美国所采取的对外战略中，中亚及高加索地区也在他们的战略规划之内。因为这几个国家与俄罗斯接壤，便于美国利用，因此他们获得了众多美国经济的援助。据统计，美国为这几个国家提供的专项援助资金高达 22 亿美元。在巨大的经济利益诱惑下，这些国家抛开了俄罗斯，开始追随美国的脚步。中亚和高加索地区不仅在地理位置上占据优势，还有极为丰富的能源资源。对于美国来说，通过封锁中亚和高加索地区，它可以得到更多的实际利益以及达成自己的战略目的。

对于普京来说，他绝不会允许自家后院起火。中亚及高加索地区，具有极其重要的战略意义。一旦失去对该地区的控制，俄罗斯的政治、经济和军事发展等都会受到严重制约。如果美国在该地区实行军事进驻，将会直接影响到俄罗斯的领土安全。

2000 年，刚刚上任的普京对外表示，不管是在过去、现在，还是未来，俄罗斯与独联体国家的合作都是国家安全战略中的先导方向。随后，在普京的倡导下，独联体国家领导人举行了高峰会谈。经过独联体国家的一致提议，最后普京被任命为独联体理事会主席。同年 6 月份，独联体召开了莫斯科峰会，共同发表了一份对外联合声明。美国相当失望，因为联合声明中有关于《反导弹防御条约》的内容，他们将维护世界和平与安全作为独联体国家共同担负的责任。其中，独联体国家一致认为应该削减核武器，决定遵守国家法的基本原则。

关于独联体，普京在回答记者提问时，曾说："俄罗斯正处在发展与复兴阶段，需要与独联体国家精诚合作，应该加强彼此之间的信任与往来，以保

证形成更为融洽的多边合作关系，促进地区间的和平与稳定。"普京在任何方面都是一个快手，想到就做。因此他用自己的行动来证明独联体国家的战略意义。此后，普京开始对独联体国家进行友好访问，逐步增强相互之间的经贸、能源合作。

在"古阿姆"联盟中，实力最强的国家非乌克兰莫属，因此，它成为美国与俄罗斯共同争取的对象。因为早期的地缘政治影响，所以导致乌克兰与俄罗斯的联系更为紧密。

在能源上，俄罗斯对乌克兰形成了有效控制。据统计，乌克兰75%的天然气和90%的石油全都是从俄罗斯进口的。因此，能源无疑成为俄罗斯掌控乌克兰的重要砝码。在经济方面，乌克兰与俄罗斯的合作与交流十分紧密。当然，也存在着或多或少的问题。特别是在黑海舰队和军港的归属问题上，两国一直存在着严重分歧。与此相比，经济领域的摩擦就不值一提了。

因为乌克兰在独联体国家中拥有十分重要的地位，所以普京执政之初，便对乌克兰进行了国事访问。在两国首脑会谈中，双方就共同关心的众多焦点问题进行了深入交流，最终达成一致观点。在展开政治、经济、军事等多方面的合作后，普京终于稳住了俄罗斯与乌克兰的关系。

随后，两国元首之间的会晤次数逐渐增多，合作交流的领域也变得更为宽广。特别是在军事技术方面，两国的合作逐步深入。

而俄罗斯与格鲁吉亚的关系也一度陷入紧张局面。在处理潘基西峡谷问题上，俄罗斯与格鲁吉亚存在着严重的矛盾，甚至于到了兵戈相向的地步。对于俄罗斯和格鲁吉亚来说，最好的方式就是和平解决潘基西峡谷问题。为此，普京多次与格鲁吉亚总统进行会谈，商讨关于潘基西峡谷问题的合理解决办法。

潘基西峡谷因为地理位置优越，所以具有十分重要的战略地位。潘基西峡谷，地处车臣与格鲁吉亚之间，山地众多，为车臣分子的藏匿提供了良好的场所。在第二次车臣战争之后，众多车臣武装分子潜入该地区，对俄罗斯本土形成了巨大威胁。鉴于这个原因，俄罗斯不得不紧迫地着手处理这一问题。

为了解决车臣问题，普京多次要求格鲁吉亚方面进行合作，共同清剿该地区的武装分子。但是，格鲁吉亚对俄罗斯的军事能力一直保持着畏惧之心，戒备心很强，担心俄罗斯军队一旦入驻这一地区会对格鲁吉亚的安全带来重大威胁。因此，对于普京提出的联合清剿方案，格鲁吉亚一直采取不作为的态度。

为了解决车臣问题，俄罗斯多次对潘基西峡谷进行轰炸，这无疑使格鲁吉亚心生愤慨。对于俄罗斯的轰炸行动，格鲁吉亚一直都是十分抵制的，指责俄方侵犯其国家领土主权。但是，车臣问题一直影响着俄罗斯的安全与稳定。因此，普京声称必要的时候，俄罗斯将会采取强硬的军事行动对格鲁吉亚境内的武装分子进行全面轰炸。

迫于俄罗斯的多方压力，格鲁吉亚同意合作。随后，在普京的要求下，双方达成了一个协议：格鲁吉亚配合俄罗斯引渡车臣武装分子，而普京则承诺不再对格鲁吉亚的领土进行轰炸。

对于普京来说，只有恩威并施才能有效地解决潘基西峡谷问题。普京一直都在努力保持这一地区的和平与稳定，因为这样才可以为俄罗斯的经济发展创造有利的环境。此外，处理潘基西峡谷问题的另一目的主要是为了应对美国潜在的威胁。

同时，普京对俄罗斯与乌兹别克斯坦的合作也十分重视。普京曾多次对乌兹别克斯坦进行国事访问，这直接表现出普京的政治目的。在访问过程中，两国关于经济贸易以及军事技术的合作与交流，达成了多项共识。之所以可以顺利地与乌兹别克斯坦展开全方位合作，主要是因为普京对症下药，将军事合作作为两国交流的重点。

在中亚地区，恐怖主义、民族分裂势力和极端宗教势力十分猖獗，这无疑对乌兹别克斯坦的国家安全与稳定带来了严重威胁。因此，普京便顺势提出俄罗斯决定向乌兹别克斯坦提供军事援助，帮他们解决国家安全问题。此后，乌兹别克斯坦与俄罗斯建立起了十分重要的外交合作关系。

本来，乌兹别克斯坦已经宣布退出《独联体集体安全条约》，但经过多次谈判之后，乌兹别克斯坦决定重新加入独联体。后来，乌兹别克斯坦也加入了独联体联合军事演习，为两国关系的稳定打下了坚实的基础。

6. 俄欧关系：主动示好，全力拉近

处理国际事务时，普京通常都是采用灵活、积极的处理方式。2000年4月，普京展开了对欧盟方面的外交攻势。

普京将英国定为访问西方的第一站，他之所以做出这样的决定，主要是经济方面的原因，因为英国可以帮助俄罗斯在国际货币基金组织中站稳脚跟。同时，英国不仅在欧盟成员国中有着巨大影响力，最主要的是其与美国也有着十分密切的关系。所以，如果俄英关系得到改善，也可以间接地促进俄美关系的发展，缓解俄美之间的矛盾，为俄罗斯与西方国家的关系建立一个可供缓和的平台。

英国首相布莱尔是首位直接与普京接触的西方领导人，在双方会晤之后，他对普京赞不绝口，认为普京是"有理想、有抱负、极富政治远见的人"。

通过此次访问，普京与布莱尔成功建立起俄英两国领导人年度会晤机制，并在两国的经济合作上迈出了关键一步，距离俄罗斯与英国建立"特殊伙伴关系"的目标又近了一步。

随后，普京又立即飞往意大利、西班牙和德国。在访问意大利和西班牙期间，意大利与俄罗斯达成了经济合作意向，并同意向俄罗斯提供15亿美元的经济援助。

在普京看来，德国可以在俄罗斯的外交政策中发挥出至关重要的作用，这主要是德国跟俄罗斯的领土距离较近，同时又都是在世界上拥有重要影响力的大国。

2000年6月15日，普京正式对德国进行了友好访问。普京将二战时期的一部分战利品归还给德国，作为访问德国的见面礼。同时还与德国总理施罗德就俄德关系进行了深入会谈。会谈结束后，施罗德在接受记者采访时说："德俄在两国关系上达成了共识，决定双方在新的基础上形成一个良好开端。"他还强调，德国愿意跟俄罗斯建立"战略合作伙伴关系"。普京也表示，他与施罗德的会谈有着深刻意义。

当时俄罗斯的最大债权国就是德国。俄罗斯已经欠下德国高达 750 亿马克的外债，普京企图利用这次访德的机会减免俄罗斯的债务。但经过协商，德国最终没有同意这项要求，不过却延长了俄罗斯的还款时间。本来俄罗斯应该在 2000 年偿还德国 80 亿马克，但经过协商之后，将这一还款日期定为了 2016 年，所有款项在 2020 年全部还清即可。

普京的这次访德确实不虚此行。首先，在美国推出的"导弹防御问题系统"方面，德国与俄罗斯拥有相同立场。普京当即提出了"大西洋到乌拉尔的非战略防御系统"计划，德国总理施罗德没有提出任何反对意见，并表示可以在这方面进行深入探讨。其次，俄德两国在加强双方多方面合作上达成共识。普京希望德国可以加大对俄罗斯的投资力度，为俄罗斯经济的振兴提供重要帮助。施罗德表示，德国会对俄罗斯经济的发展提供最大的支持力度。随后，双方签署了多项投资意向书。

通过这次德国之行，因科索沃战争等原因造成的俄德关系裂痕，出现了可喜的变化。很多媒体纷纷表示，"德俄关系开始全面'解冻'"。

2000 年 10 月，普京访问了主要欧盟成员国法国，并在巴黎参加了俄欧第二次峰会。会上，普京做了相关发言，他表示，在未来，俄罗斯或许有可能会加入欧盟，俄罗斯愿意同欧盟在各方面展开积极合作，他不排除俄罗斯与欧盟之间的关系也成为具备一体化性质关系的可能性。

2001 年 3 月，普京应欧盟领导人邀请，参加了欧盟各国领导组成的高峰会议，这无疑表明俄罗斯与欧盟的关系正处于快速提升中。

2001 年 5 月，普京邀请欧盟领导人到莫斯科进行第七次会晤。双方表示，将加强俄欧之间的深入合作，并反复强调要努力组建欧洲统一经济空间。同年 11 月份，普京与来访的北约秘书长罗伯逊进行了会谈，表示要积极加强俄罗斯与北约的合作关系，不过却明确提出俄罗斯不会加入北约。普京在回答记者问题时特别强调，俄罗斯不会加入北约，但如果可能的话，俄罗斯愿意与北约展开多方面合作，并促进俄罗斯与北约关系的发展。在普京看来，加入北约，俄罗斯的大国地位必然会受到损害，因此他反复强调俄罗斯不会加入北约，但可

以与对方展开平等合作。

通过对欧盟重要成员国的不断访问，俄欧关系逐步打破了现有瓶颈，并得到了一定程度的提升。为俄罗斯与欧盟在多方面的合作提供了重要保障，同时也为俄罗斯加入欧洲一体化提供了有利支撑。

2002 年 5 月 28 日，普京与北约 19 国的国家领导人在罗马共同签署了《罗马宣言》，宣布北约—俄罗斯理事会正式成立。俄罗斯将与北约展开多方面的平等合作，比如反恐、核武器控制、海上救援等等。今后，俄罗斯可以参与到北约很多重大决定中，并可以发表自己的意见。

普京认为，通过这种新机制的建立，可以在北约的持续东扩中维护本国的核心利益。北约的持续东扩必然会对俄罗斯本土安全带来直接威胁。但与北约展开合作后，可以有效地抑制这种情况的出现，至少可以减轻北约东扩对俄罗斯国家安全的威胁，稳定国内形势，巩固俄罗斯在国际上的政治地位。

同时，这种机制还可以在改变北约性质方面提供重要机会。俄罗斯也希望可以通过这种方式在政治上与西方世界达成共识，并获得对方在经济等方面的支持，让俄罗斯的经济加快复苏，增强俄罗斯的综合国力，提高俄罗斯在国际中的大国地位，在今后的大国角逐中获得更多优势。

Chapter 10

震惊西方的"北极熊"

　　对于克格勃出身的普京来说，增强俄罗斯的军事实力是极为迫切的任务。在苏联解体之后，俄罗斯政坛动荡，经济疲软，导致俄罗斯的综合实力和国际影响力大幅下滑。同时，美国和欧盟加紧对俄罗斯周边国家的渗透，企图对俄罗斯形成军事包围。在俄罗斯国内，车臣的恐怖主义势力成为威胁国家安全的重要因素。臭名昭著的"黑寡妇"，对俄罗斯国内进行不断的骚扰。格鲁吉亚战争的爆发，引发国际社会的强烈反应，普京开始面临更加困难的未来。

　　为了应对未来新形势的发展，普京用"新军事学说"来重建俄罗斯军队，希望打造出一支更加强大的俄罗斯军事力量。经历了一段时间的韬光养晦之后，普京开始向世界展示"肌肉"，努力维护俄罗斯的切身利益。对于俄罗斯来说，军事力量的增强，有利于国际影响力的提升，可以为俄罗斯的政治和经济的发展，带来更多稳定有利的因素。

1.用"新军事学说"重塑铁军

在普京的施政理念中，最为经典的一句话就是："给我 20 年，还你一个强大的俄罗斯。"

上台后，普京转变传统的外交策略，积极融入到西方社会中。与叶利钦时代的"双头鹰外交"不同，普京实施了更为务实平衡的"双翼外交"，力图为俄罗斯的经济发展创造更为有利的外部条件。对于普京来说，想要恢复俄罗斯的大国地位，必须要争取在国际事务中发挥更多的作用，而要想实现这一目标，军事能力将成为非常重要的一方面。在政治宣言中，普京说道，没有强大的军事能力，就没有强大的俄罗斯。这不仅是一句口号，他也为此付出了切实的行动。

对于克格勃出身的普京来说，改革军事成为执政道路中重要的方面。早在担任总理的时候，普京就提出了建立新的国家安全战略。在担任总统之后，普京签署了总统令，宣布启动实施新的国家安全战略，提高对当前国家政治形势的应对能力。就这样，新的军事学说开始慢慢浮现出来。对于俄罗斯来说，必须要面对国内外的军事压力，加强应急反应能力。

在普京的新军事学说中，核门槛成为其中非常重要的内容。普京提到，为了维护俄罗斯的军事安全，除了现有的军事力量，核力量也是非常重要的手段。于是，核武器成为俄罗斯维护国家军事安全的常规武器。

根据普京的新军事学说战略，其中主要包括以下几个方面：

（1）建立更为完善的军队组织结构。俄罗斯军队主要由陆军、海军、空军组成，分为机动部队、边境防御部队和战略预备部队。其中，最突出的是，将传统的"连——营——团——师——集团军"提炼为"连——营——旅——军"。海军主要由太平洋舰队、北方舰队、黑海舰队、波罗的海舰队和里海区舰队构成。空军在原有的防空军、空军、航天力量和战略核力量的基础上，增加空间战略部队、防空火箭部队、航空兵部队、电子对抗部队和无线电技术部队。

（2）建立更为高效的军事统帅机关。为了适应未来现代化的战争需求，普京提出建立更为高效、机动的指挥体制。主要包括以下几个部分：第一，建立军令（作战指挥）与军政（行政领导）分开的总指挥部，实行新的指挥体制。第二，将地区联合司令部设立为二级战略指挥部。其中，将原有的8个指挥机关撤销，成为新的4个地区联合司令部。地区联合司令部的管辖范围，包括战略核力量以外的全部武装力量。

（3）建立机动灵敏的现代化通信指挥体系。新的通信指挥体系主要包括四个方面：第一，改善战略核力量、反导弹反航天武器、战略侦察和电子战部队的自动化指挥和通信系统；第二，大力完善和加强各军种的通讯联络系统；第三，继续加强各野战军通信系统建设；第四，全面实现指挥系统的现代化，全面推进一体化和电子化建设。普京特别强调军事素质的教育，强化教学质量，由真正的职业军人进行作战指挥。除此之外，普京非常重视军队的纪律建设，提高全体官兵的综合素养，加强官兵文化和道德建设，以努力提升作战部队的素质。

（4）建立更加完善和现代化的后勤保障体系。在武器方面，俄罗斯将会继续研究新型战略武器，加强现代化武器的研制。同时，在传统武器的基础上，继续发展和提高，在原有战斗力之上，努力实现质的提升。全面加强现代国防建设，改革原有的国防战略体系，更加适应未来现代化战争的发展需要。

普京的"新军事学说"构想，完全建立在当前以及未来俄罗斯将会面临的问题上。随着欧洲安全与合作组织在国际事务中作用的下降，俄罗斯的对外影响正逐步缩小。与此同时，以北约为首的军事力量正在对俄罗斯形成较大的威胁。让普京感到十分不安的是，外部的军事力量正在接近俄罗斯本土。这些军

事力量将会直接威胁到俄罗斯的领土和主权，甚至面临着军事入侵的可能性。随着时代的改变，俄罗斯面临的外部威胁发生了重大变化。这个时候，普京及时调整俄罗斯的外部防御政策是非常有必要的。

所以，新的《俄罗斯国家安全构想军事学说》完全建立在当前以及未来面临的军事威胁的基础上。在21世纪，普京必须重视潜在的军事威胁，加强国家安全反应机制的建设，努力提升整体的国防军事水准，以应对未来不可测的消极因素。与苏联时期的国家安全策略不同，普京特别重视俄罗斯的本土防御能力，把应对外部威胁作为基本的着力点。普京提出，在面临外部军事威胁的时候，可动用俄罗斯的全面军事力量，而核武器也在考虑范围内。

对于普京来说，"库尔斯克"号核潜艇沉没事件的发生，是对其意图建立强大俄罗斯的重大打击。当整个事件发生后，人们开始质疑：普京的"大国梦"和"海军强国梦"是否能现实？"库尔斯克"事件让世人对于俄罗斯的军事力量大跌眼镜。最让那些具有苏联情怀的人失望的是，堂堂的俄罗斯竟然需要外国的帮忙，才能够顺利解决核潜艇的问题。有的人甚至认为，普京想要建立强大的俄罗斯海军，是痴人说梦。

然而，对于铁腕的普京来说，"库尔斯克"事件并没有影响到他的计划，重振俄罗斯的大国雄风仍在考虑范围内。在普京眼里，重振俄罗斯的海军雄风是必须完成的事情。这次的事件，反倒让普京坚定了继续发展海军的计划，逐步增加军费的投入。在俄罗斯军界，强硬的普京深受欢迎。俄罗斯军界意识到，这是重整俄罗斯军事力量的最好时机。

在俄罗斯的军事战略中，核武器最受关注。随着俄罗斯在常规军事力量上的削减，战略核力量开始扮演着日益重要的作用。在维护国家主权和领土完整中，核力量的威慑和牵制作用非常突出。

在随后的国防部会议上，普京提出俄罗斯必须具备同时打赢两场现代化战争的军事能力。在这样的要求之下，俄罗斯的军事战略发生重大调整。其中，特别突出的是，俄罗斯更加注重先发制人的军事原则，试图在未来的军事斗争中掌握主动权。在俄罗斯的军事战略中，先发制人成为其重要的战略思想。

2. 黑寡妇——向普京下挑战书

普京是一位手腕非常强硬的人，面对强力部门的阻击，绝不手软；同时，在面对国内的恐怖主义势力的时候，也绝不姑息。

在担任俄罗斯总理时，普京就下令开始了第二次车臣战争，重新夺回被多种恐怖主义势力侵占的车臣，为他的政治生涯奠定了良好的基础。在普京的政治生涯中，车臣非法武装始终伴随左右，不断地发起挑衅，试图挑战普京的政治权威。

2002 年 10 月 23 日晚上，俄罗斯的夜晚如往常一样平静，人们正在享受着安宁的生活。在离克里姆林宫不远的一家音乐厅内，备受欢迎的音乐剧《东南风》正在上演着，观众静静地陶醉在美好的氛围中。

大约 21 时 30 分左右，音乐剧正当高潮之时，数十名恐怖分子以及 20 名穿着伊斯兰教服装的女性恐怖分子，即臭名昭著的"黑寡妇"，站在了舞台中央，宣称整个音乐厅被占领。包括观众、演员和工作人员在内的数百人沦落为人质。

在扣押人质的同时，恐怖分子提出了自己的要求：一周之内，俄罗斯的武装势力必须彻底撤出车臣，并且释放全部被扣押的车臣恐怖分子。倘若不能满足他们的要求，将会炸掉整个音乐厅。他们对外放出消息，如果俄罗斯警方胆敢轻举妄动，将会用人质的性命作为抵偿。如果恐怖分子每牺牲一人，就会有 10 名人质作为代价。

恐怖事件发生之后，俄罗斯警方以及战功卓著的阿尔法部队迅速来到了出事现场。一时间，装甲车、救护车、消防车将整个音乐厅围个水泄不通。同时，俄罗斯最杰出的狙击手，正在周围的高层建筑上寻找合适的地点，准备向恐怖分子发起猛烈进攻。为了探查恐怖分子的情况，阿尔法特种队员进入地下排污管道，慢慢进入音乐厅。在离音乐厅仅五百米的地方，设立了临时指挥中心。

经过一段时间的谈判后，恐怖分子率先释放了十几名儿童。但当得知警方的大规模行动后，恐怖分子发出了严厉警告，如若遇到阻击，将会炸平整个音乐厅。在谈判进入僵持时，有人质偷偷向外释放消息，恐怖分子正在安装炸药，企图炸毁整个音乐厅。这个时候，形势已经非常危急。

对于普京来说，最大限度地营救出人质是最紧要的事情。面临人质事件时，谈判是最有效的解决手段。鉴于这次事件的性质，谈判的时间很难做出预计。倘若恐怖分子的要求不被满足，他们很有可能引爆炸药。在整个音乐厅内，恐怖分子已经安装完爆炸装置，牢牢掌握了主动权。同车臣武装分子打了多年的交道，普京深知这股势力的险恶，所以，他认为唯有强攻才有解救人质的希望。

这次的人质事件，是对普京最为严峻的考验。如果造成严重的后果，不但威胁到普京的政治前途，同时也是整个俄罗斯的灾难。

为了作出最科学的决策，普京整整一夜都守候在克里姆林宫，听取各方面的意见。各部门负责人，相关的专家都在向总统详细汇报此次事件的具体情形，以及应对方法。第二天，美国总统布什打来电话，表示对俄罗斯的政治支持，并愿意提供相应的帮助。接着，德国总理施罗德、英国首相布莱尔和意大利总理贝卢斯科尼等各国领导人纷纷打来电话，表示对普京政府的支持。一时间，在国际社会中，形成了对普京政府的一致支持，以共同抵御各种国际恐怖主义势力。

第二天傍晚，有两名人质率先从窗户逃出。当黑寡妇发现之后，立刻向其开枪，并且投掷了手榴弹。到了晚上时，一名售货员尝试进入音乐厅，被黑寡妇开枪打死。黑寡妇扬言，倘若再有潜在的特种人员试图靠近音乐厅，将会付出惨重代价。

25 日凌晨，谈判有所进展，恐怖分子释放了多名人质。中午时，恐怖分子又释放了多名外国人员以及儿童。当然，这并不是恐怖分子的仁慈。整整两天过后，整个谈判依然没有取得实质性的进展，陷入了僵局。为此，恐怖分子发出最后警告，25 日 22 时之前，倘若俄罗斯政府不能表示出足够的诚意，人质的安全将不能得到保证。事实证明，恐怖分子对谈判失去了信心，开始变得急躁，人质的安全受到了严重威胁。

在临近 17 点时，俄联邦局局长帕特鲁舍夫向恐怖分子保证，只要释放人质，政府可以赦免他们的死罪。对于恐怖分子而言，这些空洞的承诺是完全没有实际效果的。很快，时间来到了 20 时，情况变得更为危急。

在距离最后期限还有两个小时的时候，普京露面了。在电视中，普京表示愿意与恐怖分子进行接触，前提是双方必须遵守谈判条件。这个时候，谈判人员的选择就显得非常关键。在俄罗斯，女记者安娜·波利特科夫在车臣地区享有较高的声誉，成为最佳的谈判人员。在进行了简短的谈判之后，波利特科夫表示，恐怖分子希望政府以及普京本人，提供具有说服力的撤军证据。恐怖分子甚至表示，已经失去了谈判的耐心，即将采取最严厉的报复行动。

一段时间的周旋过后，普京的谈判代表直接同恐怖分子进行了接触，希望可以达成一些共识。然而，谈判依然没有取得任何实质性的进展。不久，谈判正式宣布破裂。

26 日凌晨 5 点的时候，恐怖分子彻底失去了谈判信心，开始向人质下手。在恐怖分子的枪声中，几名人质被枪杀。而对这种场面，数百名人质变得躁动起来，他们惶恐不安，四处逃散。当看到人质已经失去控制时，从音乐厅中响起了阵阵枪声。显然，时间已经来到了最为关键的时刻，不可犹豫。

这时，在普京的授意下，前线指挥中心下达了进攻的命令。俄罗斯的坦克迅速冲入音乐厅中，阿尔法特战队员也进入音乐厅，与数十名恐怖分子展开直接的交火。在激烈的交火中，很多人质被解救，迅速冲了出来。据透露，在行动开始之前，俄罗斯军队已经向恐怖分子采取了一些特殊的催眠手段。

当特种部队发起进攻时，恐怖分子头目马夫扎尔·巴拉耶夫首先被击毙。见此情景，恐怖分子胆战心寒，战斗力大幅下滑。经过激烈的交火，恐怖分子被悉数击毙，另有三名逃脱的恐怖分子被抓获。自此，整个事件完全被控制。

在整个劫持事件中，近 800 名人质获救，另有 90 名人质惨遭枪杀。共有 50 名恐怖分子被击毙，包括 18 名黑寡妇。

在随后召开的发布会上，俄罗斯内务部副部长表示，在事件发生之后，俄罗

斯的特种队员就进行了准备，采取了一些特殊手段。因此，当恐怖分子开始采取报复手段时，特战队员迅速采取了行动，最大程度地保护了人质的生命安全。

在克里姆林宫中，普京坐立不安，时刻等待着前方的消息。当得知整个行动获得成功之后，他长长地舒了一口气。

3. 强硬的"猎狼行动"

对外，普京实施"双翼外交"的政策，旨在营造稳定的国际氛围，为俄罗斯的经济发展创造良好的外部环境。另外一方面，普京对内开始大肆整顿，特别是国防部、内务部等强力部门，严惩各部门存在的腐败现象。

在俄罗斯的国家政权组织中，强力部门的地位十分突出。他们掌握着国家的武装部队，担负着保卫国家安全的重任，很多核心的权力被他们掌握，可以说在国家政治中具有突出的地位。从很多方面来说，一旦强力部门被控制，国家的政权就会被掌控。对于国家安全来说，这样的政权组织形式是十分危险的。普京的上台，也得益于强力部门的力挺，所以，普京深知其中的厉害。

在过去，强力部门作为国家的执法机关，担当着反腐的先头兵，负责主要的行动工作。但是，权力的滋长必然会导致腐败问题。可以说，强大的权力为犯罪活动提供了很多便利。于是，在执法过程中，权力部门与违法分子相互勾结，党同伐异，严重危害了社会的稳定与团结。

对于强力部门中的个别犯罪分子，人们称之为"狼人"。大部分"狼人"，位居高层，享有很大权力。因此，他们为所欲为。为了惩治强力部门中的违法犯罪分子，普京力排众议，实施了声势浩大的"猎狼行动"。

在普京的精密部署下，2003 年 6 月 23 日凌晨 6 点，"猎狼行动"正式拉开帷幕。在俄罗斯最高检察院的大楼前，大批荷枪实弹的警察以及阿尔法特种部队严正以待，数十名记者打开了摄像头。

俄罗斯联邦安全局局长弗拉基米·加涅耶夫是第一个落网的大鱼。当时，这位高官正在悠闲地玩着游戏，并没有意识到危险的降临。当训练有素的阿尔法特种兵破门而入时，弗拉基米还没有反应过来，就已经被戴上了手铐。等他反应过来时，表现得十分暴躁，大声怒喊着。弗拉基米，功勋卓著，在阿富汗战争中具有突出表现。因此，在后来的军事生涯中，得以步步高升，但也在日益增大的权力中渐渐地迷失了自己。正当弗拉基米为自己的被抓狂躁时，检察官当场宣读了对他的指控。听了之后，弗拉基米渐渐地平静了下来。随后，检查人员在其皮夹和保险柜中，查获了大量美金。

第二个落网的是莫斯科刑侦局上校萨莫尔金。之前，他似乎闻到了某种不祥的味道，已有所准备。当行动人员敲其房门时，他知道出事了，于是，以手榴弹作为威胁，企图阻止阿尔法特种兵的行动。阿尔法特种兵毫不犹豫地炸开了大门，迅速将其绳之以法。

在这一次的"猎狼行动"中，一名上将和六名上校分别落网。通过调查之后发现，这些"狼人"普遍拥有多处豪华别墅，在别墅内，建有各种游乐场所，如游泳池、网球场等。更让世人惊讶的是，在别墅内，还建有私造枪支的车间。

在抓捕的"狼人"中，很多人是同伙，他们经常协同作案，对一些商界人士进行敲诈勒索，以获取大量的保护费。一旦遇到不听话的人，便会以诱捕的方式加以陷害。

当然，"猎狼行动"远不止这些。随着一批"狼人"的入狱，很多"狼人"也迅速被抓捕归案。边防军人犯罪的案件浮出水面。舍利梅季耶沃机场，是俄罗斯重要的国际空港。在该机场中，边防军人与犯罪分子勾结在一起，为他们提供便利，甚至设立专门的绿色通道。这些人利用职务之便，为违法犯罪分子的出行提供了极大便利，在他们的协助下很多犯罪人员逃离国外。在"猎狼行动"中，俄罗斯检察院还抓捕了几名高级军官。根据指控，这些高级官员通过克扣军队的伙食费用，获得了大量财富。

此后，很多国防部、内务部等强力部门的高官被审查，成为阶下囚。这些人利用职务之便，给国家造成了大量的经济损失，泄露了很多国家机密，其影响非常恶劣。

通过一系列的行动，普京及时遏制了腐败问题的继续恶化，为俄罗斯政府

部门树立了良好的形象。对于普京来说，要想重振大国雄风，必须解决这些顽疾，为振兴俄罗斯经济奠定良好的社会基础。

4. 以卵击石的格鲁吉亚战争

格鲁吉亚，本来是苏联的加盟共和国。说到格鲁吉亚，不得不提到一个名字——斯大林。作为苏联的传奇人物，斯大林曾经领导苏联人民战胜法西斯，取得了卫国战争的伟大胜利。在苏联人民的心中，斯大林一手创建了苏联这个超级大国，为人们留下了很多美好的回忆。

然而，在象征和平的 2008 年北京奥运会举办之际，曾经同为兄弟的俄罗斯与格鲁吉亚拔刀相向，引发了一场被称为"五日战争"的军事对抗。格鲁吉亚的屡次挑衅，引起"北极巨熊"的不满，在忍无可忍之下，俄罗斯对格鲁吉亚进行了一番教训。

南奥塞梯自治州，位于格鲁吉亚境内，那里以俄罗斯裔为主，他们多次提出与俄罗斯的北奥塞梯共和国合并。基于这样的政治诉求，他们一直以来与格鲁吉亚争斗不断。早在 1992 年，四个方面曾经达成一个协议，组成维和部队，在争议地区维持治安。但是，南奥塞梯一直不安心，屡次在相关地区制造摩擦，使得该地区动荡不安，成为国际社会的焦点。

北京奥运会前夕，关于格鲁吉亚与南奥塞梯的摩擦已经传出。对于即将召开的象征和平的北京奥运会，格鲁吉亚总统萨卡什维利向俄罗斯和南奥塞梯承诺，绝不会在此期间制造事端。但让世界为之震惊的是，当全球人民都沉浸在奥运会的和平氛围中的时候，萨卡什维利违反承诺，擅自进攻南奥塞梯。由于之前格鲁吉亚的承诺，所以俄罗斯也对其放松了警惕，而普京正在北京出席奥运会开幕式。

在开战后的十几小时里，格鲁吉亚掌握着主动权，于是，很快就击溃了南奥塞梯的军队，直逼其首府茨欣瓦利。当时格鲁吉亚被胜利的果实诱惑，加上美国的承诺，于是，开始攻击驻扎在附近的俄罗斯维和部队。恣意妄为的格鲁吉亚军队，完全没有把俄罗斯军队放在眼里。

可能是被胜利熏昏了头，格鲁吉亚完全没有顾及与俄罗斯在实力上的差距。格鲁吉亚只有区区两万人的军队，百余辆坦克，不足十架的战斗机，远远不是强大的俄罗斯军队的对手。况且，格鲁吉亚的装备十分落后，在军事能力上完全被俄罗斯压制。从这个角度来说，格鲁吉亚想要挑战俄罗斯，无异于以卵击石。

8日下午14时，普京在参加完奥运国宴之后，会见了该地区的领导人，并发表了公开谈话。普京表示，对于格鲁吉亚的行为，俄罗斯人民是无法忍受的，将会采取报复行动。一个小时过后，总统梅德韦杰夫提前结束了休假，迅速赶回克里姆林宫召开俄罗斯国家安全紧急会议，决定向格鲁吉亚军队发动反击。俄罗斯军队反击的速度之快，让全世界都十分震惊。

在梅德韦杰夫下达命令的十几分钟之后，俄罗斯军队开始进入南奥塞梯境内。并在半个小时后，直指南奥塞梯首府茨欣瓦利。俄罗斯以强大的火力压制，对格鲁吉亚形成了围攻之势，其军事行动之快速让人惊讶。很快，俄罗斯军队便将格鲁吉亚分成两个部分，胜利已唾手可得。

此时，格鲁吉亚军队意识到了危险，开始撤离南奥塞梯，试图返回国内。但在俄罗斯地面部队的压制下，格鲁吉亚的军队显然成了俄罗斯空军练习的靶子。在其后退的道路上，被摧毁的坦克，各种运输车、汽车随处可见。萨卡什维利无法忍受俄罗斯强大的空军打击，多次向外界表示抗议与反对。

一天之后，当普京从北京飞抵北奥塞梯时，迫于俄罗斯空军的压力，萨卡什维利宣布停火。8月13日，双方经过谈判，宣布全面停火。

让萨卡什维利失望的是，在与普京的较量中，自己完全落于下风，毫无还手之力。由于格鲁吉亚的冒进，不但失去了南奥塞梯和阿布哈兹，还被俄罗斯牢牢地掌握在手中。格鲁吉亚想要加入北约，已经是痴人说梦。对于萨卡什维利来说，俄罗斯的反应之快让他十分惊讶。而此次事件更让世界各国吃惊，他们没有想到，在苏联解体之后，俄罗斯武装力量竟然还保持着如此高效的组织能力。

而格鲁吉亚对抗俄罗斯无异于以卵击石。在冲突发生后，普京的态度十分强硬，下令迅速对格鲁吉亚发动进攻。而在俄罗斯军队的狂轰滥炸之后，格鲁吉亚毫无还手之力，最后不得不撤军。

那个时候，萨卡什维利完全将希望放在了欧洲国家的身上。对于格鲁吉亚的鲁莽，普京说道："对于欧洲国家来说，一旦缺少俄罗斯的能源供应，欧洲将会陷入停滞。"由此可见，格鲁吉亚寄希望于欧洲，而同俄罗斯作对，显然是不明智的。

5. 强硬应对"颜色革命"

自苏联解体后，俄罗斯在国际上的地位日益衰落，西方国家看准了这一点，蓄意设置诸多障碍，压缩俄罗斯的战略空间。为此，他们采取一系列措施，挖俄罗斯的墙脚，将原本属于俄罗斯势力范围的诸多中东国家纳入西欧版图。他们还采用渐进的方式，利用经济援助手段，在俄罗斯扶植亲西派，伺机推翻俄罗斯国家政权，并企图利用这种方式构筑包围圈，束缚住俄罗斯的手脚。

由此，独联体成员国相继发生"颜色革命"，俄罗斯媒体也开始报道关于"俄罗斯橙色革命"的话题。诸多成员国出现的屡禁不止的暴动事件，让普京十分担心，他决不允许这种情况蔓延到俄罗斯境内。

根据俄罗斯的实际国情，普京认为应该从根源上解决此类问题。于是，他制定出以下策略：

首先，取缔非法组织，严格监督政党组织的赞助方。2005 年，俄罗斯议会正式审议通过了强化非政府和商业性团体组织注册程序的法律条令。这一法案的通过，就是俄罗斯对独联体成员国"颜色革命"所作出的强硬回应。

新法律对非政府和商业性组织的注册和撤销做出了更严格的限制，增添了相应的审查机制，一旦发现某个团体组织出现违法行为，便立即予以注销，如果某个组织注册程序与法律规定的不相符，便立即取缔。

其次，组织相关机构阻挡"颜色革命"入侵。为了防止俄罗斯受到"颜色革命"的恶劣影响，诸多青年组织被筹划和建立起来。这些组织的人认为，乌克兰和格鲁吉亚发生的"颜色革命"已经严重影响到了俄罗斯的发展，因此，很多年轻人开始思考俄罗斯今后的前进方向。这些组织的主要目标就是维护民主体制和组织的现代化。

莫斯科专门从事青年运动研究的塔拉索夫表示："如果想要有效控制住青年激进组织，我们必须拥有一批同样激进但心向政府的青年团体。这种青年组织必须明确自己的目标，必须与反对政府的青年激进组织进行坚决斗争，坚定自己的信念。但凡反对政府的个人或组织都是敌人，必须与之进行殊死搏斗。"

俄罗斯媒体纷纷报道："青年组织'我们'得到了普京的赞誉和支持，并将根据既定计划，将一些20岁左右的大学生等知识分子作为重点发展目标，从而组成一支以保卫俄罗斯为目的的青年组织，让俄罗斯远离'颜色革命'的影响。"

再次，对选举活动进行监督。根据普京的授意，俄罗斯杜马专门建立起选举监督委员会。该会的大部分成员都是统一俄罗斯党的成员，选举监督委员会的主席由尼古拉·贡恰尔担任。

众所周知，"颜色革命"打击现有政权的主要借口就是对选举舞弊的抗议。普京随后开展了"为了诚实选举"活动，主要目的就是防止选举舞弊现象的发生，彻底杜绝"颜色革命"。

普京在一次会议上这样说道："即使是我们在选举中将会面临失败，也决不允许出现舞弊的行为，只有这样才可以有效避免发生在邻国的政权变动在俄罗斯重演。"

之后，俄罗斯和白俄罗斯在动荡中重新牵手，积极应对"颜色革命"，两者之间结成战略联盟关系。对俄罗斯来说，在战略上需要与白俄罗斯的多方面合作。白俄罗斯反对西方国家所谓的"民主政策"，一直被西方国家视为"眼中钉"，属于俄罗斯对抗北约向东扩张的最后一道封锁线。

2005年，普京专门会见了白俄罗斯总统卢卡申科，在谈话过程中，普京表示，不希望看到"颜色革命"威胁到白俄罗斯。而卢卡申科也表示，白俄罗斯必然不会出现"颜色革命"这样的政治灾难。他认为，白俄罗斯的政权足够稳

定，国家的长治久安拥有高效保障，因此任何"颜色风暴"都不会波及到白俄罗斯。白俄罗斯将采取一切手段保障本国的和平与稳定，将一切不稳定因素及时地扼杀在摇篮里，决不让白俄罗斯成为下一个乌克兰和格鲁吉亚。他还发表声明，要求国家加强对一些部门的严格监控，通过这种方法来应对西方国家借助"颜色革命"事件来破坏白俄罗斯的安全与稳定。

2006年3月，白俄罗斯进行了总统大选，最后卢卡申科成功连任，这无疑使普京放下了心中的一块大石。尽管反对党派不承认选举的结果，展开了一系列示威游行，但事实上，西方媒体鼓吹的"颜色革命"基本没有可能在白俄罗斯上演。

最后，独联体成员国举行联合军演来应对"颜色革命"的威胁。为了彰显独联体的整体力量，俄罗斯主导了一次由独联体全体成员国组成的联合军事演习，这次演习主要是在塔吉克斯坦境内进行的。在演习中专门增设了一个科目——武力对抗"颜色革命"。其主要目的就是通过军事演习增强独联体成员国对抗"颜色革命"的水平。

除此之外，普京政府还通过国家"软实力"应对成员国的"颜色革命"。普京专门在自己的办公室设立了一个独立机构——对外地区及文化合作局。通过这个机构俄罗斯可以在文化方面对邻国形成一定的掌控和影响。在相关专家看来，文化和教育等方面的软实力可以帮助俄罗斯对独联体成员国产生深刻影响。这种方式不会让人产生戒备之心，更不会被西方国家指责成"不人道"。文化合作局的根本目的就是打击"颜色革命"，为亲俄势力提供各方面援助。

通过这种方式，普京政府不仅成功抑制了"颜色革命"对俄罗斯境内带来的影响，同时也为俄罗斯带来了更多优势，巩固了俄罗斯在独联体成员国中的地位。

在这场反击"颜色革命"的斗争中，普京凭借着自身敏锐的洞察力和大局观，沉着应对，在进一步完善国内政治建设和巩固俄罗斯在国际上的地位时，还与西方国家所扶植的势力进行了坚决的抗争。他始终采用"斗而不破"的方式与对方进行斡旋，最终击碎了欧美等国的破坏手段，让俄罗斯成功地在国际上赢回了往昔的地位。

Chapter 11

"梅普"组合:

轮流做元首的双人舞

在外界看来,"梅普"组合的出现,更像是一种政坛的双人舞。在普京的带领下,俄罗斯的经济逐步恢复,国际地位大幅提高,摆脱了苏联解体后的颓势状态。同时,俄罗斯的外交关系取得了长足的进步,国家形象更加完善;而普京的个人外交魅力更是十分突出。更重要的是,在普京的治理下,俄罗斯人民的生活水平得到大幅改善,国内环境更加团结和稳定。随着政治、经济、军事改革的稳步推进,俄罗斯人民更加信任手腕强硬的普京,更加憧憬实现俄罗斯的大国雄风。

普京与梅德韦杰夫相识二十多年,是绝对可以相互信任的政治伙伴。在政治观点上,普京与梅德韦杰夫存在着很多相似之处。对于俄罗斯人民来说,维护当前的政治形势,有利于促进政策的持续性。因此,人们愿意信任普京的政治伙伴梅德韦杰夫。

1. 成功连任，实施十大战略

从 2000 年到 2008 年，普京担任两任俄罗斯总统。总结八年的执政生涯，可以非常清晰地看出普京的执政理念和目标。为了实现执政目标，普京采取了一系列的措施。

（1）发展国内经济，改善人民生活

俄罗斯之所以选择普京，主要在于发展经济的迫切性。进入 21 世纪以来，俄罗斯人民意识到了发展国内经济的重要性，希望普京能够有所作为。与以往相比，俄罗斯需要一位具有强力手腕的总统来破除重重束缚。

当然，在普京的执政理念中，发展国内经济是其重要目标。倘若不能改善人民的生活水平，普京也会失去人民的支持。因此，普京把国内的民生问题看得很重，为了解决人民的实际困难，他寻找各种有利办法。

在第一个任期内，普京获得了大量国有企业的控制权，特别是具有战略地位的能源企业。随着国际石油价格的上涨，俄罗斯政府的财政收入猛增，为普京的经济计划奠定了良好的基础。2004 年，普京成功连任之后，开始实施各项民生工程。由于经济形势的好转，以及能源出口获得的大量收入，普京加强了在医疗、教育、住房等方面的投入，以改善人民的生活水平。此后，政府每年花费数十亿美元，加大对医疗、教育的投入，使得俄罗斯的社会福利工程得到明显改善。其中，护士、教师、科学家的工资有了大幅提升。在基础设施方面，政府加强对农村的投入，启动住房计划。

在普京领导下的八年时间里，俄罗斯人民的实际收入获得大幅提升。

从这个角度来看，俄罗斯国内经济的发展，让人民得到了实惠。

（2）巩固国家统一

在普京的八年执政生涯中，维护国家统一和领土完整是其特别突出的功勋。在普京上台之初，俄罗斯面临着国际国内的双重压力，分裂势力和恐怖主义势力十分猖獗，危害着俄罗斯的国家安全和领土完整。在普京的带领下，俄罗斯打击各种违法犯罪势力，国际国内形势渐渐好转。

上任之初，叶利钦时代的很多问题依然没得到解决，苏联解体的后遗症成为普京必须重视的问题。特别是中央的权力，几乎陷入瘫痪的地步，地方上反而拥有更多的权力。为了解决这些问题，普京实施了一系列具有重要意义的措施：第一，建立和完善中央政权体系，将权力收归中央。第二，建立联邦区，受中央政府领导。第三，实施政权改革。主要的内容是：撤销地区领导人在议会上院的权力，给予地区领导人更多的束缚。同时，赋予总统解除地区领导人和解散议会的权力。所有的这些措施，都是为了加强中央权力，分散地区权力。

在这种中央集权的制度体系下，普京率先建立了全权代表的制度。由总统任命的全权代表，可以依法行使总统的权力，在各个州，以及联邦区、国家杜马，都需要全权代表的配合，才能行使各项权力。

（3）维护苏联荣誉

普京深知，自苏联解体后，西方国家进行了大肆的舆论进攻，损害了苏联的声誉。所有的这些，都对俄罗斯的历史和文化形成了破坏性的影响。在普京的要求下，俄罗斯开始更加客观深入地评价苏联时期的功过，以维护苏联荣誉。

在连任之后的国情咨文中，普京曾经讲到，在21世纪的政治活动中，苏联解体是最大的灾难，是俄罗斯人民心中永远的痛。

早在2000年普京担任总统时，就发生过这样一件事，在检阅仪仗队时，一位将军对普京说道："总统同志，仪仗队准备完毕，请检阅！"

当时，人们普遍以"先生"相称，而这位将军依然使用"同志"这个称呼。这一小小的举动，并没有引起普京的异议。在随后的检阅中，普京也说出

了"同志们"的称呼，引发了仪仗队的热烈欢呼。从这个细节可以看出，普京对于苏联的态度是十分明确的，是肯定的。

就任总统时，普京提出沿用苏联时期的国歌和国旗。但这一举动遭到很多人的反对，包括前总统叶利钦。对于这些质疑，普京讲道："与现在的国歌相比，苏联国歌更加激昂，催人奋进。任何全面否定苏联历史的观点都是错误的，保留苏联的象征性的东西，有利于整个民族铭记历史。"

在随后的一次会议中，普京再次讲道："从原则上讲，任何全面否定苏联的观点都是偏激的。苏联时期，确实存在着集中营和镇压等反面因素。但除了这些，苏联时期仍然具有很多值得回忆的东西。对于苏联的看法，应该采取更加进步的观点，不能一概而论。在苏联时期，我们拥有大批优秀的科学家、设计师、宇航员，取得过卫国战争的胜利，享有很多荣誉。"

（4）加强国防建设

上台伊始，普京把重振俄罗斯的大国雄风作为自己的责任。在普京的强国理念中，强军是第一位的，他认为这有利于振奋民族自尊心。为此，普京加强俄罗斯的国防建设，整顿和恢复各种武装力量和军事力量。

为了树立军队的地位，普京要求军队直接服从国家元首的领导。为了提高俄罗斯的海军力量，普京下令建立现代化的航母编队，重塑俄罗斯的海军雄威。同时，大幅提高军队的工资待遇，改善军人的生活水平，赋予军队领导人一定的地方行政权力，提高军队的政治地位。作为回应，军队加强了对普京的政治支持，维护了普京的领导地位。

（5）回收国有企业

对于普京来说，想要发展国内经济，掌握国家经济的命脉至关重要。在实施了"休克式疗法"之后，俄罗斯初步建立了相对完善的市场经济体制。但是，面对更加复杂的经济形势，依然任重道远。

发展国内经济，普京进行了一系列的经济改革。普京主张改革市场经济体制，加强宏观调控和规范。在财政、货币、投资等领域，加强中央政府的调控力度，推进市场经济体制的建设，努力提高人民生活水平。

在国有化的进程中，打击寡头势力成为最为突出的行动。在俄罗斯的经济发展中，能源行业等大型企业具有极其重要的战略地位，是国民经济的中流砥柱。对于普京政府来说，必须要控制住国民经济命脉，掌握国家对于经济的主导权。为了实现国家的掌控，普京政府实施了一系列的政策措施，成功获得了对经济的掌控权，把国民经济的命脉牢牢地掌握在手中。

（6）谴责和打击卖国势力

在俄罗斯，存在着大量倾向西方的卖国主义势力，他们试图分裂整个国家。对此，普京深恶痛绝，十分鄙夷，他甚至直接说道："对于那些反对者来说，俄罗斯的贫弱是他们十分乐意看到的事情。只有这样，整个国家才会陷入无组织无纪律的地步，他们才会乘虚而入，做一些令人恶心的勾当。"

对于这些卖国势力，普京是心知肚明的。

"在俄罗斯，存在很多走狗一样的人物，向外国人乞讨。他们脱离于俄罗斯人民，向外国心怀不轨的人伸手。"他还说道："他们以得到外国和周边国家的支持作为自己的政治资本，企图煽动国内的反对情绪，制造各种事端。他们接受外国的训练，一旦掌权，将会成为整个国家的灾难。他们会继续实施寡头政治，欺骗人民，搜刮国家财产。在俄罗斯，决不允许这种行为的发生，我们必须时刻警惕各种颜色革命，保持俄罗斯的纯洁性。"

（7）抗击美国霸权

作为强硬派的国家领导人，面对西方国家的刁难，特别是有损俄罗斯的国家利益之时，普京都会坚决地予以反击，让西方世界为之震颤。

在北约会议等国际会议上，对于美国的强权政治、霸权主义以及北约东扩的政策，普京都会直接地进行批评。普京指责他们只考虑自身的利益，不维护中小国家的切身利益，制造各种国际动荡局势，是国际社会不稳定的始作俑者。

对于美国的步步紧逼，普京提出将会销毁中短程导弹协定。同时，普京大幅发展俄罗斯的海军力量，以及各种战略核力量，来制衡美国。为了震慑美国，普京令人震惊地将国防部长提升至第一副总理，试图通过提升军队的政治地位来传递某种政治信号。

在格鲁吉亚问题上，普京寸步不让，坚决维护国家主权和领土完整。在乌

克兰危机中，俄罗斯同样保持着一贯的高压政策，不给美国任何机会。

2. 克里姆林宫的新主人——梅德韦杰夫

2008 年，在庄严的仪式下，梅德韦杰夫成为了俄罗斯的新总统。在发表了简短讲话以及祝福之后，普京将象征最高权力的总统旗、宪法文本和一级勋章交给新总统。在宣誓词中，梅德韦杰夫说道："在以后的执政道路中，将会誓死捍卫俄罗斯联邦宪法。同时，努力维护国家主权和领土完整，为俄罗斯人民服务。"在随后的就职演说中，梅德韦杰夫说道："在普京八年来的执政基础上，努力地将俄罗斯建成一个强大的国家。"他还说道："在未来，继续发展俄罗斯的国内经济，深入各领域的开拓和创新，努力实现俄罗斯工业和农业现代化，为经济发展注入更多的活力。"

对于这位普京的继任者，国际社会保持高度的关注：普京之后，谁会掌握俄罗斯的国家大权？这位看上去温文尔雅的总统，是传说中的"亲西方派"还是像普京那样的独裁者？对于梅德韦杰夫的政治前途，人们好奇地期待着。

梅德韦杰夫，出生于 1965 年 9 月 14 日的列宁格勒南部。他出身于书香世家，父亲是一位大学教授，母亲教授文学和语言。他从小就受过良好的教育。

谈起梅德韦杰夫，当地的居民十分骄傲。在梅德韦杰夫就读的中学校长的办公室内，梅德韦杰夫的画像与普希金和舒克夫挂在一起。谈起这位杰出的校友，校长说道："这小子学习一向优秀！"曾经的老师表示，梅德韦杰夫具有出色的口才，能言善辩，各方面都十分优秀，是一个有出息的人。在学校时，梅德韦杰夫利用各种业余时间外出做工，补贴日常的生活消费。在一次演讲中，他谈起了关于社会主义的经济问题，受到老师们的一致称赞。大学即将毕业时，梅德韦杰夫本来想要继续服兵役，但最后还是选择留校任教。在毕业论文中，梅德韦杰夫将市场经济中的国有企业作为自己的研究方向，为以后的执政之路奠定了良好的基础。

1990年，梅德韦杰夫开始与政治结缘。在梅德韦杰夫的政治生涯中，领路人是法学教授索布恰克，此人还是圣彼得堡市市长。在1996年时，索布恰克就注意到了博学的梅德韦杰夫，对他印象非常深刻。

1989年，索布恰克参加了选举，而梅德韦杰夫是他的竞选助手。当索布恰克成功当选市长时，把梅德韦杰夫招至麾下。于是，梅德韦杰夫的政治生涯正式拉开帷幕。也正是在这个时刻，他认识了未来的政治伙伴——普京。

斯莫尔尼宫，曾经是一所贵族学校。在"十月革命"期间，这里被临时起用为布尔什维克军事委员会所在地。作为见证苏维埃建立的圣地，也是普京与梅德韦杰夫的政治起点。谈起这段经历时，梅德韦杰夫说道："早在斯莫尔尼宫时期，普京就展示出了过人的才能，具有政治领袖的风范。普京善于听取各方面的建议，处理问题非常得当果断，甚至于一些非常细小的事情。"

在当时，与普京相比，梅德韦杰夫还是一个默默无闻的工作人员。当人们前来参观时，会将他认作是普通的接待员。殊不知，那时候的他已经是市长顾问。然而，随着索布恰克连任的失败，梅德韦杰夫的政治生命也宣告结束，他回到圣彼得堡大学继续任教，从事国家政治经济的研究。

三年之后，普京一跃成为俄罗斯总理。这时，普京想起了曾经的同事，于是，梅德韦杰夫再次被带上政坛。1999年，普京任命梅德韦杰夫为总理办公室副主任，协助他处理各项事宜。让人意想不到的是，仅仅一个月过后，普京便被宣布代行总统职务，而梅德韦杰夫，也被提升为总统办公室副主任。从这个时候开始，梅德韦杰夫的政治生涯便与普京紧密地联系在了一起，成为普京最得力的助手。

2000年，普京正式参加总统选举，而梅德韦杰夫成为了竞选小组的负责人。在竞选的过程中，他充分发挥自己的才能，为普京成功当选立下了汗马功劳。当普京就任总统时，他顺理成章地成为了总统办公室主任。在外界看来，普京是克里姆林宫的主人，而梅德韦杰夫是克里姆林宫的大总管。2004年，普京获得连任。2005年，在经过多年的锻炼和培养之后，普京任命梅德韦杰夫为俄罗斯第一副总理。此时，他开始迈向俄罗斯的权力巅峰。

与普京强硬的手腕相比，梅德韦杰夫更像是一个温文尔雅的学者。他的身

上具有年少老成的政治气质，深谙各种为官和做人之道。与普京外向的政治气质相比，他更加内敛，显得更为儒雅，具有书生气息。在公众面前，梅德韦杰夫保持着较好的个人风度，不轻易表露自己的政治观点，与各个党派保持良好的政治关系。因此，梅德韦杰夫能够穿梭于个各个派别之间，游刃有余。

与普京的政治道路不同，梅德韦杰夫没有太过丰富的政治经历，没有在强力部门的政治锤炼。走上政坛以来，他始终伴随在普京的身边，充当可靠的政治助手。他不但要安排总统的日常工作，还需要分析国际国内形势，研究俄罗斯的经济形势，为普京的决策提供参考。在梅德韦杰夫的政治品质中，忠诚是非常关键的。作为普京最得力的助手，他始终维护着普京的利益。

在日常生活中，梅德韦杰夫十分低调谦和。谈起这位伟大的邻居，人们常常称赞其具有很好的教养，中学老师斯米尔诺娃兴致勃勃地说道："在学校，梅德韦杰夫将所有的时间都花在了学习上。虽然他很少参加各种交际活动，但还是赢得了校花斯维特兰娜的芳心。"尽管身居高位，但梅德韦杰夫依然经常与老师们联系，始终保持着谦逊的态度。

当梅德韦杰夫再次离开圣彼得堡大学，重新走上政坛时，学校对他表示了挽留和祝福，同时学校也表示非常遗憾地失去了一位年轻且富有朝气的老师。

梅德韦杰夫的政治生涯，离不开普京的全力支持。在普京的支持下，他迅速聚揽人气，赢得选民们的信任。作为普京的接班人，在执政期间，他做了很多事情。

一是修改宪法。在梅德韦杰夫的提议下，修改了宪法，将总统任期由四年延长至六年。从很多角度来说，这一次的修宪主要服务于普京的第三次当选。

二是实现了俄罗斯经济的现代化。在梅德韦杰夫的执政成就中，建立的"斯科尔科沃"创新中心是俄罗斯经济的象征。

三是改革强力部门。梅德韦杰夫对俄罗斯的强力部门进行了改革，提高了工作效率，避免人浮于事。其中，大幅提高国家公职人员的待遇。

四是惩治腐败。在梅德韦杰夫的政治纲领中，反腐败依然是很重要的话题。当选后不久，梅德韦杰夫成立了由总统直接管辖的反腐败委员会，进一步打击俄罗斯国内的腐败力量，为经济发展创造更加良好的市场环境。其中，国家公职人员财产申报制度的建立是特别引人注目的成就。梅德韦杰夫规定，国家公职人员必须要申报财产和收入，否则将解除其职务。

五是俄罗斯与格鲁吉亚的战争。在梅德韦杰夫的政治道路上，最令人瞩目的便是 2008 年发动的与格鲁吉亚的战争。在南奥塞梯问题上，俄罗斯与格鲁吉亚隔阂较深，矛盾重重，最终两国爆发战争。在国际社会的调解下，两国达成了停火协议。在这场战争中，俄罗斯占据了主动，不久便宣布承认南奥塞梯独立。

六是削减进攻性战略武器。在进行了多轮磋商之后，俄罗斯与美国达成了削减进攻性战略武器的协议，共同致力于维护世界和平与稳定。

七是大量更换州长。在担任总统期间，梅德韦杰夫对地方行政长官进行了大幅度的调整，解除了很多政坛"常青树"的职务，为俄罗斯的政治体系注入很多新鲜的血液。

八是扩大莫斯科。在梅德韦杰夫的提议下，扩大了俄罗斯的首都面积，形成了"大莫斯科"。

3. 重回总理之位的普京

从 2000 年到 2008 年，普京担任了两届俄罗斯总统，取得了很高的成就。但是，俄罗斯宪法规定，总统不得连任超过两届。尽管普京仍然具有很高的支持率，无奈之下，只得离开克里姆林宫，将总统之位让于梅德韦杰夫。卸任总统之后，普京并没有闲着，再次担任俄罗斯总理，继续为实现强大的俄罗斯而奋斗。

回顾八年的执政生涯，普京拥有非常高的民众支持率。在竞选初期，普京的支持率只有 31%。然而，到了 11 月份的时候，支持率高达 80%。此后，普京的支持率一直维持在一个很高的水平上。支持率的高水平，体现了民众对于普京的拥护和支持。在八年执政期间，俄罗斯的经济得到明显恢复，人们生活

水平大幅提高。与此同时，俄罗斯的国际地位得到明显提升，摆脱了苏联解体后的疲软。对于民众来说，普京的上任，让他们对俄罗斯的未来充满了信心。

2008年，随着梅德韦杰夫的成功当选，以及普京重回总理之位，俄罗斯的政坛发生了戏剧性的变化。在普京与梅德韦杰夫之间，两人的关系在"领导与下属"间转换。虽然表面上如此，大多数人还是认为，普京仍然是俄罗斯最大的掌控者，而梅德韦杰夫更多的是担当助手的职责。

对于俄罗斯人民来说，普京重回总理之位，可以继续活跃在俄罗斯政坛，继续为实现强大的俄罗斯而奋斗。在俄罗斯人民看来，普京是复兴俄罗斯的重要人物，代表着整个国家的希望。

1999年，普京担任过俄罗斯总理，而这一次，是重回总理之位。与第一次相比，国际国内的环境发生了翻天覆地的变化。

第一次担任总理时，普京只获得了叶利钦的支持，并没有获得民众的认可。为了保住这位潜力很大的政治人物，叶利钦对普京给予了很多支持，并希望俄罗斯民众也给予这位政坛新人更多的支持。叶利钦甚至宣称，在普京的带领下，俄罗斯的振兴有望。

重回总理之位时，普京已经获得了民众的广泛支持。在国家杜马，普京的统一俄罗斯党保有绝对的控制权。

首次担任总理时，普京的权力仍然会受到叶利钦的制约，并没有掌握主动权。第二次车臣战争，为普京赢得了广泛支持，树立了其在俄罗斯政坛的权威。在战争期间，普京多次深入前线，显得非常强势。所有的这些行动，都为普京进驻克里姆林宫铺平了道路。

重回总理之位时，普京虽然已经不是直接的领导人，但很多部门的负责人仍然是他的旧人。与格鲁吉亚战争爆发之后，普京迅速来到战争最前线，展现了其强势的政治风格。同时也显示，普京仍然对俄罗斯具有掌控权。

首次担任总理时，普京显得谨言慎行，并没有太过暴露自己的政治主张。为了获得支持，普京继续实施前任的政策和措施。那个时候，普京还是一个政坛新手，并没有对政府部门进行大的变动，以保持稳定为主。与后来的强硬手腕相比，普京显得如履薄冰，说话十分谨慎。普京多次对外表示，俄罗斯的权力属于总统。

重回总理之位时，普京仍然强调延续自己的政策和措施，保持稳定性。在一些关键部门中，普京依然留任很多旧人，保持足够的控制力。在人员任用上，普京对总理府进行了扩充。

1999 年，普京担任俄罗斯总理时，1998 年的经济危机刚刚缓解。而这一次，普京将要面对来势汹汹的全球经济危机。因此，普京的任务依然十分艰巨。

对于普京而言，总统与总理的职务无关紧要，继续为俄罗斯服务才是最根本的目的。即使在总理的职位上，普京依然能够施展自己的政治能量，为振兴俄罗斯经济，重振俄罗斯的大国雄风而继续奋斗。也许是个性使然，在公开场合，总统梅德韦杰夫显得更加温和，而总理普京依然十分强势。

即使是总理，普京依然是俄罗斯执政党的领袖，对这个国家具有强大的控制权。在民众的支持率中，身为总理的普京依然处于第一位。

尽管离开了象征着最高国家权力的克里姆林宫，但普京在外交等领域依然十分活跃。

在访问法国时，法国总统萨科齐习惯性地称之为"总统"，而普京报之一笑。身为总理，普京连续对意大利等国进行了访问。在莫斯科，他仍然接待包括日本首相在内的贵宾。

俄罗斯宪法规定，对外政策和关系主要由总统制定和负责，并出席各类国际活动。但是，担任总理的普京依然是对外关系的制定者。在对外关系中，普京还是那个最终的决定者。

在俄罗斯的外交关系中，普京无疑是最从容的那一个。在他身上，洋溢着无限的个人魅力，硬汉气息十足。在必要时，他会适时地展现一下自己的肌肉，让对手胆寒。面对各种复杂的外交环境，他应付自如，有着自己的特有模式。在拜访英国女王时，他身着一身燕尾服，英伦绅士风度十足。在访问日本时，他可以将日本柔道高手摔得十分难堪，也可以被小女孩摔倒在地。参观中国少林寺时，他将小沙弥轻松地扛在肩上。在外交活动中，他善于利用个人的魅力来推进俄罗斯的外交建设。对于普京来说，最大限度地维护俄罗斯的国家

利益才是最重要的。因此，即使退居为总理，普京依然利用自己的个人魅力与各方外交资源，提升俄罗斯的国际影响力，为早日重现俄罗斯的大国雄风努力着。

面对普京的"强硬派"与梅德韦杰夫的"温和派"，有外国记者曾经直接问道："尊敬的普京先生，为了更长远的2012年的总统选举，您会选择一位相对软弱的'接班人'吗？"

面对外国记者的刁难，普京坦率地说道："不管是从我的个人角度，还是整个国家的角度，都不希望未来的总统是一位软弱的人。未来的俄罗斯总统，肯定是一位具有独立意识，肯为国家奉献的人。总统对于一个国家至关重要，其责任也是非常大的。在执政期间，我尽量使得俄罗斯的政治、经济、军事、文化摆脱疲软的状态，回到正常的发展轨道上来。因此，我很难亲手毁掉自己的成果。"

2012年，普京的总理任期也将宣告结束。在最后一次的内阁会议上，普京进行了政府工作报告，回顾了四年来的工作成果。与担任总统相比，作为总理的普京更加关注俄罗斯的经济问题，把民生作为基本的施政方略。在会上，普京肯定了政府各部门在经济、社会等领域作出的卓越贡献。

面对未来的政治、经济形势，普京要求政府工作人员保持良好的工作作风，继续为促进国家经济的繁荣而不懈奋斗。对于政府工作人员的工作态度，普京予以了高度肯定。在四年的总理任期中，普京的政治影响力依然十分广泛。与以往相比，普京在经济领域有所突出，取得了很不错的成绩。

在总理任期内，普京面临的最大挑战是2008年全球经济危机。2009年，俄罗斯的国民生产总值大跌近8%，俄罗斯的经济形势面临着严峻考验。为了遏制住经济下滑的趋势，普京大刀阔斧地实施了一系列的经济刺激计划，通过开展各项民生工程，加强基础设施建设，渐渐扭转了经济形势。

2008年到2012年，在普京的经济刺激计划下，俄罗斯的投资规模大幅增长，经济形势得到明显好转。2011年和2012年，俄罗斯的经济增长均超过了4%，成为推动世界经济复苏的重要力量。在四年总理任期中，加入世贸组织是普京的最大业绩。

4.普京再次归来，"梅普组合"究竟能走多远

2008 年以后，俄罗斯出现了由普京与梅德韦杰夫组成的"梅普"组合。从其诞生以来，关于普京与梅德韦杰夫不和的传闻甚嚣尘上。然而，种种迹象表明，普京与梅德韦杰夫的政治情谊是十分可靠的。

在西方世界，人们更愿意将梅德韦杰夫称为普京的跟班，或者说小弟。西方媒体不时地放出一些信息，试图造成俄罗斯政治形势的动荡。事实上，普京与梅德韦杰夫形成了一个政治上充分信任的整体，更加从容地应对着国际国内复杂多变的形势。

在很多公开的场合，普京和梅德韦杰夫之间会进行很多沟通，以打消外界对于这对政治伙伴不和的传闻。对于"梅普"组合，有人甚至开玩笑道：他们是恋人吗？正是这种无厘头的八卦，表明了普京与梅德韦杰夫在政治上所形成的默契关系。

2009 年，普京和梅德韦杰夫曾一起去索契滑雪。当年 8 月 12 日，在索契度假期间，两人进行了工作会晤，商谈最近的阿布哈兹问题。在工作会晤之后，两人沿着海边一起散步，并饶有兴致地观看了一场足球直播。

在滨海大道散步时，他们向过往的行人和游客问好。对于普京和梅德韦杰夫的热情，人们以为是模仿者的恶作剧。对此，普京答道："我们是活人，和你们一样。"

晚间，普京和梅德韦杰夫来到当地的一家咖啡馆，准备观看俄罗斯与阿根廷的足球友谊赛。非常不巧的是，俄罗斯很快以 1 : 3 的比分落后于阿根廷。但，两人并没有因此而失去兴致。梅德韦杰夫说道，俄罗斯队踢得不错，号召店里的观众一起为俄罗斯队加油。几分钟后，俄罗斯扳回了一球，赢得了店内观众的一片喝彩。最后，俄罗斯仍然以 2:3 的比分惜败于阿根廷。比赛结束后，当顾客们准备付账时，店家表示全部免单。看来，对于普京与梅德韦杰夫的突

然造访，店家十分兴奋。

在西方世界，媒体经常报道各种新闻，企图造成普京和梅德韦杰夫之间的隔阂。对于他们来说，"梅普"组合的破裂，是十分有利的。从表面上看，普京依然是主导性的，而梅德韦杰夫可能还是助手的地位。2009 年，在访问俄罗斯的前夕，奥巴马放出"捧梅贬普"的政治信号，企图达成某种政治目的。对于奥巴马的政治举动，"梅普"组合并没有放在心上。

结果，在访问俄罗斯时，奥巴马大加赞赏"梅普"组合。在公开的记者招待会上，奥巴马表示："在俄罗斯的宪法范围内，总统梅德韦杰夫与总理普京的工作分工是十分详细的，与美国的政治形式十分相似。与"梅普"组合一样，我也十分乐意与我的同事一起工作，共同致力于国家的发展。从这个角度上来说，我十分认同"梅普"组合，并且他们是当前俄罗斯最佳的政治形式。为此，我们愿意与俄罗斯保持合作，共同面对国际上的各种问题，致力于维护世界和平与稳定。"

其实，西方世界的用心是十分明显的。只要造成"梅普"间的误会，就能让俄罗斯陷入内斗，西方世界就可以乘虚而入。面对西方世界的诡计，梅德韦杰夫曾多次称赞普京的才能，表示他们之间的合作非常愉快。在谈到工作上的配合时，梅德韦杰夫直截了当地说道："作为俄罗斯的总统，当我发现政府工作有所懈怠时，会直接提出批评。但是，这些都是我们的工作职责，并不妨碍私人关系。你要知道，我们认识了近 20 年，在政治上是绝对相互信任的。"

当然，对于这对政治伙伴来说，2011 年是一个考验。2011 年，俄罗斯的大选开始逼近，关于俄罗斯的政治形势的走向，西方媒体十分关注。为此，西方政客大肆渲染普京与梅德韦杰夫之间的关系，企图达成离间的效果。然而，普京与梅德韦杰夫的行动让西方世界的企图彻底泡汤。

2011 年 8 月 16 日，普京与梅德韦杰夫来到阿斯特拉罕州，共同度假。在伏尔加河畔，普京与梅德韦杰夫一起钓鱼，享受惬意的生活。在伏尔加河下，他们穿着潜水服，一起欣赏美丽的水底世界。

在公开场合，普京和梅德韦杰夫是非常亲密的政治伙伴。对于俄罗斯人民来说，"梅普"组合十分有利于俄罗斯政治局势的稳定，有利于经济建设。在公开场合，他们如同相识的旧友，非常熟络。2011 年，在瑞士苏黎世，俄罗斯获得了 2018 世界杯的举办权。正巧梅德韦杰夫与意大利总理贝卢斯科尼在索契会见，普京前去表示问候。简单地会晤过后，普京与梅德韦杰夫也进行了会见，讨论了最近的国际国内形势。在索契期间，两人一起参加了多项活动。

普京与梅德韦杰夫的多次结伴出行，其实是向外界释放出政治信号："梅普"组合是可靠的。

2012 年，俄罗斯总统大选，普京再次入主克里姆林宫。而梅德韦杰夫，在普京的任命下，再次出任俄罗斯总理。对于"梅普"组合的频繁变化，引起西方世界的普遍质疑。人们认为，"梅普"组合的存在，是一种独裁主义的象征，是典型的普京式强权政治。不过，在俄罗斯国内，人们普遍认同这种政治模式，认为它更加有利于俄罗斯政局的稳定，有利于外交和经济政策的稳定。

与以往不同，这一次的总统任期延长至六年。作为"回馈"，普京再次任命梅德韦杰夫为总理，可以说是一次投桃报李。不过，从俄罗斯的政治形势来看，普京依然是绝对的掌控者，而梅德韦杰夫更多地处于助手的地位。梅德韦杰夫在公开场合表示，非常乐意在普京总统手下工作，可以为俄罗斯继续服务。

不过，也有言论表示，尽管"梅普"组合看上去和和睦睦，分歧还是存在的。光在俄罗斯国内，关于普京与梅德韦杰夫争斗的传闻就甚嚣尘上。有媒体向外透露，普京正在逐步削弱总理的职权，梅德韦杰夫的政治前景并不光明。在"梅普"组合中，人们更加关注梅德韦杰夫的政治前景，而普京被公认为是"老大"。

对于俄罗斯来讲，"梅普"组合的存在是一个既定的事实。只要有利于俄罗斯的政治稳定，有利于经济的发展和社会的安定，何乐而不为呢？经过几年时间的磨合，俄罗斯人民期待"梅普"组合能够保持很多的默契，共同为俄罗斯的复兴作出更大的贡献。

"梅普"组合的存在，有利于俄罗斯政策的稳定，其可以持续地推进政治、经济、文化、军事建设。不过，"梅普"组合长久地占据俄罗斯政治领导地位，也有可能陷入僵化的模式中，缺乏一定的活力与创新。

5. "梅普"组合：俄罗斯政坛"二人转"

在国际社会中，普京俨然是一个硬汉的形象，他经常大秀肌肉，展示俄罗斯的实力。在俄罗斯的国家形象中，普京个人的魅力占到了很大一部分。与世界上大多数政客相比，普京的政治手腕极为强硬，魄力十足，他雄心勃勃地想要振兴俄罗斯。在俄罗斯人民的心中，普京已经是俄罗斯的民族英雄。

在梅德韦杰夫四年总统任期快要结束时，关于俄罗斯政坛"梅普争霸"还是"梅普二人转"的传闻不绝于耳。随着俄罗斯国家杜马选举的临近，结果似乎昭然若揭。

（1）给我 20 年，还你一个强大的俄罗斯

2000 年，普京正式入主克里姆林宫，成为振兴俄罗斯的希望。不过，俄罗斯人民没有想到，这位不起眼的总统，将会给俄罗斯带来如此巨大的变化。作为曾经的特工，普京本人似乎对于这样的选择也有点诧异。普京对外表示，他本人从来没有主动争取过这样的职位。普京坦诚，他只是出现在一个关键的时刻，被要求去解决这样的问题，而他本人也非常乐于为俄罗斯人民效劳。

在普京的政治宣言中，"给我 20 年，还你一个强大的俄罗斯"成为其执政道路的主要特质。在叶利钦时代，苏联解体后的动荡仍然在持续，人民对政府的期望值很低。而普京上台后，俄罗斯人民的期望值陡然上升，他们看到了国家未来的希望。

在经历 8 年的执政之后，普京将梅德韦杰夫推选为总统。俄罗斯宪法规定，总统任期不得超过两届。与其说是让贤，不如说是普京的无奈之举。2008年，当梅德韦杰夫站在最高舞台上时，普京并没有消失，他继续担任着俄罗斯国家领导人。就这样，"梅普"组合的出现，顺利完成了俄罗斯国家政权的更替。与当年叶利钦支持普京一样，普京也极力支持梅德韦杰夫，形成了良好的政治氛围。

对于普京的鼎力支持，梅德韦杰夫心知肚明，他把修宪作为回报普京的一份大礼。在梅德韦杰夫的斡旋下，俄罗斯国家杜马对宪法进行了修改，将总统任期延长至六年。普京，是最直接的受益者。

从目前的政治形势来看，普京将会再次执掌俄罗斯国家大权 12 年，加上之前的 8 年，正好 20 年。这次的修宪，正好可以让普京执掌俄罗斯国家大权 20 年，印证了其当选时的政治宣言。在前苏联和俄罗斯的历史上，只有斯大林的任期才达到这么长的时间。

或许，普京的"给我 20 年，还你一个强大的俄罗斯"并不只是一句政治宣言，而将成为事实。

（2）超强人才库

在梅德韦杰夫的任期内，最引人注目的是"黄金 100 人才库"。所有的这些入选者，都有非常丰富的管理经验，是未来俄罗斯政坛的新兴力量。在梅德韦杰夫的政治规划中，这些黄金人才会渐渐进入俄罗斯政坛，形成一股蔚为可观的政治力量。

当然，入选者的名单是高度保密的。根据计划，最终的人才库会扩充至近千人，尽可能实现人才的全覆盖。所有的这些名单，都来自于最权威人士的推荐，经过严苛的复查和考核，才有可能进入最终的名单。为了避免不必要的政治骚扰，这些名单隶属于总统管辖，保密程度极为严格。所有的入选者，都是各个领域的青年才俊，在拥有高学历、高素质的同时，又具备良好的战略眼光，综合能力十分突出。为了人才的全面性，应梅德韦杰夫总统的要求，刨除任何的党派观点，完全以未来俄罗斯的政治发展为需要。

在外界看来，黄金 100 人才库是梅德韦杰夫总统基于现实的迫切需要。为了培养自己的政治力量，梅德韦杰夫需要网罗各方面的人才，让他们成为备受信任的州长和部长。与普京形成的强势威望不同，梅德韦杰夫需要培养自己的政治势力，为其执政带来更多有利的因素。

超强的人才库，被认为是梅德韦杰夫总统试图巩固其执政地位的举动。

（3）不断更替的"梅普"组合

"梅普"组合的横空出世，不但引起国际社会的强烈反响，在俄罗斯国内

也有很大的争议与猜测。自其诞生以来，关于"梅普"组合不和的传闻一直不断。在 2012 年总统大选之前，俄罗斯的政治形势更加扑朔迷离。按照常理，应该是梅德韦杰夫连任，但普京依然拥有极高的支持率。

正当外界普遍疑虑时，普京率先作出了回应。在一次公开活动中，有参会人士向普京询问未来的俄罗斯政治形势。最初，普京表示"梅普"组合的存在，主要是为了解决俄罗斯的国内外事宜，以服务俄罗斯人民为主。正当人们扫兴之时，普京出人意料地举了罗斯福的例子，表示 4 届总统任期不是一件不可能的事情。普京的话一出，俄罗斯的政治形势瞬间明朗。

对于普京的言论，国际社会给予了高度关注。在俄罗斯政治一系列的变化后，人们更加相信心中的猜测：普京将会再次归来！随着俄罗斯选举的临近，这种观点不断得到验证。

随着普京的归来，人们把注意力转向了梅德韦杰夫。国际社会猜测，在普京的政治规划中，梅德韦杰夫更像是一个随意摆布的棋子。有人声称，尽管梅德韦杰夫担任了 4 年的总统，但在其背后，普京仍有可能是最终的决策者。2008 年，鉴于俄罗斯的宪法，普京只得暂居总理，让位于梅德韦杰夫。经由梅德韦杰夫的过渡，普京可以继续成为俄罗斯的总统。在西方世界眼里，普京是一位非常成熟的政治家，深谙权谋。从这个角度来说，普京对俄罗斯的掌控是非常全面的。

普京是梅德韦杰夫政治道路上的领路人，具有多年的共事经历。因此，在政治思想上，"梅普"组合具有高度的统一性，较好地维护了俄罗斯政坛的团结和稳定。作为普京的政治助手，梅德韦杰夫的政治思想具有两个方面的特点：一是保持着高压的反腐态势，延续了普京的反腐打击力度。与普京相比，梅德韦杰夫的行动更加高效，成果显著。二是建设现代化的俄罗斯。从这个角度来说，与普京的政治宣言"强大的俄罗斯"，有着异曲同工之妙。因此，梅德韦杰夫的战略是普京时代的延续，并有所发展。

从整体而言，"梅普"组合相对稳定，有利于实现俄罗斯的振兴。在俄罗斯，普京的政治威望依然是最高的，对政党和媒体具有高度的掌控权。因此，普京当选下一任国家总统是必然的事情。对于外界的猜测，普京甚至给予了肯定，他说道："一旦在竞选中获胜，将提名梅德韦杰夫担任俄罗斯总理。"

由此说明，"梅普"组合将会再次实现轮转。从这个角度来说，梅德韦杰夫依然是普京力捧的政府领导人。对于"梅普"的政治模式，普京坦然道，任何的政治模式，只要符合俄罗斯的现实利益，就是正确的。普京认为，在国家战略上，他与梅德韦杰夫的观点是相似的，具有高度的共通性。

对于俄罗斯人民来说，普京的回归是一件令人振奋的事情。在普京的治理下，俄罗斯摆脱了苏联解体后的疲软状态，经济形势转好，国际地位大幅提升，综合国力稳步增强。经过 8 年的观察，俄罗斯人民非常清楚，普京是未来俄罗斯政治的核心，能够领导俄罗斯人民走上强国之路。无论是从俄罗斯的政治局势，还是俄罗斯民众的支持率来看，普京的回归都是一件众望所归的事情。

Chapter 12
大帝的回归:
再造一个奇迹般的俄罗斯

在担任四年的总理之后,2012年,普京再次出任俄罗斯总统。至此,普京三任总统,继续延续着俄罗斯的"普京时代"。

在前两届任期里,俄罗斯的政治、经济、军事得到了长足的发展,改变了过去疲软的状态。但是,鉴于俄罗斯宪法的规定,普京不得不让位于梅德韦杰夫,转任总理。但是,在俄罗斯民间,普京依然拥有超高的支持率,是总统的不二人选。

对于俄罗斯来说,强硬的普京是俄罗斯政坛亟须的。自2008年以来,世界形势发生了重大变化。在金融危机的影响下,世界经济形势更加复杂,难以估摸,同时,俄罗斯的国际环境面临着重大考验,格鲁吉亚战争的爆发,以及乌克兰危机的升级,让俄罗斯的周边环境更加复杂,国家安全甚至受到严重威胁。

在普京的执政宣言中,"建设强大的俄罗斯"是最令俄罗斯人民振奋的口号。为此,当俄罗斯面临困难时,人民再次想到了普京,希望他带领整个国家走上振兴之路。

1. 三任总统，普京时代将延续

1999 年，普京开始担任总理和代总统，至今，他已经掌握俄罗斯政权十多年。在俄罗斯政坛中，普京是举足轻重的人物。即使是在国际政坛上，他的政治影响力也十分强大。在民间，普京拥有极高的支持率，深受人民拥戴。从 2000 年至 2008 年，普京担任两届俄罗斯总统。在国际上，普京实施"双翼外交"的战略，保持东西方关系的平衡，重视独联体的特殊地位，为俄罗斯建立了稳定的外部环境。在国内，普京重振俄罗斯经济，打击寡头势力，制定改革措施，加强军队建设。在这八年期间，俄罗斯的经济得到了明显恢复，国际国内环境大幅改善，俄罗斯人民的强国之梦指日可待。

在竞选初期，普京参加了一场题为"与普京对话——继续"的电视直播，与俄罗斯人民直接对话。从开始到结束，普京始终非常坦诚地与俄罗斯民众进行沟通交流，没有任何客套敷衍。

对于普京，主持人十分了解，所以其直截了当地问道："普京先生，在竞选即将来临时，您如何看待博洛特纳亚广场上的示威活动？对于这些举动，您是如何评价的？关于示威活动的缘由，您能简要地说一下吗？"所有的这些问题，都是直指即将开始的选举，非常锐利。

听了主持人的提问，普京回答道："在俄罗斯，人民具有表达政治观点的权利，可以评判俄罗斯政治的发展，这都属于公民的自由。根据我的了解，所有的活动都在法律允许的范围内，都是非常正常的行动。在未来，我也希望人们遵守法律，维护自身权利。在电视画面中，我们看到更多的青年人参与其中，这是非常值得庆贺的事情。青年人，是俄罗斯未来的希望。尽管我们可能存在政见上的异议，但是所有的政治活动都是符合法律规定的，是值得支持的。"

对于俄罗斯选民，普京说道："我想对那些乐观的人说，请一定要保持谨慎的态度。你们的每一张投票都至关重要，千万不要为了一棵白菜而耽误了投票。总统的选举，完全由你们说了算，只有你们才有决定权。谁将会掌握俄罗斯的政权，谁会为俄罗斯人民服务，将直接由你们决定。"

谈到选举的结果，普京说道："如果民众反对我，我将立即离开俄罗斯政府，不再与政治产生任何瓜葛。但是，这种支持必须也只能体现在选举结果上，而不是广场上或者网络上。只有你们的投票，才能决定我是否会入主克里姆林宫。"

在竞选期间，普京再次描述自己的政治纲领，为俄罗斯人民描绘更加美好的未来。在内政和外交方面，普京都进行了非常详细的阐述，重点提出了俄罗斯的经济、民族、安全等问题。

在担任了 4 年的总理之后，2012 年 3 月 4 日，普京以 64% 的支持率再次当选俄罗斯总统。俄罗斯选举规定，在首轮投票中，候选人只要获得超过 50% 的选票，就可直接当选为总统。与第二名 18% 的支持率相比，普京的当选是众望所归的，符合大多数俄罗斯人民的期望。

普京认为，他的工作还没有完成，需要继续掌权。对于任期的质疑，普京坦言，为了实现自己的政治宣言，任期的次数是无关紧要的。在普京的政治宣言中，"给我 20 年，还你一个强大的俄罗斯"是最引人注目的。在普京看来，他的政治承诺仍然没有完成，需要继续为俄罗斯人民服务。当然，俄罗斯人民对此也是十分期待的。对于普京，俄罗斯人民十分信任，愿意给他足够的时间。或许有些人认为，普京贪恋权力，是一个野心十足的政客。但是，对于普京来说，努力实现自己的政治承诺才是自己的执政职责。

在 3 月 4 日晚上，普京和梅德韦杰夫一起来到了马涅日广场，参加庆祝获胜的集会。在集会上，一向以"硬汉"形象示人的普京，流下了激动的泪水。

俄罗斯人民十分清楚，普京的执政纲领，与俄罗斯的国情紧密联系，完全

符合俄罗斯的发展要求。因此，俄罗斯人民希望普京再次出任总统，实现他当初的政治诺言。

然而，对于普京来说，任务依然是相当艰巨的。在未来的 6 年或者 12 年，俄罗斯人民希望普京再次出发，走出一条新的道路，振兴俄罗斯。那么，普京是如何规划自己的执政理念的呢？

（1）坚持政治改革，维护社会稳定，符合俄罗斯的实情

在普京的政治观点中，以俄罗斯的国情为基础，加强市场经济建设，走独立自主的发展路线是第一位的。要继续推进民主建设，保障俄罗斯的社会稳定和团结。普京更加重视俄罗斯的稳定，反对任何激进的改革，以稳步推进俄罗斯的复兴大业。

在普京的政治观点中，强有力的中央政府是十分关键的，这有利于维护俄罗斯的稳定和团结，并能够为俄罗斯的经济发展注入更多的活力。在国家政治生活中，必须要保证总统的权力，以有利于俄罗斯的经济建设和政治改革的推进。打造高效廉洁的政府，仍然是普京的重要目标。在地方，实行直接选举的制度，中央政府具有管理和监督的权力。

（2）继续推进经济改革，转变发展方式

随着国际油价的持续攀升，作为能源丰富的俄罗斯来说，这为经济的发展带来了更多有利的因素。在 21 世纪前十年，俄罗斯经济明显好转，呈现出较好的发展趋势。但是，俄罗斯的经济结构是非常不合理的，对能源出口的依赖性太强。

随着 2008 年全球经济危机的到来，经济改革成为普京的重要目标。为了转变经济发展方式，改变单一的能源出口模式是当务之急。同时，建设现代化的国家，实现经济结构多元化也成为更加现实的问题。2011 年，随着俄罗斯加入世贸组织，面临的形势将会更加严峻。此时，俄罗斯必须要融入国际社会，改善传统的工业模式，以促进经济结构的调整。

（3）改善民生，提升人民生活水平

在普京的执政目标中，改善人民生活水平也是非常重要的指标，他非常关注社会民生问题。对于俄罗斯来说，促进人口增长是非常紧迫的问题。为此，普京实施了人口增长战略，希望通过鼓励生育和吸引移民等政策，为俄罗斯带来更多的劳动力。同时，政府继续加强在医疗、教育、住房、养老等方面的投入，以解决更多的社会问题。普京十分重视医疗和教育事业，大幅提升教师和医疗工作者的工资，使之更好地为社会服务。

（4）实施更加务实、多元化的外交政策，维护国家利益

在俄罗斯的外交政策中，独立自主是核心，多元化是发展趋势。21世纪，俄罗斯将会面临更多的国际问题，特别是与周边国家的领土纷争，以及来自外部势力的威胁。因此，维护国家统一和领土完整，反对任何外部势力的威胁成为俄罗斯对外关系的着力点。建立"欧亚联盟"是普京对外关系的着重点并试图建立联系更加紧密的欧亚同盟，以促进世界的稳定与团结。

为了应对外部势力的威胁，普京加强俄罗斯的军队建设，使其朝着现代化的方向迈进。在国家安全问题上，普京强调战略武器的威慑力量，加强技术革新和创造。

2.亲驾飞机救火的"超人"总理

与历代俄罗斯领导人相比，普京是一位更具现代意识的总统。在媒体报道中，会经常看到这位俄罗斯硬汉的身影，或者上天，或者入海，他常常会出现在各种意想不到的场合。这种政治公关，为普京聚揽了很多人气，使其深受俄罗斯民众的喜爱。甚至可以说，普京成为了俄罗斯的全民偶像，而完全不同于以往的政客。面对各种突发的情况，普京总能见招拆招，让人目不暇接。

2010年，一次意外的森林大火，为普京的个人政治公关提供了有利的时机。这一年，由于持续的干旱和高温的极端天气，俄罗斯爆发了罕见的森林大火，形势非常危急，7月中旬，火势继续蔓延至更多的地方，俄罗斯多个地区陷入紧急状态，一时间人心惶惶。为扑灭这场森林大火，俄罗斯出动了全部的消防力量。对于俄罗斯来说，这是一次非常艰苦的消防会战，不容小觑。不

过，比森林大火更让人紧张的是，在失火的森林中，暗藏着俄罗斯的两个核基地，后果可想而知。

第一个核基地位于斯涅任斯克市，距离莫斯科不远。这个核中心的战略意义十分重大，是俄罗斯的世界级核武器中心，承担着俄罗斯战略核武器的研究和制造。在核能利用上，是未来俄罗斯核战略的中枢系统。在附近的森林中，由于火势不断蔓延，对其构成了严重的威胁。在数百人、近百辆消防车的支援下，甚至两架米格直升机的出动，才得以解除那里的险情。

第二个是距离莫斯科不远的萨罗夫市的核试验中心。萨罗夫市是俄罗斯第一颗原子弹的试验地，被称为俄罗斯的"原子城"。更为严重的是，萨罗夫市没有救火急需的水库，这使得灭火工作变得更加艰难。险情发生后，在政府部门的协调下，紧急调了两批次火车，运送大量的水和消防水带。在花费了众多人力物力的情况下，危机才得以解除。

这场突如其来的大火，是俄罗斯现代历史上最为严重的火灾。尤为可怕的是，它直接威胁到具有重大战略意义的国家核基地。为此，正在度假的梅德韦杰夫不得不提前结束休假，指挥这场艰巨的灭火战斗。让梅德韦杰夫更为愤怒的是，由于疏忽，附近的海军后勤基地竟然直接被焚毁。显然，官员的失职成为这场火灾继续加大的诱发因素。海军基地被焚毁，让身为总统的梅德韦杰夫十分难堪。为此，梅德韦杰夫下令撤销了一批军官的职务，主要是各后勤部门的负责人。同时，梅德韦杰夫发出警告，各个地方加强自身监管，以避免类似险情的发生。在这样的情况下，军队连自身的安危都无法保证，更别提救助受困的平民百姓。

就在这场救灾工作最为关键的时刻，普京于7月10日登上救援飞机，亲自来到火场参与灭火工作。

普京是在梁赞州与州长一起登上一架水陆两用直升机的。起初，普京只是坐在舱内，视察着最新的火情。在飞行一段时间后，他径直来到了驾驶舱，坐在了副驾驶位置上。在得到机长的同意后，他与机长直接参与了灭火工作。首先，按照机长的指示，普京完成了规定的取水动作。当来到灭火地点时，他又按照机长的指示，非常冷静地按下了按钮。然后，普京问驾驶员：

"效果怎么样？"

驾驶员回答道：

"准确击中目标，任务完成！"

在普京的配合下，不到一个小时，他们就圆满地完成了对两处火情的灭火任务。在灭火过程中，普京还发现一处新的火点，可能会威胁到周围的村庄。于是在他的指挥下，俄罗斯的救灾部队完成了对该火点的灭火工作。

这一次重大火灾，给俄罗斯带来了巨大的经济损失和人员伤亡。根据灾后统计，有数百人失去了生命，近千人无家可归。更为严重的是，使俄罗斯的农业遭受重创，谷物产量减少近半。这场火灾波及到了很多企业，致使其无法进行正常的生产活动。根据当时经济学家的预计，这次的火灾对俄罗斯当年的国内生产总值会造成一定的影响。

这次的火灾，暴露出了俄罗斯很多严重的问题，特别是地方政府的懈怠，是造成火情加大的主要原因。尽管普京与梅德韦杰夫的反应十分迅速，但是俄罗斯的防灾救灾机制存在严重的问题，客观上造成了救援的迟缓。与此同时，在救援设备、人力等问题上，也显示出了俄罗斯救援力量的不足。对于俄罗斯政府来说，这都是亟待解决的问题。

在这场举国救灾的行动中，普京的表现赢得了俄罗斯民众的称赞。当然，普京的驾机救援可能有一定的政治表演成分，但是其积极作用是十分明显的。

普京个人的政治魅力，有效地缓解了民众对政府的愤怒。同时，也提高了普京的民众支持率，为下一步的总统大选奠定了良好的基础。

3. 不称霸的军事战略

在国际政治格局中，俄罗斯作为世界性的大国，对于国际社会的稳定与团结具有至关重要的影响。普京的再次上台，让企图称霸世界的美国，多了一分不安。手腕强硬的普京，是抵制美国称霸世界的重要力量。在 21 世纪的国际

政治中，普京所带领的俄罗斯成为反对美国称霸世界的先锋，这对于国际政治新格局的形成起到了很大的促进作用。

在西方社会的眼中，普京是一只可怕的鹰，潜在的威慑力十分强大。俄罗斯一家媒体曾在采访中问道："普京先生，在西方社会，人们将您比作'鹰'，您如何看待这样的评价？"

普京坦言："鹰，只是一只鸟而已，而我，是一个人。"

普京是一个非常直率的人，手腕十分强硬。与美国相比，俄罗斯目前并不愿意充当世界警察的角色，它只是在维护自己的合法权益。当然，在普京的政治承诺中，建设强大的俄罗斯是非常重要的一个目标。因此，普京十分重视维护俄罗斯在国际社会中的地位，以增强俄罗斯的国际影响力。为了建设强大的俄罗斯，普京进行了军队改革，以加强俄罗斯的军队建设，树立俄罗斯的海军强国形象。苏联解体后，俄罗斯的国际地位下降，影响力与之前已不可同日而语。为此，普京努力将俄罗斯重新推向世界政治的中心，并成为构建国际政治新格局的重要力量。与经济发展相比，俄罗斯对军事力量的发展更为重视，特别提出了海军强国计划。随着俄罗斯军事实力的增强，西方社会开始隐隐地担忧，他们十分忌惮"北极熊"的再次发怒。

在俄罗斯经济发展的过程中，其外部环境也发生了重大变化。苏联解体后，俄罗斯对周边国家的影响逐渐减小，为西方势力的渗透提供了良好的契机。北约东扩，已经逐渐对俄罗斯本土构成了直接的军事威胁。以乌克兰、格鲁吉亚为首的国家，与俄罗斯的纷争不断，还不时发生零星的军事冲突。在美国和欧洲的参与下，围绕着能源与领土的问题，俄罗斯与周边国家的纷争持续升级。其中，阿富汗问题、伊拉克战争和伊朗核危机，以及蠢蠢欲动的极端宗教主义和恐怖主义，都对俄罗斯的国家安全构成了严重威胁。

对于普京来说，稳定外部环境，发展国内经济是最主要的策略。为了稳定周边环境，普京采用了恩威并重的方式，以笼络周边国家。他之所以没有选择激进的方式，而选择冷处理，就是为给俄罗斯经济的发展创造更为宽松的外部环境。所以，在 21 世纪前十年，俄罗斯享受了难得的和平，为经济发展带来了良机。在经济得到发展的同时，俄罗斯的综合国力也得到了明显提升。同时，普京非常重视军事实力的提升，以使之可以应对更加复杂的外部环境。

在第三个总统任期内，普京更加注重俄罗斯军事力量的建设，以应对来自于美国、欧洲以及周边国家的军事威胁。为此，普京大幅提高了俄罗斯的军费投入。在洲际导弹和弹道导弹上，普京计划在原有的基础上，增加近500枚的数量。同时，增加各种型号的战略核潜艇、攻击性潜艇、战舰，以及各种直升机、战斗机、轰炸机。在各种军事力量中，普京更加重视具有战略意义的核力量建设。在增强军事打击能力的同时，俄罗斯在军队现代化方面继续发展。在普京的军事规划中，指挥和通讯系统的升级成为非常重要的内容，以应对未来高科技的战争需求。

普京曾经公开引用沙皇亚历山大一世的话表示，俄罗斯只有两个盟友——海军和陆军。面对外部军事力量的威胁，他认识到了建设军事强国对于维护国家利益的重要性。在军队建设中，普京把海军建设作为重点。他甚至对外表示，为了建设强大的海军，卖掉克里姆林宫也在所不惜。普京的这一句话，表明了俄罗斯在海军建设上的决心。对于俄罗斯来说，加强海军建设也是一件非常正确的事情。

自从苏联解体后，俄罗斯的军事工业遭受重创，特别是海军实力，逐步下滑。前苏联最大的造船厂，如今已经属于乌克兰。白俄罗斯等前苏联加盟国，都分散了前苏联的重工业基础。苏联解体后，俄罗斯的军事实力大幅下滑。但是，俄罗斯面临的国际环境却更加复杂。美国和欧盟处处紧逼，周边国家也不时闹出点矛盾，这都对俄罗斯的国家安全构成了严重的威胁。因此，加强海军建设成为俄罗斯极为迫切的现实要求。

在普京的海军计划中，重返大洋是最迫切的需求。这个时候，航空母舰以及各种战舰的需求必然会随之加大。不同于美国全球称霸的战略，俄罗斯更多地在于维护自身合法权益，保护海洋资源。在俄罗斯的海军力量中，核潜艇也是至关重要的一方面，战略威慑能力十分突出。在俄罗斯的海军计划中，对航空母舰的精确打击是极为重要的战略考虑。因此，各种导弹、轰炸机、战斗机的需求也会随之加大。

北海舰队、太平洋舰队、里海舰队、黑海舰队和波罗的海舰队组成了俄罗

斯海军的军事力量。从实际战斗能力来说，特别是"库尔斯克"号沉船事故发生以后，国际社会对于俄罗斯的军事实力产生了怀疑。但俗话说，"瘦死的骆驼比马大"。俄罗斯的海军经验和技术仍然是世界领先的，具有巨大的增长潜力。

在普京的海军计划中，应对现代化的军事斗争是 21 世纪海军建设的重点。在硬件增强的同时，俄罗斯也在继续推进海军指挥和通讯系统的信息化和电子化。在未来的实战中，各个兵种将会形成一个紧密的整体，以应对多样化的军事斗争。

在前两个任期中，普京的军事战略更为低调，不显锋芒。随着国际形势的变化，以及俄罗斯经济实力的增强，普京开始致力于加强俄罗斯的军事实力。在普京的全球战略中，不称霸是其重要的支撑点。从现实来看，普京的强军计划更多地着力于对抗美国、北约。

4. 乌克兰局势日趋复杂

自出任总统以来，普京让世人感受到的一直是他的硬汉形象。在执政之初，碍于俄罗斯综合实力的不足，普京采取的发展策略基本都十分低调，根本就不跟欧美等国在明面上进行对峙。但是，面对北约方面的步步紧逼，以及俄罗斯综合国力的持续增强，普京开始有理有度地进行反击。而且，双方的斗争愈演愈烈，不可调和的矛盾最终在乌克兰问题中全面爆发，并受到国际社会的强烈关注。

2014 年 2 月，乌克兰首都基辅发生了一场冲突，全世界的目光都转向了这里。很快，乌克兰形势开始恶化，另一场危机正在悄悄地降临。这里的局势发展之所以会引起世界的关注，主要原因就是这里聚集了世界上最强的几股势力，美国、俄罗斯、欧盟等等，这种势力的对抗让乌克兰的形势变得更加复杂。

3月1日，为了保障俄罗斯的国家利益，以及生活在乌克兰境内俄罗斯人民的安全，普京向议会申请对乌克兰用兵。乌克兰政变直接导致了亚努科维奇政府的倒台，因此对于俄罗斯对乌克兰用兵的决议，亚努科维奇十分支持。当天，乌克兰东部的民众举行大规模抗议活动，反对乌克兰的现任政府，要求俄方尽快采取军事行动。乌克兰局势动荡，其中必然有欧美等国的推波助澜。而乌克兰紧邻俄罗斯本土，对于美国而言，其战略地位不言而喻。美国一旦掌控乌克兰，将对俄罗斯本土形成重要掣肘，在双方对抗中获取更多的主动。但对于普京来说，他绝不允许出现这种情况。因此，为了维护国家的安全和稳定，普京不得不采取强硬措施。

这是自苏联解体后，俄罗斯首次决定通过军事行动来稳定国家周边的局势。虽然2008年俄罗斯也曾对格鲁吉亚用兵，但当时更多的是为了维护盟国不受侵略，而这次出兵乌克兰更多的是维护俄罗斯的国家利益，保护俄罗斯人民的生命不受威胁。乌克兰局势的动荡，也是欧美等国对普京政府以及俄罗斯的直接挑衅，属于美国称霸世界的一项重要举措。

乌克兰问题，冲突日益加剧，最后乌克兰的军事力量开始介入，使得乌克兰局势变得更为复杂。同时，国际势力也开始频繁介入，俄与欧美两大阵营开始在乌克兰摆阵对垒。两大国家政治势力角逐的公开化，让乌克兰陷入内战边缘，整个国家局势变得更加动荡。对于国际社会来说，乌克兰问题将会成为影响世界稳定与和平的关键问题。

亚努科维奇政权被推翻之后，"亲欧"派势力把持了乌克兰政权。对普京而言，这种情形已经威胁到了俄罗斯本土。本来，乌克兰是独联体国家。一旦乌克兰加入欧盟，将会对俄罗斯的国家安全构成严重的威胁。同时，独联体之间的平衡关系也会被打破，渐渐成为欧盟和美国的军事要塞。欧盟的军事部署，让普京感受到了强大的威胁。于是，在普京的命令下，俄罗斯陈兵15万于俄乌边境，以应对可能出现的突发情况。

乌克兰局势的复杂变化，对乌克兰自身的走向也带来很大影响，因为任何一个选择都足以让其向着相反的方向走下去。可能引发的内战让乌克兰人民忧心忡忡，焦虑不安。随着各方势力角逐的全面展开，乌克兰形势在各大阵营交

锋中不断起伏。不过，俄罗斯的动作要比欧美快上一步。

3月18日，普京与克里米亚总理以及塞瓦斯托波尔主席达成协议，克里米亚和塞瓦斯托波尔正式加入俄罗斯。在双方阵营对峙的关键时刻，乌克兰形势再次发生突变，胜利的天平开始逐渐向普京倾斜。

俄罗斯与克里米亚的"闪电"式合作，让欧美等国措手不及，疲于应付。普京执政之初，曾向欧美等国主动示好，争取让俄罗斯在国际上拥有更加和谐的关系。但是，欧美阵营对俄罗斯采取了多方面压制策略，企图对俄罗斯实施全方位压制。作为强硬派的普京，得知西方世界的态度后，立即采取了更强硬的措施，以此来使俄罗斯免于遭受潜在的军事威胁。对于普京来说，发展俄罗斯的经济是十分重要的，但保证俄罗斯的国际地位同样重要，俄罗斯必须遏制美国称霸世界的举措。

乌克兰局势让俄方阵营与欧美阵营的"隔空斗法"持续了好几个月，普京因为动作快人一步，所以取得了暂时性胜利。但是，欧美阵营必然不会善罢甘休，逐步展开对俄罗斯的多方面制裁，企图通过这种方式让普京知难而退。

2014年7月，欧美阵营数次宣布对俄罗斯进行各方面制裁，并制定出一份制裁名单，制裁普京的"核心圈"。欧美阵营采取的一切动作，都是为了震慑俄罗斯，逼迫普京退却。

随后，西方媒体对欧美制定的制裁名单进行了详细报道，透露出受到制裁的大多是普京身边的亲信，其中包括俄罗斯政界、商界等多方面的知名人物。

在这份制裁名单中，商界知名的石油供应商格纳迪·季姆琴科在俄罗斯的能量最大，名列俄罗斯富豪榜第12位。全球知名的贡尔沃公司就是由季姆琴科牵头创办的。同时，他还拥有俄罗斯石油公司的一部分股份。资料显示，贡尔沃公司的年收入达到近千亿美元，而季姆琴科是普京最信赖的合作伙伴之一。同时，制裁名单上还有从小和普京一起练习柔道的阿尔卡季·罗滕贝格与鲍里斯·罗滕贝格两兄弟。三人的柔道老师都是拉赫林，因此三人从小就建立起了深厚的友谊。可以说，罗滕贝格兄弟就是普京在商业领域的代言人，他们是普京在经济上的最大支持者之一。与季姆琴科一样，罗滕贝格兄弟的财产也来自于俄罗斯的能源企业。他们的企业都受到了普京的庇护，在这种优势条件下，他们各自的企业都获得了极大发展，并积累了大量财富，同时都尽心尽力地服务于普京。

当然，美国与欧盟的制裁远不止这些。对普京"核心圈"的制裁仅仅是"开胃菜"，对俄罗斯的经济制裁才是实际手段。在美国与欧盟的倡导下，西方国家对俄罗斯实施贸易禁运，中断经济合作与技术交流。在美国的外交策略中，当外交手段不足以解决问题时，其往往会采用经济制裁手段。美国的综合国力在全球是当之无愧的第一。因此，美国具有充足的政治、经济和军事资本与全球范围内的任何国家展开对抗。然而，在西方的一些主流媒体看来，对俄罗斯的经济制裁并没有想象的那么顺利，因为经济制裁是一把双刃剑，对西方国家而言，这种制裁不但会伤及自身，而且是伤害要多于好处。有些媒体甚至认为，西方对俄罗斯的制裁不仅没有任何用处，反而逼迫普京走上了一条与西方对抗到底的特殊化道路。

另外，普京手中还掌握着反抗欧盟制裁的最有效砝码——资源，俄罗斯周边国家以及欧美等国都在天然气问题上高度依赖俄罗斯。面对西方的制裁威胁，俄罗斯常常利用手中的"资源武器"对欧美国家进行一番敲打，这让欧美等国十分忌惮。在普京眼里，美国和欧盟对俄罗斯展开的经济制裁没有太大用处，他对对方的这种手段"不屑一顾"。

自从乌克兰局势产生动荡以来，国际形势发生了重大变化。本来，美国已经开始将自己主要的军事力量转向亚太地区，因为在美国政坛上总有一股势力在宣扬中国威胁论，所以他们准备将主要矛头对准中国。但是，随着乌克兰危机的爆发，美国不得不重新审视当前的国际形势，最终认定俄罗斯才是最危险的竞争对手。因此，以美国为首的北约阵营除了在经济上制裁俄罗斯之外，必然还会在政治上对俄罗斯政府施加压力。

对于普京而言，维护国家利益才是首要任务。面对以美国为首的北约阵营带来的威慑，普京毫不屈服，果决地对格鲁吉亚、乌克兰等国使用了武力。在普京看来，如果美国和欧盟一旦对俄罗斯实施了军事包围，那么俄罗斯必然会处处受制于人。

尽管普京一直在强调会保持除克里米亚之外乌克兰领土的完整，但欧美等

国根本就不相信。在美国看来，未来很长一段时间内国际政治的焦点都会放在乌克兰问题上。因此，尽管北约的东扩计划在普京的强硬措施之下遭到重挫，但欧美等国已经开始逐步调整自身的发展战略。虽然俄罗斯独联体阵营和北约阵营僵持不下，但是双方对乌克兰的人道主义援助还是有条不紊地进行着。

2014 年 9 月 20 日，普京政府决定向乌克兰东部派遣救援队，这是俄罗斯第三次向乌克兰进行人道主义援助。这次的援助队总共有 200 辆卡车，车上载有食物、水、药品、衣服等各项生活必需品，共计 2000 吨。在这支车队进入乌克兰境内时，曾多次邀请乌克兰有关部门对其进行例行检查，但对方拒绝检查并直接放行。

2015 年 2 月 15 日，乌克兰总统波罗申科与敌对的乌东部方面的领导人同时下令双方在 15 日凌晨执行欧美等国制定的停火协议，停止战斗。然而，停火还不到两小时，顿巴斯地区的炮火声再次响起。乌克兰政府军再次发起对乌民间武装的攻击。

随后，顿涅茨克人民共和国的武装指挥巴苏林称，民兵被迫对乌克兰政府军的袭击展开自卫还击。

2015 年 2 月 25 日，随着乌克兰军事冲突的加剧，俄罗斯在俄乌边境空投 2000 名伞兵，并进行了紧急军演，主要演练的就是防御作战。此前，北约的多国部队已经在爱沙尼亚的边境小镇上举行了阅兵仪式。《环球时报》报道，俄罗斯独联体与北约阵营的对抗将贯穿整个 2015 年，并且都没有可能主动收手。

自冷战之后，世界格局出现新的变化，而乌克兰政变的发生，使这种局势变得更加混乱。在乌克兰，俄罗斯将与北约阵营展开更加深入的长久对抗。这种明争暗斗形势的出现必然会使世界出现新的冷战格局，同时将会对世界安全与稳定带来重大威胁。在乌克兰地区，任何一个细微的动作都可能引发一连串影响，因此，俄罗斯独联体和北约阵营在采取动作时都十分小心谨慎，极力避免发生直接的军事冲突。

5.世界上最有权势的人

如今，世界上权势最高的人是谁呢？

2013 年 10 月，美国《福布斯》杂志提供了一份明确的答案。据可靠的调查显示，全球 72 亿人中，俄罗斯总统普京位居第一，超过了美国总统奥巴马。最具权势排行榜一经推出，便引起西方众多媒体的热烈讨论。西方媒体无不感慨"自由世界已经沦陷"。当时，美国在一系列国际事件中屡屡受挫，再加上在乌克兰事件中被俄罗斯压了一头，导致很多美国人气愤不已，纷纷将其中罪责推到美国总统奥巴马身上，对其展开口诛笔伐。相反，俄罗斯媒体纷纷大力宣扬普京的影响，认为普京得到"世界最具权势人物"的称号是实至名归。

《福布斯》公布的这个最具权势排行榜，让美国人感到十分纠结，因为冷战结束后，世界上最具权势的人一直是美国总统的专利，而现在，这个称号已经易主，并且是归于美国的手下败将——俄罗斯手中。

很多媒体对这份榜单进行了深入分析，在这个排行榜中，其中 17 位是国家首脑，这些国家的 GDP 总值超过了 45 万亿美元。另外，排行榜的前列还有 27 位大型商业集团的 CEO 和总裁，他们掌握着将近 3 万亿美元的年营业额。这个排行榜中，还有 28 名富豪的总财产超过了 5600 亿美元。

但是，普京是凭借什么登上了权力的巅峰呢？《福布斯》给出了这样的答案："普京将整个俄罗斯牢牢地控制在手中，而在叙利亚博弈中，明眼人都可以看出全世界的权力都在向普京聚集。他掌控着核部队、常任理事国席位以及遏制着任何国家咽喉的天然气石油资源，还有就是他的总统任期可能会一直延续到 2024 年。"

世界上最具权势的人不是奥巴马，这让很多人难以置信。很多媒体纷纷发言："一个经常光着膀子的独裁者竟然占据了最具权势人物的榜首。"他们对"自由世界"领导人位居普京之下感到羞愧。甚至有媒体称，美国白宫方面应

该立刻取消对《福布斯》的订阅。还有的媒体则认为，"普京已经严重地羞辱到了奥巴马的尊严"。更有甚者，拿出美国与俄罗斯的经济与军费投入进行对比，美国的经济实力要远超俄罗斯，而美国的军费投入是俄罗斯的 7 倍。在这种情况下，奥巴马还是被普京压倒了，那么奥巴马到底有多失败呢？

俄罗斯官方发言人表示，不清楚普京本人对此作何反应，但就表面而言，看不出他的内心有什么波澜。不过，广大的俄罗斯人们却难以保持平静。俄罗斯媒体认为，普京之所以可以登上权力的顶峰，主要是俄罗斯所实行的对外政策影响到了全世界，极大地满足了国际社会的需求。俄罗斯官方还表示，普京对斯诺登和叙利亚事件的处理为其赢得了普遍赞誉，随后在一些多国峰会中，他再次成为受人瞩目的焦点，因此，普京力压奥巴马也没什么可奇怪的。

俄罗斯一家杂志社直接发表一篇文章赞扬普京。文中称，在俄罗斯的历史上，最具影响力的人是彼得大帝，到了 20 世纪四五十年代则是斯大林，而如今，俄罗斯总统普京依靠自己的实力再次赢得这一殊荣。统一俄罗斯党副主席涅维洛夫在接受记者采访时说："普京给世界带来了众多可喜的变化，他为世界所作的贡献，足以让俄罗斯在国际中的地位得到迅猛提升，他的出现让俄罗斯在国际上的影响力越来越大。如今，世界上任何国家、任何人都不敢再小瞧俄罗斯了！"

澳大利亚的一些媒体经过分析，赞同《福布斯》"最具权势人物"排行榜的排名，他们也认为普京确实是当前世界上最具权势的人物。但英国媒体也提出了质疑，如果权力是用提升专制统治来衡量的话，那么萨达姆也应该得到这一称号，因此，将普京选为"世界最具权势人物"是毫无正确性可言的。法国的《快报》则认为，普京之所以可以力压奥巴马，主要是因为普京在与奥巴马针锋相对时，表现得更强势一些。美国媒体则指出，近年来，普京时常炫耀自己的权力，在叙利亚事件逐步升级的情况下，他还在《纽约时报》上发表文章谴责奥巴马。这位精通柔道的总统还利用其他方式展现自己的权力，比如驾机灭火、驾驶轰炸机、赤裸上身骑马等等。

同时，美国舆论确实对奥巴马存在诸多不满，甚至美国的高层官员也曾公开表示，奥巴马是美国历届总统中最软弱的一位。

6.放眼俄罗斯未来

俗话说："没有永远的朋友，也没有永远的敌人，只有永远的利益！"如何维护俄罗斯的利益，如何在东西方之间找到平衡点，如何在风起云涌的国际棋局中战胜对手，都成为普京需要衡量和琢磨的。

如今，俄罗斯已经同西方陷入另一个冷战期。在这种情况下，普京急需寻求战略合作伙伴。俄罗斯正处于被西方世界抹黑、打压的境地，国际处境已经变得岌岌可危，因此普京必须借助具有相近战略利益并处在高速发展期的中国来抵抗西方世界所带来的这种压力。

在普京刚开始执政时，就将中俄关系的发展当做俄罗斯外交工作中的重中之重，两国在一些国际问题上达成了广泛共识。普京出任俄罗斯总理之后，也在不遗余力地推动俄中关系的发展与深化。

2010 年 3 月 23 日，习近平副主席到俄罗斯进行国事访问。期间，俄罗斯总理普京与习近平就多领域事宜达成合作意向。随后，习近平又出席了有关俄中多个领域合作文件的签署仪式，完成了将近 70 亿美元的交易。

2010 年 5 月 8 日，胡锦涛主席出席了俄罗斯卫国战争胜利 65 周年庆典，随后与普京进行了会谈，再次对中俄之间的战略合作达成多方面共识。

在中俄两国领导人的持续推动下，两国的关系不断深化，并在很多方面取得了实质性进展。2010 年 11 月 1 日，中俄石油管道正式投入运营。中俄石油管道由俄罗斯的斯科沃罗季诺站一直联通到中国的大庆站，管道总长超过 1000公里。根据双方签署的合作协议，俄罗斯每年会向中国输送 1500 万吨原油，协议的有效期限为 20 年。中俄石油管道正式投入运营后，在提高输油量的同时，也降低了运输成本。

2010 年 9 月，俄罗斯总统梅德韦杰夫对中国进行了访问，并与胡锦涛主席达成了诸多共识。随后，由中俄主导的在哈萨克斯坦境内联合举办的"和平使

命 –2010"联合军事演习，以打击恐怖分子为第一要务，进行了多项合成训练。同年 11 月份，梅德韦杰夫在结束越南访问之后，乘机直达库页岛，然后转机前往南千岛群岛进行了实地考察。此举无疑是在向世界宣布，南千岛群岛是俄罗斯的领土。这在日本引起了巨大震动，这无论对日本还是美国都是一次强有力的警告。

当然，普京不仅是一个"硬汉"，同时他还是一个聪明人。他不会单一地亲中或者抗美，他会同世界上任何有利于俄罗斯发展的国家打交道。正因为中俄在一些国际问题上的处理意见相近，所以正像普京所说的那样，中俄的关系正在稳定地向前发展。俄罗斯与中国的合作将有利于双方共同抵御西方咄咄逼人的形势，维护中俄的战略空间。中俄关系将成为维护世界和平与稳定的主要因素，并为世界多极化格局的发展提供重要力量。普京认为，俄中是天然邻国，俄罗斯会全方位展开与中国的合作。

2013 年 3 月，习近平主席国外访问的第一站便是俄罗斯。在莫斯科进行的演讲中，习近平说道："中俄关系对世界的稳定和发展十分重要，中俄关系在世界大国关系中是最稳固的。"随后，中俄两国领导人发表联合声明，两国都要坚决支持对方维护自身的根本利益。

2014 年 2 月，在索契冬奥会上，普京公开发表声明，支持中国的丝绸之路经济带倡议。这也是俄罗斯经济方面逐步"东向"的表现。的确，俄罗斯急需在经济发展道路上寻求新的出路，而这条出路就是俄罗斯远东地区。俄罗斯东部地区人口稀少，但其所具备的发展条件也十分优越，而且这里还有中国、日本、韩国等发展速度很快的经济强国。

同时，普京在军事上也逐渐向东倾斜，并逐渐与中国建立起军事战略合作伙伴关系。随后，俄空军轰炸机在日本首相视察灾区的时候，直接围绕日本海岸线飞行一圈，引起日本朝野震动。俄罗斯与日本的岛屿之争也为中国带来了更多机会，帮助中国缓解了钓鱼岛的压力。俄罗斯需要一个繁荣发展的中国，中国也需要一个稳定而强大的俄罗斯。因此，可以确定的是，中俄关系将会持续健康发展。

为了保证俄罗斯的长治久安，普京已经开始筹建地缘政治组合，准备了应对各种情况的结盟方案。叙利亚反恐、伊朗核谈判、乌克兰战争等等，都表明了一件事情——美国势力开始衰落。美国霸权主义之所以面临着崩盘的局面，并不仅仅是因为它将自己的意志强加给全世界，也因为中国的综合国力在迅速提升中，同时俄罗斯也逐渐恢复了元气，并拥有了与美国一决雌雄的士气和信心。

普京指出，随着中国的快速发展，亚太地区在世界中的影响力得到了明显提升，目前已经逐步发展成为世界政治经济发展的中心。俄罗斯希望可以搭载亚太地区的顺风车，带动俄罗斯远东地区的经济发展，从而扭转俄罗斯国内经济发展不平衡的局面；同时希望可以逐步融入亚太地区的一体化进程中，积极扩大俄罗斯在国际上的影响。因此，在其执政期间，俄罗斯将会推行"东西并重"的外交政策，俄罗斯在亚太地区的外交将会与西方的外交"等同视之"。俄罗斯将会通过各种论坛和峰会加强与亚太地区国家的交流与合作，以增强自己在亚太地区的影响力，积极拓展俄罗斯在亚太地区的经济利益和政治需求。

无论如何，俄罗斯最终是否会按照普京设计好的道路走下去，或者是普京执政期间是否可以重振俄罗斯雄风，增加俄罗斯在国际上的影响力，全世界都在时刻关注着。

Chapter 13

铁骨豪情最有魅力

　　普京之所以能够得到绝大多数俄罗斯人民的支持，全在于他那让人极易产生崇拜情结的人格魅力以及强悍的征服力量。普京的这种魅力，已经成为俄罗斯民族精神中不可或缺的一部分。

　　俄罗斯需要普京这样的铁血硬汉，而普京也顺应了时代的需求，极力将自己打造成为一个"无所不能"的超级总统。正是由于普京的出现，俄罗斯才结束了叶利钦时期的混乱局面，让俄罗斯的国际地位得到了迅猛提升。普京通过自己强硬的政治手腕，实现了俄罗斯人伟大的复兴梦想，让俄罗斯民族精神重新振奋起来，产生出一种身为俄罗斯人的自豪感。

　　普京为俄罗斯人民带来了强烈而神秘的吸引力和感染力，这种心理可以帮助普京赢得更多俄罗斯人民的崇拜和敬慕。在俄罗斯政坛，普京已经叱咤多年，并成为政坛不败的神话。自上台以来，普京都是以强硬的手腕处理国内国外的各种事情，并以此赢得了俄罗斯人民的拥护和支持，很多人认为普京就是彼得大帝转世，这无疑是对普京个人魅力的高度肯定。

1.霸气外露，不光靠亮肌肉

自从 1999 年进入俄罗斯政坛最高层以来，普京已活跃在国际政坛十几年，俨然成为 21 世纪最受关注的政治家之一。在国际政坛，普京具有不败的神话，其在与各国政治家的周旋中，始终保持着良好的战绩。在推动俄罗斯振兴的同时，普京的个人魅力也逐渐凸显出来，成为人们津津乐道的话题。在俄罗斯民众心中，普京是当仁不让的民族英雄，带领俄罗斯走出苏联解体后的困境，使国际影响力稳步提升。普京，更多地以铁腕的形象示人，个性十分突出。普京的政治成就与个人魅力，世人有目共睹。普京的个人魅力是如何形成的呢?

（1）加强自身修养

作为一位政治领袖，个人的基本修养是必不可少的。面对纷繁的国际国内形势，坚韧的性格是处理各种事务的基础。与国内事务相比，国际争端常常更加复杂。这个时候，需要政治领袖保持积极乐观的态度，从维护国家利益的角度来应对各种突发状况。

出身于克格勃的普京，在长时间的特工生涯中，锻炼出了非常稳健的政治风格。面对任何突发事件，他都能积极地应对，保持一贯的强硬作风，可以说，他具有极其顽强的政治品质。正是由于他的性格沉稳，在国际政坛上的左右逢源，才使他成为当代政坛的常青树。

在叶利钦的眼里，普京是一位值得信任的政治伙伴。在叶利钦时代，政坛动荡，利益错综复杂。但是，在普京的身上，叶利钦发现了很多可贵的品质，比如忠诚等。

（2）完善的个人形象

作为政治领袖来讲，出色的口才能力是必需的。面对各种突发状况，他需要掌握好说话的尺度，做到收放自如。在面对车臣恐怖主义势力时，普京非常坚定地说道："对于任何的恐怖主义势力，俄罗斯军队将会给予坚决打击，绝不给他们任何喘息的机会。俄罗斯军队的任务，就是彻底地铲除各种危害国家安全的恐怖主义势力！"在普京的讲话中，总能透露出一股坚定的信心，能给俄罗斯民众带来很强的安全感。在国际交往活动中，普京的外交风格往往十分随意，这不同于其他僵硬的外交风格。因此，普京深受俄罗斯民众欢迎。

与很多政客相比，普京的个人爱好十分广泛，并且能够很好地应用到许多外交活动中。在普京的爱好中，柔道与摔跤是最突出的。在外交访问中，普京常常适时地展示自己的柔道技术，为俄罗斯的外交发展融入更多新鲜的元素。多样化的个人爱好，让普京的个人形象得到更加立体化的展示，让人们认识到更加真实的普京。

（3）成熟的政治领导力

对于普京来说，强硬的政治手腕是其最为突出的特点。上任之初，普京就加强了俄罗斯政府的中央集权，分散地方的权力。对于权力，普京制定了很多相关的法律，防止权力被过度使用。面对苏联解体后的混乱，普京强硬的政治手腕正是俄罗斯所急需的。在俄罗斯的政治秩序中，加强中央对地方的管理，削弱地方的权力，使得政治形势更加趋于稳定。在经济发展中，建立良好的国内秩序是非常重要的。因此，普京通过一系列的政治和经济改革，使俄罗斯国内的形势变得更加顺畅，这非常有利于市场经济活动的开展。

当然，在强硬的政治风格之外，普京也注重在政治上实现更多方面的和谐与共赢。在普京上台之初，各种政治势力的影响依然存在。他们与普京形成了很强的制约关系，对于普京来说，只有保持和谐共赢的关系，才能维护执政地位，实现自己的政治抱负。在国家杜马选举中，普京对背后的政治势力给予了支持。所以，在随后的总统选举中，普京才得以成功。在政治生活中，平衡各方面的力量是非常重要的。因此，作为一国领袖必须善于运筹帷幄，纵横捭阖。

同时，普京的亲民风格也是最为显耀的。与很多政治领袖相比，普京的政治魅力更加人性化，他非常注重与民众的联系。在很多时候，普京都能以身作则，为俄罗斯民众树立良好的榜样。在车臣战争中，普京多次来到前线视察，与官兵们面对面交流，充分展示了其亲民的政治风格。在战火纷飞的车臣，当普京到来之时，官兵们得到的是一份安慰与肯定，这非常难得。

（4）多式多样的宣传风格

在普京的政治生涯中，多式多样的宣传方法是其突出的特点。与传统的总统竞选相比，普京宣传方式显得更为灵活与多样化。在 1999 年的总统竞选中，普京的竞选风格显得十分合乎民心。在国家杜马大选中，普京的政治联盟处于领先的位置，这使得普京更为从容。因此，在竞选过程中，普京极为凸显自己的年轻，并且适当地展示他的体育情结，以及强健的体魄。

在政治宣言中，普京的讲话更加贴合实际，没有大而空的特点，所以深受俄罗斯民众的欢迎。在竞选中，他并没有通过大量的战略与方针去引导选民，而是选择更为务实的方式。在讲话中，他直面俄罗斯存在的许多问题，击中了民众的心理。当然，普京并没有进行直接的政治承诺，而是表示出要建立强大的俄罗斯的决心。在普京看来，与绚烂的政治辞藻相比，俄罗斯人民更加需要一个务实能干，能够带领俄罗斯走出困境的总统。

不管是在俄罗斯，还是在国际政坛上，普京无疑是最具特色的政治家之一。在风云变幻的国际政坛中，普京总能游刃有余，占据国际政治舞台的中心。在普京的身上，具有很多令人无法忘怀的特点。他具有传统与现代的双重特点，在强硬中保持着柔和。他突出的政治领袖能力以及个人魅力使其成为国际政坛上最耀眼的一颗星。而对于俄罗斯人民来说，需要这样的一位务实能干的总统，带领俄罗斯走出困境，拥抱美好的未来。

2.嫁人就嫁普京这样的人

我的男友打了一场架，

打得遍体鳞伤，

喝得酩酊大醉又沉沦毒海。

他简直令我无法忍让，

我把他逐离我的身旁，

我如今想要一个像普京的人。

昨天我在新闻上看到了他的身影，

他说，这个世界正处于十字路口。

他是那么具有说服力，

使我下定决心想要：

一个像普京的人，

一个像普京强而有力的人，

一个像普京不酗酒的人，

一个像普京不使我伤心的人，

一个像普京不会舍我而去的人。

这是 2002 年俄罗斯非常流行的一首歌，名为《嫁人就嫁普京这样的人》。歌曲发布以后，迅速在俄罗斯爆红，成为备受欢迎的流行金曲。与很多流行歌曲相比，这首歌的主人公十分特殊，是俄罗斯少女心中十分敬仰的政治家——总统普京。

当然，最受关注的还是歌曲的名字。不管是教师还是学生，都表达了对于这首歌的喜爱。当有记者亲自询问普京对这首歌的感受时，普京十分坦率地说道："这确实是一首非常棒的歌曲！"

但这首歌的来历，至今仍然是一个谜。关于这首歌的诞生，还有一个极为

神秘的故事。

2002 年的一个早上，在俄罗斯电台大门前，两名保安正在悠闲地四处观望。这时，一名陌生男子走上前来，对他们说道：

"我这里有一盒录音带，请转交给台长。"

看了看这名陌生男子，还有这盒录音带，一名保安觉得不能马虎，迅速将其送到了台长办公室。当得知这个情况后，台长觉得十分奇怪，便决定听听录音带里到底是什么内容。很快，从播放器中传来了优美的歌曲。

这首歌很快流行起来，其中的故事也被人津津乐道。它的流行，让人们对普京总统有了新的认识。随之，与普京形象相关的物品，比如日历等日常用品也开始多了起来。在很短的时间里，普京便深入到了社会生活的方方面面，并成为人们热议的话题。

在俄罗斯妇女中间，普京具有极高的人气。在她们看来，普京不光具有出色的领导才能，个人魅力也十分突出。当电视中出现普京的镜头时，许多家庭的遥控器就会被妇女们牢牢掌握。有的时候，她们甚至会对丈夫讲，你要向普京多学习学习！在普京的眼神中，人们常常会看到一种难得的坚毅。普京的政治风格十分强硬，在无形中会给人一种压力。有的时候，他不苟言笑，显示出极深的谋略。但是，在微笑的时候，他又显得十分亲民。

在俄罗斯，男性大多具有酗酒的习惯，而且不修边幅，但是，普京是非常特殊的一个。有俄罗斯妇女说，普京是一个非常精致的男人，具有很多优点，是女性心中当仁不让的偶像。有人甚至声称，如若遇到像普京一样的男人，那将是人生中最幸福的事情。在俄罗斯，普京拥有很多铁杆粉丝，他们关注他的每一个细节。在更多的时候，人们感谢普京为整个国家所作出的贡献，带领俄罗斯人民走出困境，过上了幸福的生活。但很多女性对普京的生活细节也十分关注。不光是女性，很多男性也十分敬佩普京，将他作为人生的偶像。

在更多的时候，人们认识的普京是一个强硬派的总统，具有纵横捭阖的领袖能力。而除了这些，普京还具备很多平民素质，并且十分幽默。

在一次新闻发布会上，一名女记者对普京说道："亲爱的总统先生，非常欢迎您到我的家乡滑雪，那里的人民十分期待您的到来！"

听了记者的话，普京十分高兴，说道："请问您叫什么名字？"

当记者说出自己的名字后，普京拿笔认真地记了下来。随后，他出人意料地说道："您是以个人的名义，还是以您家乡的名义邀请我？"

听到普京这句话后，女记者不好意思地答道："不光是我个人，我的家乡人民都欢迎您的到来。"

顿时，会场传出了笑声和掌声。

2008 年，俄罗斯国内传出一条消息，普京将与结婚 25 年的发妻离婚。另有人声称，他离婚后，会与俄罗斯体操奥运冠军卡巴耶娃结婚。

离婚绯闻闹得沸沸扬扬时，普京正在意大利进行国事访问。在记者发布会上，有记者提到了这件事情。对于外界的传闻，普京给予了这样的回应："对于这个传闻的真实性，我表示怀疑。在俄罗斯，有很多和卡巴耶娃一样漂亮的女性。作为俄罗斯总统，我爱着俄罗斯的每一位女性。当然，能与俄罗斯美女相媲美的，只有意大利女性。"

这种幽默的回应方式，赢得了在场记者的阵阵掌声。

3. 亲民总统：既是好父亲也是好丈夫

在俄罗斯，普京与柳德米拉无疑是最受关注的夫妻。由于柳德米拉的低调，使得人们对于这个政治家庭的了解十分有限。寥寥几次的访问，倒是可以满足俄罗斯人民对于普京及其家庭的好奇。

与大多数人的看法一样，在柳德米拉的眼里，普京也是一个标准的男子汉。在家中，普京很少谈论政治。作为俄罗斯政坛的核心人物，他的工作非常繁忙。

正如人们预料的那样，普京是一个工作狂。柳德米拉曾经是一位空姐，邂逅了普京之后，收获了爱情，并组建了家庭。在柳德米拉的眼里，工作和生活是分开的，不能混在一起。不过，与柳德米拉不同，普京承载着整个俄罗斯振

兴的希望，由不得自己。因此，普京把更多的时间花费在工作上，对家庭的照顾十分有限。对此，柳德米拉也有所"抱怨"，希望丈夫能够花点时间陪陪家人，在偶尔相聚的时间中，可以与他聊聊家常，谈谈心。但即使是这样的想法，也很难实现。作为俄罗斯总统，普京实在是太忙了。

不过，普京还是十分重视与家人相处的时间。繁忙的工作过后，他会回到家里和家人们谈天，进行交流。家人们十分体贴，经常事先想好各种问题，在就餐时与其一起交流。因为，普京的时间实在太少了。柳德米拉十分佩服普京，说他俨然是一本百科全书，无所不知，无所不晓。

和很多政治家庭一样，普京从不在家里谈论政治，而柳德米拉也不主动询问。对于普京的幽默，俄罗斯人并不陌生。在家里，普京也经常会搞一些黑色幽默来活跃气氛，是一个居家好男人。在外界看来，普京可能是一个话不多的人。柳德米拉却说，事实完全不是这样。普京是一个非常健谈的人，而且说出的话常常十分精辟。在外交活动中，普京的个人形象很突出，穿着十分讲究，不过，这些完全是政治场合的需要。在生活中，普京对于穿着很随意。在柳德米拉的要求下，他才剪了一个非常干练的发型。

不过，普京确实是一个不折不扣的体育迷。在平时的生活中，他十分注重锻炼身体，练就了一身强健的体魄。每天，他都会花费半个小时以上的时间进行锻炼。在健身时，也是难得的放松时间，可以思考很多问题。普京是一个柔道黑带高手，练习柔道成为其业余生活中重要的一部分。

普京还是一个好父亲。在俄罗斯，关于普京女儿的信息十分有限。普京有两个女儿，大的 23 岁，小的 22 岁。在普京的要求下，两个女儿并没有在媒体曝光。在普京看来，让她们过上和普通人一样的生活才是最关键的。

在普京的教育观中，道德和学识的培养是至关重要的。不过，性格强硬的普京并没有对女儿进行严厉的家庭教育。与之相反，普京给予了女儿们更多的自由，他希望她们能够树立自由、独立的价值观，具有自主意识。普京曾经向中国媒体透露，他的两个女儿十分喜欢中国武术，也学习过。在普京的邀请下，中国少林武僧曾出访过俄罗斯，为那里的人们带来了不小的震动。

根据家庭教师的透露，在普京的培养下，两个女儿十分有教养，会认真听取别人的意见，尊重别人的观点和想法。在生活中，两个女儿的健康成长是普京最大的欣慰。有时，普京甚至会向外界炫耀，对女儿的成长十分满意。

不过，由于普京的特殊地位，与女儿们相处的时间很有限。但他会在繁忙的工作间隙，同女儿们谈心，加强沟通和交流。

在外界看来，普京是一个非常冷峻的人，性格很强硬。但是，在女儿们的眼里，普京完全是另外一个人。

对于父亲，小女儿卡佳是这么说的："看动画片的时候，父亲总是不和我们一起看。看电影的时候，也是这样，总会说很忙，忙完再看。"与小女儿相比，大女儿可能显得更理解父亲。玛莎说道："有的时候，父亲会问我们想不想知道他在想些什么？不过，我十分理解父亲。平时，父亲要面对很多人的问题，而我更喜欢父亲问我们问题。"

从两个女儿的评价来看，与强硬的个人政治风格相比，普京是一个贴心的父亲。

4.给俄罗斯人的"豪饮风气"降温

众所周知，俄罗斯人都喜欢饮酒，尤其是烈性酒。俄罗斯的总人口大约为 1.43 亿，但他们在上世纪 90 年代年均饮酒总量超过了 40 亿升，毫不夸张地说，算上俄罗斯的小孩和老人，平均每人每天要喝掉"二两酒"。如果遇到聚会，桌上必然会按照男子数量准备烈酒伏特加，并且是每人最少一瓶。聚会期间大家都必须干杯，如果不一次性喝完就是无礼的表现，会招来大家的反感。就这样，时间长了，每位俄罗斯人都练出了"千杯不醉"的功夫。

苏联未解体时，曾经仅伏特加酒税这一项的收入就达到了俄罗斯整体预算的四分之一，这和当时苏联一年的国防经费相差无几。曾经令欧美国家闻风丧胆的苏联部队就是由苏联的酒民赞助支持的。第二次世界大战爆发后，苏德激战时，当时苏联的高层颁布条令，前线士兵，任何人都可以每天享受 100 克伏

特加。所以，很多苏联人认为，苏联之所以打败了德国，依赖的就是两样东西：伏特加和喀秋莎火箭炮。同时，苏联的很多政治家和知名文人也都喜欢饮酒。

但是，这个让人们感觉十分"健饮"的民族，实际上并不适合饮酒，特别是烈性酒。有调查数据显示，超过50%的俄罗斯人不具备大量饮酒的体质，他们的身体不能自我分解酒精因子，因此很容易出现酒精中毒情况。俄罗斯人的酗酒现象已经为他们的民族基因造成了严重后果，据相关数据显示，20世纪90年代，俄罗斯男子的寿命出现明显下降，从起初的63岁降到了57岁，这种情况一直延续到普京继任总统之后，才逐渐得到抑制。

可以说，"豪饮风气"曾严重影响到了苏联和俄罗斯的发展。因此，苏联和俄罗斯政府曾多次插手改变酗酒现象。苏联在安德罗波夫当政时，就曾颁布过条令让酒店仅仅下午营业。戈尔巴乔夫对此整改的力度更大，他直接下达命令，限制酒类产量、提高酒价，并在一些宴会上取消酒水供应等等，甚至还出动了军队，直接将国内的很多葡萄庄园夷为平地。

然而，几代人付诸的努力到了叶利钦当政时即刻付诸东流，因为叶利钦有严重的酗酒习惯，所以他上台之后就取消了之前对酒类生产的一些限制，并将酒类的经营权下放给了私人企业，让人们尽情喝。这无疑助长了国民的豪饮风气，同时也导致酒价大幅下降，酒的产量大幅提升，而酒税却降低了，仅为苏联时期的5%。众所周知，喝酒容易误事，叶利钦曾经就因为酗酒而不得不中途取消了一次重要会议。

但这种现象在普京上台之后出现了明显好转，众所周知，普京不喜欢喝酒。他认为，人们喝酒一定要适量，并且要喝低度数的酒。为了表明自己反对酗酒的立场，在担任总统以前，普京但凡参加宴会，都会将酒直接倒在花盆里。

有一次，普京到妻子柳德米拉好友家里做客，对方提前将自己储藏多年的名酒摆在了饭桌上。但在吃饭时，普京却说自己从小到大都不喜欢喝酒，平时最多喝一点啤酒。除了在公事上避无可避的时候，平时他都是滴酒不沾的。因为对方和普京的妻子是好朋友，因此普京坚决没让其打开那瓶储藏多年的名酒。

普京确实不喜欢喝酒。普京的工作让其不得不结交很多朋友，平时他也会将朋友们带到自己的家里，热情招待，拿出自家的酒和美食，让朋友们尽情豪饮，但他只负责倒酒。朋友们都了解他有这种"习惯"，因此从不劝他喝酒。

2009 年 8 月的一天，梅德韦杰夫和普京闲来无事，在街上散步，并讨论一些工作中的问题，随后他们走进了一家饭店，找了个地方坐下，观看俄罗斯与阿根廷的足球赛直播。饭店里的人在发现他们后，纷纷请求与之合影留念，大家同时也发现了这样一个细节：在众人都选择小酌一番的场合中，他们却没有在普京和梅德韦杰夫的桌子上看到酒瓶或酒杯。

在普京个人魅力的影响下，俄罗斯的很多政客和文人纷纷与"豪饮风气"说"拜拜"。俄罗斯共产党的领袖久加诺夫嗜酒如命，但由于受到普京的影响，逐渐在控制自己的饮酒量。据他透露，现在他每次喝酒从来不超过 3 杯。而普京的最佳拍档梅德韦杰夫更是他的坚决拥护者，据相关人士透露，梅德韦杰夫从不喝烈性白酒，大多数情况下只喝矿泉水，只有避无可避时才饮一小杯白葡萄酒。

不仅严格要求自己不喝酒，普京还采取积极措施，禁止各大媒体做酒类宣传，无论是堪称俄罗斯国酒的伏特加，还是比较昂贵的白兰地，抑或是度数极低的葡萄酒，都一律禁止，甚至还将啤酒纳入了禁止之列。

2010 年 1 月中旬，普京将政府制定的抑制酗酒计划公布了出来。通过这一计划，到 2020 年，俄罗斯酗酒人数将锐减到原有基础的 45%，这样酗酒人数就达不到俄罗斯总人数的 15%，也就达到了世界卫生组织的标准。普京将反酗酒计划分为两个阶段，第一阶段是将酗酒人数减少 15%，并在 2012 年实现这一目标。为此，俄罗斯政府展开了一系列针对性措施，开始提高白酒的价格。这使俄罗斯市场上的伏特加在原来的价格基础上翻了一倍。到目前为止，普京预想的第一阶段反酗酒计划已经基本实现。

抑制酗酒计划的第二阶段是从 2013 年开始到 2020 年结束。政府鼓励国民减少酒类的消费支出，并在酒类消费方面做出了一些限制，同时还取消了所有非法酒精产品市场。如果发现有非法经营酒类销售的，将直接查封门店，并追究相应责任。在这种严厉手段的抑制下，俄罗斯的"豪饮风气"得到了有

效控制。

5. 硬汉本质：骨子里的超级强人

俄罗斯媒体曾发布了这样一篇报道："论长相，普京划分不到美男子的行列，但他身上具备一种独特的人格魅力。他将自己的名字演绎成了'硬汉''超人'的代名词，体现了俄罗斯人极为崇尚的军事气质。"

2009 年，俄罗斯的相关机构进行了一次民意调查，普京以压倒性的优势获选"世界魅力最高男士"的称号。

那么，普京是怎样培养出这种极具风格的个人魅力的呢？很多人认为他主要是受到两方面的影响：一方面是他的父亲，另一方面是他在克格勃的经历。

俄罗斯媒体曾经得到了一张普京父亲的全身照。照片背面写着这样一句话："他是一位十分勇敢的潜艇舰员，并且参加过著名的战役——列宁格勒保卫战，他的名字叫弗拉基米尔·斯皮里多诺维奇·普京。"媒体机构拿着这张照片去给参加过苏德战争的老兵辨认，得到了一致答案："这人就是老普京！"在普京的朋友看来，普京十分羡慕父亲的战争经历，并且他还到国家图书馆查看父亲的档案，最后还将其写进自己的书中："1932 年，我们举家前往圣彼得堡，父亲应征入伍，并成为潜艇部队的舰员。"

1932 年，普京的父亲入伍之后，在瓦西里耶夫岛地区接受潜艇方面的相关培训，随后被分配到一个潜艇编队服役。老普京在潜艇编队服役时担任的职位十分普通，就是一名信号收发员。其职责是在潜艇下潜时，负责掌舵操作；当潜艇上浮时，负责发出相应信号。

1937 年，老普京复员，举家移居到列宁格勒。随后，苏德战争爆发，他再次穿上了军装，参加了保家卫国的战争。

普京在书中这样写道："父亲重新参军后被分配到第 330 步兵团歼敌营，他们主要负责在德军的大后方搞一些破坏活动，骚扰敌方。父亲的班里共有

28 人，他们曾经成功地潜入敌营，并炸毁了对方的弹药库。一次，他们的口粮吃完了，于是，就在战地的百姓家里要来一些粮食，但后来这户百姓出卖了他们，将他们的消息告诉了德方。于是，德军派出大量兵力搜捕他们，一路围剿，情况十分危急，父亲藏在一处沼泽中，用芦苇管进行呼吸，才逃过了一劫，最后父亲班里的 28 人仅有 4 人生还，幸存的队员最后都回到前线。"

这次大难不死回到前线后，老普京立即参加了列宁格勒保卫战，在战斗中身受重伤，致使一条腿落下残疾。第二次世界大战结束后，他得到了上级嘉奖，并获得一枚战斗荣誉勋章。

因为从小就受到父亲的影响，所以普京一直酷爱军事。虽然他小时候个头不高，但每次打架时都不会服输，与对方对抗到底。

除此之外，普京身上的军事烙印也受到了克格勃经历的深刻影响。1975 年夏天，普京从列宁格勒大学毕业，随后进入克格勃接受军事化训练。

据普京的同学透露："我们在受训期间，对军事编制、武器装备的使用等等都要清楚了解和掌握。我们还接受空降方面的特种训练。在诸多训练项目中，最危险的就是'钻坦克'。在训练时，很多坦克会参与到对士兵的围追堵截中，而士兵则需要在围捕中突围，这项训练十分危险，稍有不慎，便很可能会丧命。还有一项重要训练是高地跳伞。我记得有一次，我和普京一组，当快要着陆时，我的降落伞有几根伞绳突然断裂，情况十分危急，我开始加速下坠，普京对我伸出了援助之手，一直紧紧地抓着我，最后我竟然来了个空翻，经过这一下缓冲，最终有惊无险地滑倒在地上。后来我才明白，之所以我可以在空中进行空翻，是因为普京利用柔道手段对我提供了帮助。普京还是名神枪手！"

训练结束后，普京进入克格勃工作，这段经历对他以后的人生产生了重大影响。即使他后来不再从事这项工作了，但在那里培养出来的习惯也改不掉了。很多人认为，克格勃就是一种生活方式。而这种生活方式培养出了一个具备强烈军事气质的总统。

据普京的回忆，克格勃的经历教会了他很多东西以及为人处世的原则。比如，除非避无可避，否则不要轻易参与任何争斗，如果一旦与对方交手，就一

定要坚持到底；如果你没打算开枪，那么就不要把枪拿出来，这样不仅吓不住人，或许会伤及无辜，只有到了必须开枪时，才要果断地拿枪进行射击。

后来，普京担任俄罗斯总统后，在塑造自己的军事形象上下足了功夫。比如驾驶战斗机、开潜艇等等，可谓是"上天入地"，无所不能。当然，除了这些"表演"，普京还参与到了真实的战斗中。他亲自指挥了多次战争，并取得了重大胜利，最后更是依靠战争的余威，在总统大选中赢得了远超竞争对手的优势。

普京对俄罗斯军事实力的增强给予了多方面关注，在他执政期间，部队的经费逐年增长。普京甚至发表了这样的声明："就算是砸锅卖铁，也要将俄罗斯的部队武装起来！"

正是通过普京的强硬姿态，俄罗斯的军事力量才会空前强大，俄罗斯的国际地位也随之提升，致使俄罗斯在国际对话中拥有了更多话语权。

6. 武功最高的国家领导人

在世界众多国家元首中，如果要比拼自身功夫的话，那么俄罗斯总统普京无疑是最厉害的。他是柔道黑带八段高手，同时也是世界上武功最高的国家领导人。

"我喜欢体育项目，更喜欢柔道。勤修柔道可以帮助人们提升自己的勇气，同时也让人们学会谦虚的待人接物态度。"普京通过柔道练习，不仅体魄强健，更在其中领悟到了人生哲理。

普京还推出了柔道纪录片——《跟着普京学柔道》，将其柔道高手的形象表现得淋漓尽致。

据相关媒体报道，普京推出的这套教学纪录片是他与曾经的世界柔道冠军山下泰裕共同录制的。在普京看来，这样的纪录片可以帮助观看者更好地学习柔道，让他们既可以从自己身上学习柔道要点，也可以从"真正武学高手"那里学习搏击之术。

俄罗斯的媒体播放了这个纪录片，视频显示，普京对柔道的历史以及哲学意义做出了详细而全面的解释，并在关键处，亲自做出一系列示范动作。

2011年11月中旬，普京在民间走访时，遇到了一位小柔道手，并与他进行了交流。小柔道手知道普京也练习柔道，便将自己没有一个练习柔道的好的环境告诉了普京。普京说："我小的时候也没有条件，都是在地下室中训练的。"当然普京答应了会帮对方解决这一难题。

普京对小柔道手说："我们是一类人！你喜欢柔道中的什么动作？"

对方回答："我喜欢背摔。"

普京有些惊讶地说道："这么巧，我也喜欢背摔！咱们可不可以切磋一下？"

小柔道手十分兴奋地走到普京面前，揪住他的衣领就开始用力。

普京笑着说道："停，可以了！"

随后普京与当地村民进行了谈话，对他们的生活和工作等各方面问题进行了深入交谈。当普京准备离开时，突然又转身折了回来，对小柔道手说："室内场地很快就会建成，到时我会送你一块榻榻米。"

其实，在此之前，普京的书籍《柔道的历史、理论与实践》就已经在俄罗斯发行，还有一些著名的国外出版公司出版了该书。

一位出版界的知名人士这样说道："普京书籍出版事宜是由其代理人联系我们的，通过简短的谈判，我们就直接达成了出书意向，因为我们认为这必然是一件十分有意义的事情。"

普京对柔道十分狂热，他在很小的时候就开始接触柔道。在11岁时开始正式练习，他在列宁格勒大学读书期间，还获得过列宁格勒市的柔道冠军，并一度在学校举办的柔道比赛中获得冠军。后来，尽管在政治生涯中取得了辉煌成就，但他一直没有放下对柔道的练习。2005年，普京被相关组织推举为欧洲柔联荣誉主席。随后，他又成为国际柔联荣誉主席。后来，国际柔联正式确认普京晋升为柔道黑带八段。对政治家来说，这种形象无疑能为他赢得更多人的支持。

国际柔联主席马吕斯·维泽尔对普京的晋级表示了祝贺，并称赞："普京

不但是国际柔联的荣誉主席，还是一个大国首脑，同时也是一名柔道大师，柔道界为拥有这样的总统柔道运动员感到十分荣幸。他必然会为整个柔道界带来更多的价值。"

柔道共有十二段，历来只有柔道的创始人嘉纳治五郎达到过最高段位，如今，达到最高段位的是十段，但人数少得可怜，仅仅只有 13 人。通常情况下，职业柔道运动员的段位也不会超过五段。柔道选手一旦突破五段之后，便可以说是为整个柔道事业做出了贡献。历史上第一位取得柔道较高段位的国家领导人是美国第 26 任总统西奥多·罗斯福，但他只打到了初段六级，与普京相比可谓是相差十万八千里。

普京晋升为黑带八段高手的消息传到其老师拉赫林耳中后，他这样说道："普京确实有这个实力，他早已经可以得到这个段位。"虽然普京目前所达到的段位已经很高了，但俄罗斯的媒体还是觉得这不是普京的全部实力，如果他在柔道中多投入一些时间，那么他的段位将远远不止现在这样。

2013 年，普京的柔道老师拉赫林因病去世，普京出席了他的葬礼。葬礼结束后，"硬汉"总统显得有些落寞，独自在街头漫步，形单影只的样子让整个世界都为之悲伤。

拉赫林可以说是普京柔道上的授业恩师，从一开始的时候，普京就跟随他学习柔道。虽然普京当时的个头很小，但他的爆发力、速度都远超同龄人，同时他还有远超常人的智慧。拉赫林相信，普京必然会成为一个伟大的划时代的柔道运动员。

通过柔道，拉赫林与普京的师生情越发深厚。2000 年，普京继叶利钦之后，成功当选俄罗斯第二任总统。刚参加完就职典礼，他就邀请老师拉赫林共进晚餐。

因为普京成为了一国领导人，平时没有太多的自由时间，所以他和拉赫林不能时常见面，但拉赫林总是会通过电话对普京进行柔道方面的指导。拉赫林在外人面前，对自己的高徒普京可谓赞不绝口。但在私下一直严格要求对方，在训练中普京出现一点错误，拉赫林都会对他严厉批评，并进行指正。

普京也认为，"柔道改变了我的性格，让我更喜欢讲道理，而不是在遇事之后直接拳脚相向。同时，柔道还教会我永不服输的人生信条，所以我不理解什么是'重在参与'，在我的字典里，只有赢！对我来说，结果重于一切。"

7. 普京誓言将战胜一切挑战

2015 年 1 月 1 日，克里米亚人与俄罗斯人共同庆祝俄罗斯新年的到来。然而，此时的克里米亚正处于历史的夹缝之中。克里米亚人民的生活状况虽然得到了一定程度的改善，但依然不容乐观。只不过克里米亚人民当前所面临的困难究竟是刚并入俄罗斯带来的阵痛，还是因为当初的"冲动选择"？

普京表示："目前，克里米亚人民的生活没有得到明显改善，主要是因为受到了克里米亚冲突中各方所采取的强硬措施的影响，但这种情况是不可避免的，因为我们不想再看到类似顿巴斯（第二次世界大战苏德之间的一场著名战役）悲剧的发生。此外，克里米亚民族的构成情况十分复杂，所以很可能会引发众多突发事件，让局势变得更加不可控。因此，我们必须采取必要措施预防事态朝着不好的方面发展，无论如何，我们都不允许发生流血事件。我们有责任保护克里米亚人民的人身与财产安全。"同时，俄媒体称，一些不甘心失败的乌克兰领导者很可能会采取报复措施，发动恐怖袭击。

普京还强调："俄罗斯的根本目的不是为了吞并克里米亚，而是保证人们可以按照自己的意愿去生活，保证他们享受自由的权利。我认为，如果克里米亚人民希望过上自由生活，拥有更多的权利，同时还愿意继续做乌克兰的一分子，那么俄罗斯便不会插手。但如果他们有别的想法，我们必然会支持他们，以保证他们享受自由的权利。"

克里米亚地处黑海北部，属于东西方的咽喉要道，历来都是兵家必争之地。2014 年 3 月 16 日，克里米亚就并入俄罗斯问题开始了公开投票，最后赞成克里米亚归入俄罗斯的人占总投票人数的 83.1%。3 月 20 日，俄罗斯联邦政府正式批准克里米亚加入俄联邦。

3月29日晚，克里米亚按照莫斯科时间将时钟拨快两小时。2015年跨年钟声刚刚响起，克里米亚广播中便传出了俄总统普京的新年贺词。

但是，乌克兰政府义正词严地表示，"我们永远都不承认克里米亚的公投结果。"2014年底，乌克兰对克里米亚的交通进行了封锁。就在2015年到来之际，乌克兰政府又下令切断克里米亚地区的所有供电设备。

俄罗斯的相关发言人表示，乌克兰此举是对俄罗斯的严重挑衅，他们企图通过这种方式激起克里米亚民众的反俄情绪，并以此要挟俄罗斯就范。

俄媒体曾表示，俄罗斯2015年的首要任务就是以比较圆满的方式彻底解决克里米亚问题。普京政府正在研究具体的实施计划，务必让"重归俄罗斯怀抱"的克里米亚恢复昔日荣光，甚至是迎来新的巅峰。

在克里米亚并入俄罗斯联邦一年后，数次民意调查显示，克里米亚民众，无论是乌克兰族，还是俄罗斯族，都给出了一致答案：虽然跟着俄罗斯混也存在一些困扰，但要好过跟着乌克兰混。

到2015年，这一观点似乎已经深入克里米亚民众的心里。尽管乌克兰、欧盟、美国等各方面机构都采取了相应制裁措施，但克里米亚的大部分居民依然认为，选择并入俄罗斯联邦的公投是合乎国家法律的。随着时间的推移，西方世界将没有理由阻碍克里米亚的独立。克里米亚民众说："除非我们全都相信，当初脱离乌克兰的公投是在受到美国大兵威胁的情况下完成的。如若不然，将不会发生任何改变。"

2015年2月份，德国的一家调查机构再次对克里米亚公投进行了抽样调查，结果显示，克里米亚人依然坚持最初的立场。在被问到"你是否赞成克里米亚并入俄罗斯联邦？"时，参与调查的82%的民众都回答"是的，完全支持"。此外，还有11%的回答"基本支持"。剩下的有2%的人表示"不确定"，另有2%表示"不支持"。而其余3%的投票者没有给出任何答案。

根据西方国家的数次调查结果显示，关于克里米亚并入俄罗斯联邦这一问题，有两点已经不需要再去论证，那就是大部分克里米亚人都认为他们是自愿并入俄罗斯联邦的。而且在合并之后，克里米亚民众的生活提高了很多。克里米亚公投之前，有83%的克里米亚人齐聚投票场所，其中支持克里米亚重归俄罗斯怀抱的人达到了 97%。之所以会出现这种状况，是因为克里米亚半岛上生活的人大多数都属于俄罗斯族。

西方国家十分在意的是克里米亚的少数民族群体，即鞑靼族。这一族群在克里米亚居民中的比例占到了 10% 左右。在反对克里米亚并入俄罗斯的民众（4%）中，有超过一半（55%）的人认为，他们之所以会存在这种感觉，是因为在他们看来，民众的公投应该得到乌克兰政府的同意。还有一部分人表示，当时的公投是在"非自愿"的情况下进行的，他们认为投票结果是不公正的，并且带有明显的主观倾向性。但反对意见仅代表了极少数人的意愿，绝大多数克里米亚人还是赞同公投结果的。

普京在接受采访时说："不可否认，克里米亚并入俄罗斯以来，产生了很多问题。但是，我代表俄罗斯政府向支持合并的民众保证，俄罗斯会在今后的道路上克服一切障碍，我们将保持高调前行。我们将继续巩固俄罗斯在世界上的地位，不断提高国家的综合国力。我们必然会积极解决因合并问题给克里米亚人民带来的各方面困扰。我们将直面一切挑战，将所有不安定因素全部消灭，最终的胜利必将属于我们！"

普京曾公开表示："其实，在乌克兰发生政变之前，我一直没有产生将克里米亚重新纳入俄罗斯板块的想法。但是，当我看到乌克兰极端民族主义爆发时，我就认识到，克里米亚的民众必然会遇到诸多困难，甚至会受到民族主义者的侮辱。因此，我们当机立断，一致决定让克里米亚重新回到俄罗斯的怀抱。"

普京还强调："在克里米亚公投之前，我就对负责外交工作的人员说，乌克兰局势越来越复杂化，我们应该做好迎接克里米亚回归的准备工作。因为我们不能放弃克里米亚的任何一个民众，让其自生自灭，忍受民族主义者的欺凌。所以，我布置了一些我们应该提前准备的工作，但有一点是必须强调的，那就是只有在克里米亚民众自愿的情况下才可以进行这些工作。"

俄罗斯媒体表示，克里米亚的公投是合法的，克里米亚的总理选举也是合法的，因此谢尔盖·阿克肖诺夫（克里米亚总理）政府的组建也是合法的。相关人士表示："无论从国家法，还是国际法的角度来看，克里米亚的选举都是无可非议的。这是他们应该享受的民主权利。既然克里米亚已经并入了俄罗

斯，那么我们就应该保证他们的安全。我们一直在努力做到这一点。"

针对克里米亚问题，普京一如既往地坚持强硬态度。他说："我们将给予任何企图为我们制造问题和障碍的破坏者最严厉的打击，他们的不良企图，必然会在俄罗斯的打击之下灰飞烟灭。"

普京始终认为，俄罗斯将战胜一切挑战，他将继续提升国家经济实力，提高俄罗斯的世界地位，让俄罗斯在世界享有更多话语权。

附录一：普京大事年表

1952 年 10 月 7 日，出生于列宁格勒（现为圣彼得堡）。

1975 年，普京毕业于列宁格勒大学法律系，拥有经济学博士学位（圣彼得堡国立矿业学院副博士），随后他加入了克格勃，并在列宁格勒区工作。

1976 年，普京完成了克格勃的训练，两年后他进入了列宁格勒情报机关机要部门。

1985—1990 年，克格勃将普京派遣到东德，普京在当地得到一份特工负责人的秘密工作。

1990 年，普京返回列宁格勒，先后担任列宁格勒大学校长外事助理、圣彼得堡市市长顾问、市政府对外联络委员会主席和圣彼得堡市第一副市长。

1991 年，普京担任列宁格勒市国际联络委员会主席，主管市政府的对外经济关系。

1994 年 3 月，普京晋升为圣彼得堡市第一副市长，兼任国际联络委员会主席。

1996 年，索布恰克在市长选举中落选，副市长雅科夫列夫当选市长。

1997 年 3 月，普京出任俄罗斯总统办公厅总务局副局长，主管法律和对外经济联系问题。3 个月后调任总统办公厅监察总局局长。

1998 年 3 月 29 日，叶利钦解除俄罗斯联邦安全会议秘书博尔久扎的职务，任命普京接任。5 月，普京任总统办公厅第一副主任。7 月，叶利钦又任命普京兼任俄罗斯联邦安全委员会主席。

1999 年 3 月，普京任俄联邦安全会议秘书，8 月 9 日被任命为第一副总

理、代总理。

1999 年 8 月 16 日，国家杜马以 233 票通过（84 票反对，17 票弃权）叶利钦的提名，普京出任俄罗斯总理。

1999 年 12 月 31 日晚，俄罗斯总统叶利钦突然宣布辞职，普京根据俄罗斯宪法规定出任代总统。为此，原定于 2000 年 6 月举行的俄罗斯总统大选提前到了 3 月 26 日。

2000 年 3 月 27 日，俄罗斯中央选举委员会主席韦什尼亚科夫宣布，根据对选票的初步统计结果，普京代总统的得票率已经超过 50%，当选俄罗斯联邦第三届总统。

2004 年 3 月 14 日，普京成功连任总统，并得到 71% 的绝对多数票。

2004 年 5 月，宣誓就任。

2004 年 9 月 13 日，在别斯兰人质事件后，普京建议成立一个公开立法机构，且用这一形式取代了原本俄罗斯直接指定地方官员的制度。

2007 年 12 月，统一俄罗斯党等党派推举迪米特里·梅德韦杰夫为下任俄罗斯总统，普京表示同意。在被普京指定为接班人后，梅德韦杰夫表示要提名普京为总理。

2008 年 5 月，普京卸任总统后正式成为统一俄罗斯党主席。5 月 7 日，俄罗斯新总统梅德韦杰夫宣誓就职后提名普京为新一届政府总理。普京此前已表示同意出任总理一职。8 日，普京就任总理。

2009 年 10 月 13 日下午，时任中国国务院总理温家宝在北京人民大会堂东门外广场举行仪式，欢迎俄罗斯联邦政府总理普京访问中国。

2011 年 9 月 24 日，时任俄罗斯总统梅德韦杰夫接受普京的提议，将领衔统一俄罗斯党竞选名单，带领该党参加将于 2011 年 12 月 4 日举行的新一届国家杜马（下议院）选举。在统一俄罗斯党代表大会上提议，由现任总理普京参加将于 2012 年 3 月举行的总统选举。

2011 年 10 月 11 日，普京对中国进行正式的访问，并且与时任中国国务院总理温家宝举行中俄总理第 16 次的定期会晤。

2011 年 11 月，福布斯 2011 权力人物榜名列第二。

2011 年 11 月 27 日，统一俄罗斯党举行代表大会，普京作为统俄党候选人参加 2012 年俄联邦总统大选的提名获得全票通过。普京欣然接受提名并发表演说，阐释其施政思路。

2012 年 3 月 5 日，根据俄中选委对 99.3% 选票的统计结果，普京得票率高达 63.75% ，排在第二、三位的久加诺夫和普罗霍罗夫分别获得 17.19% 和 7.82% 的选票；日里诺夫斯基和米罗诺夫的得票率分别为 6.23% 和 3.85%。

2012 年 5 月 7 日，普京在教堂广场检阅总统卫队，由此开启第三任总统生涯。

2012 年普京于 2012 年 6 月 5 日—7 日对华进行国事访问，并出席在北京举行的上海合作组织成员国元首理事会第 12 次会议。这是普京再次就任俄总统之后的首次访华，普京此访对未来一个时期中俄关系发展意义重大。

2012 年 12 月 6 日，福布斯 2012 全球最具影响力人物排行榜，俄罗斯总统弗拉基米尔·普京名列第三。

2013 年 6 月 6 日，俄媒体证实，俄总统弗拉基米尔·普京和夫人柳德米拉·普京娜已经离婚，结束了他们 30 年的婚姻生活。

2013 年 10 月 30 日，普京登上《福布斯》全球最具影响力人物排行榜首位。

2013 年 11 月 4 日，俄罗斯总统普京荣获全世界俄罗斯人民大会首次颁发的捍卫俄罗斯大国地位奖。

2013 年 11 月 13 日，正在韩国进行国事访问的俄罗斯总统普京被世界跆拳道联合会授予跆拳道荣誉黑带九段，这是跆拳道的最高荣誉。

2014 年 3 月，普京被提名为 2014 年诺贝尔和平奖候选人。

2014 年 3 月 2 日，普京下令出兵乌克兰。

2014 年 3 月 17 日，普京签署总统令承认克里米亚共和国是独立的主权国家。3 月 20 日，普京批准了克里米亚加入俄罗斯联邦的条约。克里米亚并入俄罗斯，是自冷战以来第一次没经过美国点头的重大领土变动。

2014 年 3 月 18 日，普京闪电签署克里米亚入俄条约，发表演讲称克里米亚公投完全符合民主程序和国际法。在俄罗斯人心目中，克里米亚过去及现在

都是俄"不可分割的"部分。

2014年11月5日，俄罗斯总统普京连续第二年登上《福布斯》权力人物排行榜榜首，同时也是第二次战胜美国总统奥巴马登顶。

2014年12月8日，美国《时代》周刊确定了"2014年度人物"的8位最终候选人，俄罗斯总统榜上有名。《时代》周刊"2014年度人物"的最终人选结果于2014年12月10日公布。

2014年10月24日，普京首次承认，俄方2014年2月帮助遭解职的原乌克兰总统亚努科维奇出逃。

2014年11月10日，普京出席北京APEC非正式领导人会议。他在会议前夕与习近平主席进行了会晤，并签署了17份合作文件，包括俄罗斯天然气工业公司与中国石油天然气集团公司关于供气框架协议。

2014年12月18日，俄罗斯总统普京在当天举行的年终记者会上大方承认已经有了新恋情，但他拒绝透露女方的身份。

2015年2月12日，俄罗斯、乌克兰、法国和德国领导人经过近17个小时的马拉松式谈判，终于达成了长期政治解决乌克兰危机以及乌东部地区停火的新协议。

2015年2月12日，普京在明斯克宣布，乌克兰危机各方同意从2月15日开始停火。

2015年3月15日，俄罗斯总统普京在两国建交70周年之际，向委内瑞拉总统马杜罗表示祝贺，指出俄罗斯与委内瑞拉关系在各方面都在积极发展。

2016年4月7日，俄罗斯萨拉托夫州立仲裁法院于当天正式驳回了俄西南巴拉科沃市市民尼古拉·苏沃洛夫对俄总统普京的诉讼。

2016年9月22日，彭博全球50大最具影响力人物排行榜，普京排第30名。

附录二：普京名言

1. 没有实力的愤怒毫无意义。

2. 如果不准备动武就不要拿起武器。

3. 真正的男人要不断想办法，而真正的女人要不断挣扎。

4. 一旦遭人欺负，瞬间就应当回击。

5. 谁软弱，谁就被消灭。

6. 领土问题没有谈判，只有战争。

7. 俄罗斯疆土确实很大，但没有一寸是多余的。

8. 如果在厕所里遇到恐怖分子，就把他溺死在马桶里。

9. 给我20年，还你一个强大的俄罗斯!

10. 为什么不把本·拉登请到白宫，问问他想要什么，然后给他想要的，让他安静地离开!

11. 我习惯于学会分出必要的时间，做点自己愿意做的事。

12. 从事柔道是我一生中自觉自愿的事，它不仅是一项运动，而且似乎是一门哲学，它教会我对待对手也要心怀敬意。

13. 学习英语——对我来说有点儿像智力体育节目。

14. 我视察俄罗斯军队的时候不需要带保镖。

15. 俄罗斯只有两个盟友——陆军和海军。

16. 谁不为苏联解体而惋惜，谁就没有良心；谁想恢复过去的苏联，谁就没有头脑。

17. 你知道，有人对烟成瘾；有人吸毒品上瘾；有人对钱上瘾。都说最大

的瘾是对权力的痴迷。我从未痴迷权力，我从未对什么东西上瘾。如果上苍让我能有机会为自己的国家和人民工作，那就是对我最大的奖赏。

18. 我不是什么救世主，而是俄罗斯的一名普通公民，我的感受同俄罗斯的任何一个公民的感受是相同的。

19. 即便把克里姆林宫卖了也要及时造出新一代潜艇来，因为这关系到俄罗斯的未来。

20. 我从不酗酒，酒精对解决问题没有帮助。我享受达到既定目标的快乐。如果有什么事情阻碍我，我就将其除去。

21. 政治的艺术，就是寻求必须和可能之间的平衡。每次，我们面对的具体情形总是不尽相同。顺应局势，本身就是一种艺术。

22. 柔道不是简单的体育运动，而是哲学。不管对手多强大，只要你掌握技术、抓住对手的破绽，就能借势击倒对手。"柔"是为了克"刚"，退让是为了取胜。

23. 不能再不顾老人们的死活，不能再无动于衷地眼见贫穷的儿童哭泣！

24. 一旦下决心打这一架，那你就要坚持到最后。换句话说，不打则已，打则必赢！

25. 书——当然很重要，但在你生活的周围，还有更重要的东西——家庭和朋友。

26. 我想这些年来，我一直是努力工作的。而且，我是真诚地工作的。人民一定感觉到了。我向你们保证，在今后的四年中，我将以同样的方式工作。

27. 不能为了任何人都不明白的某种荒谬的理想而工作，应该始终以现实为基础，为如今生活的具体人，为明天和后天生活的子孙后代而工作。

28. 俄罗斯的训练只有一项，就是爱你的国家。丧失爱国主义精神，就丧失了民族自豪感和尊严，也就将丧失能够创造伟大成就的人民。

29. 我对彼得大帝充满了崇敬之情，但我并不认为他的所有言行都是正确的，比如他曾经下令彼得堡市民都要喝咖啡或抽烟。